목회자 윤리 강령 28

기독교윤리 실천운동
기독교윤리 연구소 엮음

송준인·신기형·신원하·이상원·이장형·임성빈 지음

홍성사

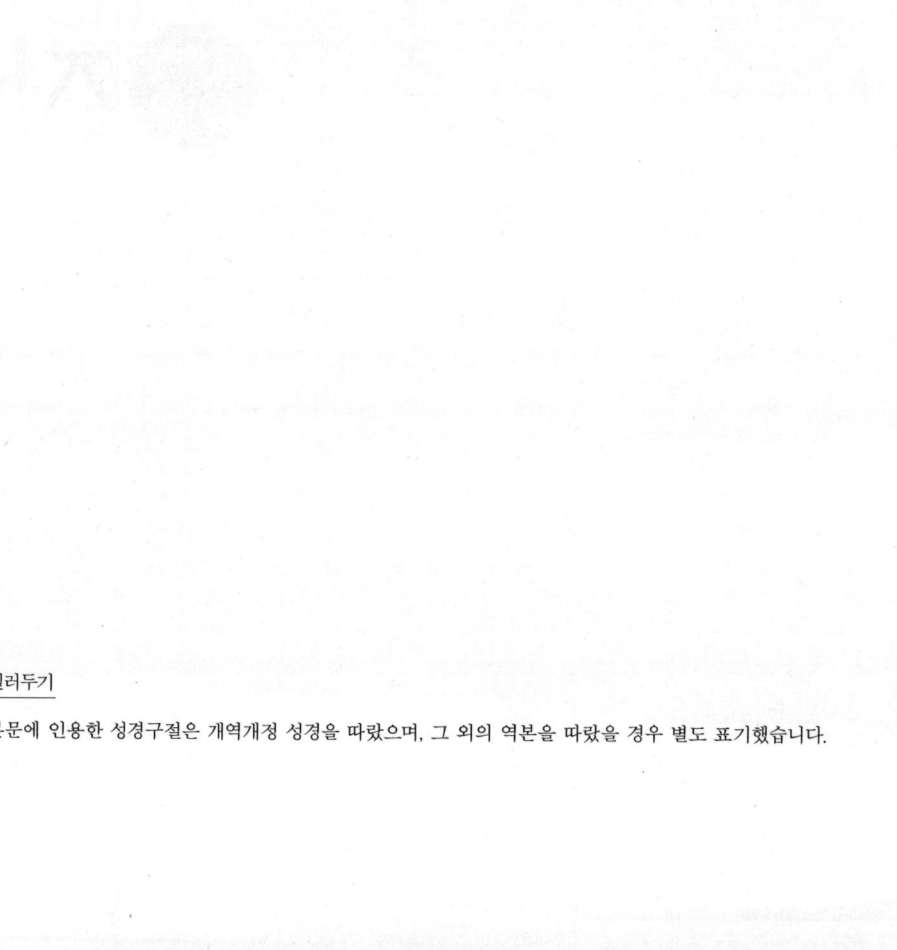

일러두기

본문에 인용한 성경구절은 개역개정 성경을 따랐으며, 그 외의 역본을 따랐을 경우 별도 표기했습니다.

차례

인사말 7
추천의 말 11
머리말 14

1장 목회자는 누구인가 19
2장 목회자와 성도의 바른 관계 55
3장 목회 윤리와 교회정치 93
4장 목회자의 경제생활 127
5장 목회자와 성 윤리 155
6장 목회자와 사회 활동 197
7장 목회자 윤리 강령 28 235

부록 1: 교회 내 분쟁의 바람직한 해결 방안 245
부록 2: 교회 재정, 어떻게 사용할 것인가 273
주 307

인사말

홍정길

기독교윤리실천운동 이사장,
남서울은혜교회 원로목사

오늘날 한국 교회의 문제에 대해 수많은 이들이 다양한 견해로 지적과 해결책을 내놓고 있지만 정작 우리는 그 문제의 진원지인 목회자에 대해서는 제대로 말하지 못하고 있습니다.
종교는 저마다 특색이 있어 각자의 방식으로 감화나 영향력을 주어 사람들의 삶 속에 깊이 뿌리내립니다. 그리고 그 특징으로 사람들이 실제적으로 느끼고 삶을 누릴 수 있는 공간을 만들어 주어 사람들에게 믿음의 정체성을 붙잡을 수 있는 확실한 근거를 제공합니다. 그러나 우리 개신교는 처음부터 말씀을 강조했기에 지금도 무수한 신학적인 논쟁을 하며 '하나님의 말씀을 바로 인식하고 그 말씀대로 사는 방법'에 대한 연구를 거듭하고 있습니다.
말씀은 그 자체뿐 아니라 그에 대응되는 실체가 함께 있어야 합니다. 예를 들어 가구라는 단어가 있는데 이에 대응되는 의자라는 실체가 없다면 그것은 의미 없는 소리에 불과한 것과 같은 이치입니다. 우리 그리스도인들이 말씀을 이야기하지만, 실제로 그에 대응하는 사물과 사건이 없으면 말씀은 허공에 뜬 소리가 되고 맙니다. 그렇게 될 때 개신교는 기복신앙 형태를 띠는 종교와 감정적인 경험을 중시하는 샤머니즘적인 종교의 방향으로 자랄 수밖에 없습니다. 나름대로는 실질적인 느낌을 느끼고 사는 종교라 하고 소위 복음주의로 말씀을 강조하나 삶 속에서 실체가 드러나지 않기에 사람들에게 외면당하는 교회가 되어 버릴 것입니다. 실제로 요즘 유럽에는 개신교가 거의 사라져 가고 있는 현상을 볼 수 있습니다. 한국 또한 개신교 교인들이 무언가 보고 느낄 수 있는 가톨릭으로 신앙을 옮기는 일들이 근래에 다반사로 있습니다. 앞으로도 한국 교회가 말씀을 강조하지만 그 실체를 보여 주지 못한다면 이와 같은 현상은 더욱더 급속하게 이루어질 것이라 여겨집니다.

최근 복음주의 교회의 버팀목이었던, 제자훈련을 이끌던 교회의 실제 모습에서 본 괴리감은 우리에게 큰 실망을 안겨 주었습니다. 제자훈련에서 "하나님의 말씀은 능히 사람으로 온전케 할 뿐 아니라 그 행한 일도 온전케 한다"라고 말했는데 실제로는 그 실체를 보여 주지 못했습니다. '온전케 됨' 그 하나만 강조했기에 '사람들 눈앞에서 하나님의 사람으로 온전케 하며, 그 행한 일도 온전케 한다'는 실체를 잃어버린 것입니다. 이것은 사도 바울이 가장 기본적으로 말했던 "내가 그리스도를 본받는 자가 된 것같이 너희는 나를 본받는 자가 되라"라는 삶의 전수가 없기 때문입니다.
삶은 삶으로 전수됩니다. 본을 받으라는 말씀을 받았다면
그 말씀대로 살아야 하는데, 우리는 삶으로 확인할 수 없는
제자훈련만 해왔던 것입니다.
사실 삶의 전수는 구약의 족장들에 의해서 이루어졌습니다. 삶의
전수가 가능했던 족장들은 "우리 하나님은 아브라함의 하나님,
이삭의 하나님, 야곱의 하나님"이라는 이야기를 시작으로 자녀들과
늘 함께 사역하며 자기가 살았던 생애 전체의 소중한 가치관을
가르치고 몸소 실제의 삶을 후대에 전하는 일을 했습니다. 그래서
그들은 성경에서 말하는, "우리 하나님은 아브라함의 하나님,
이삭의 하나님, 야곱의 하나님" 되시는, 인생에서 가장 큰 복을
누렸을 뿐 아니라, 앞으로 오는 세대를 향해서 축복이 어떻게
실제가 되고 전수되는지를 가르쳐 주었습니다. 이것이 성경이
우리에게 가르쳐 주는 말씀이라고 한다면 목회자가 하나님 앞에서
말씀대로 바로 살 때에 그 말씀이 삶의 고백으로 드러나서 진정한
목회자의 윤리로 형성될 것입니다. 만일 이것이 되지 않는다면
한국 교회는 기독교 위인의 자녀들이 믿음을 저버린 것과 똑같은
결과를 급속하게 경험할 것입니다.
"나는 사람인지라 불완전하다. 그래서 나는 순종하지 못하지만
하나님의 말씀인고로 너희는 순종하라."
이것이 오늘날 한국 교회 목회 현장의 이야기입니다. 마치 자동차

면허증을 취득하듯이 목사 직책을 얻고 나서 목사는 말씀을
깨달아서 전달하는 사람이지 올바로 지키는 자가 아니라 여기며,
도무지 살아 계신 하나님의 말씀을 순종하는 구체적인 현장을
보이지 못한 채 말씀과 삶이 분리되어 버렸습니다. 목회자가
말씀을 삶으로 고백하면서 얻는 구체적인 윤리를 갖지 못하는
것은 말씀 자체를 멸시하는 것이고, 이는 결국 기독교의 귀한
진리를 헛되게 오도하는 지름길인 것입니다.

이러한 상황에서 이 책은 많은 목회자들로 하여금 삶의 각 부분이
하나님의 말씀 앞에서 바로 서 있는지 점검하게 하는 계기가 될
것이라 믿습니다. 이 책을 읽은 후에는 "주의 말씀은 내 발에
등이요, 내 길에 빛이니이다"(시 119:125)라고 진실로 고백할 수 있는
삶이 따라야 할 것입니다. 그렇게 된다면 다시 한 번 우리의 삶
속에서 말씀의 부흥을 경험하게 될 것입니다.

책의 출간을 위해 수고하신 분들의 노고에 감사드리며, 하나님
앞에 서서 살아가야 될 목사로서 말씀 맡은 자의 책임을 다시
강조하고 온전케 하는 도구로 이 책이 쓰임 받기를 바랍니다.

추천의 말

손봉호

기독교윤리실천운동 자문위원장,
고신대 석좌교수

한국 교회는 세계에서 가장 기도를 많이 하고 전도를 열심히 하며 성경을 많이 읽고 헌금도 많이 합니다. 그리고 교인 수에 비해서 가장 많은 선교사를 파송했습니다. 그 덕으로 한국 교회는 선교 역사상 가장 빨리 성장한 교회로 세계 교회의 선망의 대상이 되었습니다. 이 모든 성취 뒤에는 한국의 목회자들이 있습니다. 전 세계에서 한국 목회자들만큼 열심히 기도하고 심방하며 설교를 많이 하는 목회자는 없습니다. 미국에서는 직업별 수명 조사에서 목회자가 가장 장수하는 것으로 드러났는데, 한국에서는 그렇지 않습니다. 한국 목회자들은 스트레스를 엄청 많이 받기 때문입니다.

그런데 최근 한국 교회는 약해지고 있습니다. 교인과 교회의 수가 줄어들고 세상의 불신과 조롱을 받고 있습니다. 2013년 기독교윤리실천운동(이하 기윤실)의 종교별 신뢰도 조사에서 가톨릭이 응답자의 36.7퍼센트, 불교가 35.7퍼센트의 신뢰를 받는 반면 개신교는 19.4퍼센트밖에 신뢰받지 못하는 것으로 드러났고, 2015년 10월 불교사회연구소의 조사에서도 가톨릭은 39.8퍼센트, 불교는 32.8퍼센트의 신뢰를 받는 반면 개신교는 10.2퍼센트의 신뢰를 받는 것으로 드러났습니다. 가톨릭의 신뢰도는 높아진 반면 불교의 신뢰도는 조금 줄어들었고 이미 불신을 받는 개신교의 신뢰도는 큰 폭으로 하락했습니다. 이런 조사들이 반드시 정확하고 공정하지는 않을 수 있지만 개신교가 불신을 받고 있다는 사실은 부인하기가 어렵습니다.

한국 교회의 그 큰 성취 못지않게 이런 실패 뒤에도 목회자들이 있습니다. 불교사회연구소의 성직자 신뢰도 조사에 따르면 신부는 국민의 51.3퍼센트, 스님은 38.7퍼센트의 신뢰를 받는데 비해서 목사는 17.0퍼센트밖에 신뢰를 받지 못하는 것으로 드러났습니다. 계시의 종교인 기독교에서는 복음 전파가 설명으로 이뤄지는 것이 아니라 '증거'로 이뤄지기 때문에 '증인'이 신임을 받지 못하면 전도는 불가능합니다. 목회자들이 불신을 받는데 한국 교회가 성장할 수는 없는 것입니다.

목회자들이 이렇게 불신을 받는 것은 실력이 없어서도 아니고 게을러서도 아닙니다. 개신교 목사들은 신부나 스님들보다 지식 수준이나 능력에 있어서 결코 뒤지지 않을 뿐 아니라 열성으로는 압도적으로 앞서지요. 그럼에도 이렇게 불신을 받는 것은 다름 아닌 윤리적인 실패 때문입니다. 상당수의 목회자들이 충분히 정직하지 못하며 공정하지 못하며 일부는 돈과 명예를 지나치게 추구하기 때문입니다. 하나님과 복음보다는 '교회 성장'과 '우리 교회'를 더 중시하기 때문에 서로 경쟁하고, 경쟁에 이기기 위해서는 비신사적이고 비도덕적이며 심지어 불법적인 수단까지 동원하는 경우도 있습니다. 그리고 대형 교회 목회 세습처럼 하나님 나라의 이익보다는 개인의 이익을 챙기는 삯군들이 있기 때문입니다.

한국 목회자들의 그 능력과 열심에 윤리가 더해져야 올바른 하나님의 종이 될 수 있고 한국 교회가 정화될 수 있습니다. 그것이 너무 절실하고 시급해서 이 책이 출간되었다고 봅니다. 물론 아는 것, 깨닫는 것, 결심하는 것만으로 윤리적이 되지는 않을 것입니다. 바울 사도가 우상숭배라고 한 '탐심'(골 3:5)을 제거해야 가능합니다. 그러므로 이 책을 읽는다 하여 당장 윤리적이 되지는 않을지라도, 읽지 않는 것보다는 분명 도움이 될 것입니다.

머리말

목회 현장에서 일어나는 비윤리적 행위들은 교회에 대한 기독교인들의 실망과 불신의 원인이 되어 왔을 뿐만 아니라 세상이 교회로부터 등을 돌리는 빌미를 제공해 왔습니다. 특히 최근에는 목회자와 연루된 성적 추행, 설교와 논문의 표절, 재정의 독단적인 사용, 자녀나 사위에게 교회를 물려주는 관행, 교단 임원이나 총장 선거 등에서 자행된 금권 선거 등이 큰 물의를 일으켰습니다. 이와 같은 상황의 심각성을 절감하고 기윤실 부설 기독교윤리연구소는 교회에 대한 실망과 불신을 해결하고 교회를 갱신하기 위해서는 목회자의 윤리 회복이 필수적이라고 판단하여 세 차례에 걸쳐서 목회자 윤리 심포지엄을 개최한 바 있습니다. 이 심포지엄이 출발점이 되어 목회자의 윤리에 대한 논의를 확대하고 그것이 실천으로 연결되게 하는 방안으로 책을 내기로 했습니다. 기독교윤리연구소에서는 새로 집필진을 구성하고 기획하여 아래와 같은 여섯 개의 주제를 선정했습니다.

제1장에서는 '목회자는 누구인가'라는 주제를 다룹니다. 목회자는 어떤 직분이며 어떻게 부름 받으며, 어떤 자질과 준비를 갖추어야 하며, 목회자에게 찾아오는 위기에는 어떤 것들이 있으며 어떻게 극복할 것인가 등의 문제를 다룸으로써 앞으로의 논의를 위한 터전으로 삼고자 했습니다.

제2장부터는 각론으로 들어가서 먼저 현장 목회자의 관점에서 '목회자와 성도의 바른 관계'를 다룹니다. 이 글은 칼빈의 목회관을 전반적으로 소개한 후에 목회자는 양 떼를 먹이고, 양 떼의 영혼을 지키며, 성도들을 소망과 기쁨과 자랑으로 여기며, 도덕적 순결을 지켜야 하는 자임을 강조합니다. 또한 성도들은 목회자의 수고를 알아주고, 목회자의 경제생활을 책임져야 한다는 점을 강조합니다.

제3장에서는 '목회 윤리와 교회정치'를 장로교회를 중심으로 다룹니다. 먼저 장로교회의 성경적 원리, 교회정치의 유형들과 장로교회의 역사적 발전을 소개하고, 이어서 바람직한 교회정치를 위한 구체적인 노력으로서 목회자의 정체성, 장로교회의 정치 구조와 정치 체제를 소개합니다. 그리고 나서 교회정치 과제로서 종교개혁 정신의 회복, 목회 윤리의 확립, 집사직의 회복을 제시합니다.

제4장에서는 기독교 경제 윤리 전문가인 동시에 현장 목회자 입장에서 '목회자의 경제생활'을 다룹니다. 먼저 목회자의 경제생활은 신뢰에 바탕을 두어야 함을 말함으로써 논의를

시작합니다. 이어서 돈에 대한 일반적인 경제 윤리, 성경에서 말하는 돈의 개념을 소개하고 나서 목회자와 돈의 관계를 다룹니다. 목회자는 교회 재정을 사용할 때 투명해야 하며, 교회의 재정적 간섭이나 감사를 목회에 대한 침해가 아니라 목회를 돕는 계기로 여기고 점검을 받음으로써 건강한 목회를 이루도록 노력해야 한다는 점을 강조합니다.

제5장에서는 '목회자와 성 윤리'를 다룹니다. 먼저 교회사적인 관점에서 성에 대하여 어떻게 이해되어 왔는지를 개관하고 성경이 가르치는 성에 관해 고찰합니다. 그리고 목회자의 성적 탈선의 유형과 원인을 밝히고, 목회자의 성적 탈선이 낳은 결과와 그 치유 및 해결 방법을 제시합니다.

제6장에서는 '목회자와 사회 활동'을 다룹니다. 먼저 현대 사회를 특징짓는 몇 가지 개념들을 소개한 후에, 정치 참여를 역사적으로 고찰하고 특별히 미국과 한국에서의 정치 참여에 대하여 소개합니다. 이어서 기독교 정당의 부당성을 다루고, 목회자가 사회 활동과 정치에 참여하고자 할 때 갖추어야 할 소양을 다룹니다.

마지막 장인 '목회자 윤리 강령 28'은 목회 윤리의 원리들을 일별할 수 있도록 제1장에서 제6장까지 다룬 내용의 핵심들을 강령 형태로 정리했습니다.

이 책의 말미에는 목회 윤리에 도움이 될 만한 두 편의 글을 부록으로 실었습니다. 최근에 빈번히 야기되는 교회 문제들의 법정 소송 문제를 다룬 이상민 변호사의 글과, 교회의 재정 사용 문제를 다룬 최호윤 회계사의 글은 건전한 교회 운영에 실무적인 도움을 줄 것입니다.

이 책의 발간은 믿음의 성도들과 기관들의 헌신이 있었기에 가능했습니다. 예수소망교회의 이희순 권사님과 안양일심교회가 출판을 위한 비용의 상당 부분을 지원했으며, 기윤실 본부에서도 일부 협조했습니다. 집필을 부탁받은 교수님들과 목사님들은 흔쾌히 응해 주셨고, 충실한 내용을 담은 좋은 원고들을 보내 주셨습니다. 기독교윤리연구소의 운영위원들은 몇 차례에 걸친 심포지엄을 진행하고 책 출판 계획을 수립하는 회의에 적극적으로 참여하여 아이디어를 모으는 데 협력해 주셨습니다. 책 출판을 기획하고 원고를 수집하며 교정하고 편집하는 모든 과정에 성실한 태도로 헌신하신 기윤실의 조제호 사무처장과 박진영 팀장의 수고에 감사를 드립니다. 그리고 책 출간을 흔쾌히 맡아 주신 홍성사에 감사의 말씀을 드립니다.

목회자들과 신학생들이 건전한 목회 윤리로 무장하여 건강하고 바른 목회를 수행하는 데 이 책이 작은 도움이 되기를 바랍니다.

2016년 5월
편집위원장 이상원

1장
목회자는 누구인가

이상원
총신대학교 신학대학원 '기독교 윤리학' 교수

1. 들어가는 말

2013년에 기윤실에서 실시한 한국 교회의 사회적 신뢰도 여론조사 결과는 한편으로는 목회자들의 노고를 위로해 주면서도 다른 한편으로는 정신을 바짝 차리고 추구해야 할 목표가 무엇인가를 선명하게 제시했다.[1] 그동안 한국 개신교회가 사회봉사와 참여를 소홀히 해왔다는 지적이 지속적으로 제기되어 왔는데, 다행히도 개신교회(41.3%)가 가톨릭(32.1%)과 불교(6.8%)를 제치고 사회봉사 활동을 가장 적극적으로 수행하고 있는 종교로 인정받았다. 또한 한국 교회가 사회 통합이나 사회 발전에 기여한다는 응답(58.6%)이 기여하지 않는다는 응답(38.2%)보다 월등히 높게 나왔다. 이 조사 결과는 세밀한 부분에서 해석의 차이가 있을 수는 있지만 고무적인 현상임이 분명하다.

그러나 이 여론조사 결과는 우리에게 무거운 책임감도 아울러 안겨 주었다. 교회가 사회봉사의 측면에서 좋은 평가를 받고 있지만 교회에 대한 국민들의 신뢰도는 여전히 저조한 수준을 벗어나지 못하고 있다. 교회에 대한 신뢰도는 응답자의 19.4퍼센트에 머물고 있다. 이처럼 저평가를 받고 있는 원인은 무엇인가? 여론조사 결과는 교인들의 언행 불일치(24.8%)와 교회 내부의 비리와 부정부패(21.4%)를 주된 원인들로 제시했다. 따라서 이 문제들을 개선하기 위해서 윤리·도덕 실천 운동이 높은 수위(45.4%)에 있는 것으로 조사된 것과, 교회 지도자들이 가장 큰 책임을 지고 있는 것으로 조사된 것은 자연스러운 일이다. 왜냐하면 한국 교회의 목회자들은 어떤 지도층보다도 훨씬 더 많은 사람들을 영적·도덕적으로 가르치고 있으며 교회 운영과 정책을 결정하는 최종 결정자의 위치에 있기 때문이다.

한국 교회의 진단과 개혁의 중심에는 목회자가 있다. 따라서 목회자는 누구이며, 목회자와 성도들과의 관계는 어떻게 설정되어야 하며, 목회자의 정치·경제·사회 생활과 윤리는 어떠해야 하는지 탐구하는 것은 문제가 되고 있는 교회의 현실에 대한 분석을 위해서뿐만 아니라 교회의 미래 개혁 방향을 설정하는 데도 규범적 지평이 된다.

이 장에서는 이 질문들 가운데 특별히 목회자의 정체성 곧 '목회자는 누구인가'라는 질문을 중점적으로 다룬다. 먼저 목회자는 어떤 직분이며 어떻게 부름을 받으며, 어떤 자질과 준비를 갖추어야 하는지를 논하고, 목회 현실에서 어떤 위기 상황을 만나며 이를 어떻게 극복할 수 있는지를 다루고자 한다.

2. 다양한 직분들과 은사들 가운데 속해 있는 목회자의 부르심

교회 안에서 주어지는 모든 직분을 받기 위한 공통적인 전제 조건은 하나님의 자녀로 부르심을 받았는가 하는 것이다. 교회의 직분을 수행하는 이들은 예수 그리스도를 하나님이신 동시에 인간이신 구주로 영접하고 하나님의 자녀가 되었음을 고백해야 한다. 하나님은 우리를 구원하셔서 자녀로 만드신 후에 비로소 교회의 직분을 맡기신다(딤후 1:9, 11). 하나님의 자녀로 부르심 없이 교회의 직분으로 부르시는 것은 있을 수 없다. 교회의 직분들 가운데 하나이자 가장 중요한 핵심이 되는 직분인 목회자의 직분은 더욱 그렇다. 목회자는 믿지 않는 이들에게 예수 그리스도를 믿고 구원받을 것을 전하여 하나님의 자녀가 되게 하며, 하나님의 자녀답게 살아가는 길을 가르치는 직분이기 때문에 목회자 자신이 먼저 하나님의 자녀로 부르심을 받지 않고는 직분을 수행하는 것이 불가능하다.

목회자는 신약성경에 나타난 은사와 직분의 관점에서 이해되어야 한다. 하나님은 하나님의 자녀로 부름을 받은 성도들에게 다양한 은사들을 주셔서 교회를 섬기는 데 필요한 다양한 직분들을 감당하게 하신다. 목회는 이 다양한 은사들과 직분들 가운데 하나다. 따라서 교회 안에서의 목회자의 위치를 이해하기 위해서는 먼저 교회를 섬기는 데 필요한 은사들과 직분들에 대한 그림을 머릿속에 그려 볼 필요가 있다.

교회를 세워 가는 데 다양한 직분이 필요한 것처럼, 직분들을 수행하기 위해서는 다양한 은사가 요구된다. 어떤 은사를 받느냐에 따라서 어떤 직분을 수행하는지가 결정되므로 은사와 직분은 긴밀한 관계가 있다. 은사가 곧 직분이라고도 할 수 있다.

은사에는 어떤 것들이 있으며, 이 은사들 가운데 목회자에게 주어지는 은사는 어떤 것들이며, 다른 은사들과 어떤 관련을 맺고 있는지 알아보려면 성경을 살펴보아야 한다. 다음의 표는 하나님이 주시는 다양한 은사의 목록과 직분의 목록을 성경 본문에 따라 정리한 것이다.

이 은사들은 삼위일체 하나님[2]으로부터 기원한 것으로서 직접적으로는 성령을 통하여[3] 은혜의 선물로[4] 주어지며, 몇몇 한정된 사람에게만이 아니라 모든 신자들에게 주어지고,[5] 사랑이라는 동기로 사용되어야 한다.[6]

이 은사들은 베드로전서 4장 11절에 있는 두 개의 은사 곧 '말씀 전함'과 '봉사'의 은사를 중심축으로 하여 두 그룹으로 정리할 수 있다. '말씀 전함'의 그룹 안에 '지혜의 말씀, 지식의 말씀, 예언함, 사도, 선지자, 교사, 예언, 가르치는 일, 위로하는 일, 복음 전함, 목사, 교사, 영들 분별함'이 속해 있고, '봉사'의 은사 안에 '믿음, 병 고치는 은사, 능력 행함, 서로 돕는 것, 다스리는 것, 섬기는 일,

고전 12:8-11	고전 12:28	롬 12:6-8	엡 4:11	벧전 4:11
지혜의 말씀	사도	예언	사도	말씀 전함
지식의 말씀	선지자	섬기는 일	선지자	봉사
믿음	교사	가르치는 일	복음 전함	
병 고치는 은사	능력 행하는 자	위로하는 일	목사	
능력 행함	병 고치는 은사	구제	교사	
예언함	서로 돕는 것	다스림		
영들 분별함	다스리는 것	긍휼 베풂		
방언 말함	방언 말함			
방언 통역함				

구제, 다스림, 긍휼 베풂, 방언, 방언 통역함' 등이 속해 있다.
목회자의 은사는 '말씀 전함'의 그룹에 속해 있는 은사다. 그러면 목회자의 부르심은 '말씀 전함'의 은사군 안에서 어떤 위치를 차지하고 있는 것일까?

'말씀 전함'에 속한 은사군을 보면 직분들로서 '사도, 선지자, 교사, 목사'가 등장하고, 이들이 하는 일이 '예언, 가르치는 일, 위로하는 일, 복음 전함, 영들 분별함'이라고 명시되어 있다. 목회자의 부르심은 이 은사군에 있는 직분들 가운데 '교사와 목사'에 해당한다고 볼 수 있다. 그런데 교사와 목사의 은사는 사도와 선지자와 긴밀한 연속성을 갖는 동시에 불연속성도 갖는다. 사도들은 그리스도의 말씀과 행적 특히, 그의 부활의 목격자요 증인이 되도록 부름 받은 자들로서 다음 세대까지 계속될 수 없었다.7 선지자들은 사도들과 동시대의 사람들로서 하나님의 특별계시의 말씀을 전하는 자들이었다. 바나바(행 13:1)가 대표적인 예다. 특별계시가 완결된 이후에는 선지자의 은사도 중단되었다. 사도들의 권위는 그리스도의 말씀이었다. 사도들은 그리스도의 말씀의 권위를 가지고 교회의 터를 닦아 놓았고, 이 터는 '교사와 목사'들에 의하여 진전되었다. 디모데후서 2장 2절에서 바울이 디모데에게 "내게 들은 바를 충성된 사람들에게 부탁하라"라고 한 것은 사도들이 자신들이 받은 권위와 말씀을 1세대 '교사와 목사'에게 위임했음을 보여 주며, '교사와 목사'

인 디모데에게 또 다른 2세대 '교사와 목사'인 '충성된 사람들'에게 위임할 것을 명령한 것이다. 이들이 "또 다른 사람들에게 가르칠 수 있으리라"라는 바울의 말은 말씀을 전하는 사역이 중단 없이 계속되어야 함을 의미한다. 에베소서 4장 11절은 사도와 선지자들만이 아니라 '교사와 목사'도 그리스도로부터 부르심을 받았음을 분명히 알려 준다. '교사와 목사'의 은사는 말씀을 해석하고 적용하는 것이며, 이 점에서 다스리는 은사를 가진 행정장로와 구분되었다는 사실은 바울이 디모데전서 5장 17절에서 '잘 다스리는 장로'와 '말씀과 가르치는 일에 수고하는 이들'을 구분했다는 점에서 분명해진다.

3. 목회자의 부르심과 평신도의 부르심의 공통점과 차이점

목회자의 부르심은 평신도의 부르심과 공통점을 지니면서도 구분되어야 한다.

(1) 모든 성도들은 성령으로부터 각각 다른 은사들을 받지만 모든 은사들이 지향하는 목적은 동일하다. 모든 은사들의 목적은 하나님과 이웃을 섬기는 데 있다. "누구든지 나를 따라오려거든

자기를 부인하고 자기 십자가를 질 것이니라"는 마가복음 8장 34절 말씀처럼 모든 성도들은 십자가를 지신 그리스도를 따르도록 부르심을 받는다. 이 부르심은 섬김을 받는 부르심이 아니라 섬기는 부르심이다(막 10:45). 목회자만 진리의 말씀을 이해하고 전하는 것이 아니라 모든 신자들이 진리로써 형제들을 권고하고 자녀를 가르치며 소망에 관하여 묻는 자들에게 그 이유를 말할 준비를 하고 있어야 한다. 목회자만이 아니라 모든 신자들이 그리스도의 이름으로 자비를 보여 줄 수 있어야 한다.[8]

(2) 그러나 평신도의 부르심과 목회자의 부르심은 맡겨진 직분의 성격과 기능의 차이 때문에 구별될 필요가 있다. 모든 부르심은 하나님 앞에서 동등하지만 목회자의 부르심은 그 사역의 독특성 때문에 다른 직분과는 구별된 특별한 방식의 부르심의 과정을 거친다.

첫째로, 목회자의 부르심은 은사들 가운데 가장 중요하고 교회 형성의 중심축이 되는 하나님의 말씀을 맡은 직분이라는 점에서 독특성을 지닌다. 목회자는 말씀의 체계를 파악하는 깊은 통찰력, 말씀을 설득력 있게 선포하는 능력, 정확하고 해박한 성경 지식을 갖추고 있어야 한다. 이를 위해서 특별한 경건 훈련과 신학 훈련을 거쳐야 한다. 이 작업은 일상의 직업에 종사하면서 교회를 섬기는 평신도들이 감당하기에는 벅차다. 이 작업은 일상의 직업을 포기해야만 감당할 수 있다. 일상의 직업의 포기는 생계 수단을 버리는 것뿐만 아니라 인생의 방향을 새롭게 설정하는 중대한 전환을 요구하는 것이기 때문에 그만한 변화를 강제할 만한 결정적인 계기가 있어야만 한다. 따라서 목회자의 부르심은 평신도의 다른 부르심들과는 차별화되지 않을 수 없다. 좀더 구체적으로 말한다면 목회자는 자신이 명료하게 인식하는 하나님의 은밀한 개인적인 부르심의 과정을 거쳐야 한다. 신학교에 입학하는 목사 후보생들은 반드시 은밀하고 개인적인 부르심의 경험이 있어야 한다. 물론 이와 같은 하나님의 은밀하고 개인적인 부르심이 찾아오는 방법은 사람들마다 다양하게 나타나기 때문에 어떤 한두 사람이 하나님으로부터 부르심을 받은 방법을 일반화시켜서는 안 된다.

둘째로, 목회자는 지역교회의 지도자로서 지역교회를 대표하고 관리하고 다스리고 가르치는 공적 직분자이기 때문에 지역교회의 공적인 검증을 받고 안수식을 통하여 비준을 받아야 한다. 예를 들어 바울도 예루살렘교회의 사도단으로부터 교회 지도자로서 인증을 받았으며(갈 2:9), 선교사로 파송될 때는 안디옥교회로부터 공인을 받고 안수를 받았다(행 13:1-3). 디모데도 장로의 회로부터 안수를 받았다(딤전 4:14; 딤후 1:6).

4. 목회자의 두 가지 직무

목회자가 담당해야 할 직무는 크게 두 가지 영역으로 구성된다. 하나는 공적으로 말씀을 선포하고 가르치는 것이고, 다른 하나는 성도들을 개별적으로 돌보는 일이다.

(1) 목회자가 가장 중시해야 할 직무는 공적으로 말씀을 선포하고 가르치는 일이다. 목회자는 공적 가르침, 특히 설교를 통하여 인간이 구원받는 방법과 구원받은 하나님의 자녀들이 살아가야 할 삶의 원리들에 대한 핵심적인 진리를 가르쳐야 한다. 목회자는 회심하지 않은 사람을 위해서는 구원의 은혜의 본질에 관해, 그리고 영원한 삶과 죽음에 대한 중요한 질문들에 관해 바른 지식을 갖고 답변해 주어야 한다. 회심한 사람들을 위해서는 바른 구원의 복음을 지속적으로 가르칠 뿐만 아니라 바른 삶을 살아 내도록 하기 위한 훈계와 훈련을 소홀히 해서는 안 된다. 목회자는 회심한 신자라 하더라도 여전히 어리고 연약하고 미숙하고 능력이 부족한 사람들이라는 사실을 유념해야 한다. 회심한 신자도 교활하고 극악한 방법으로 우리아에게서 밧세바를 강탈했던 다윗과 같이 특별한 죄에 빠질 수 있음을 유념해야 한다. 또한 회심한 신자도 오만과 세속적인 마음과 육신의 정욕과 외고집과 좋지 못한 열정 등에 쉽게 빠져들 수 있는 사람들임을 유념해야

한다.[9]

하지만 목회자가 말씀을 가르치는 일에 집중한다는 것을 빌미로 공동체의 원활한 운영을 위하여 필요한 공적인 행정 업무를 소홀히 해서는 안 된다.

⑵ 목회자는 성도들을 개별적으로 돌보아야 한다. 강단에서 선포하는 설교를 통해 신자들 개개인에게 필요한 모든 것을 다 말해 줄 수 없기 때문에 성도들과의 개인적인 면담과 대화로 각자가 상황에 맞게 말씀을 명확하고 구체적으로 적용할 수 있도록 도와야 한다. 목회자는 신자들의 상태, 습성, 대화 수준에 익숙해져야 하며, 이들이 어떤 죄에 빠져 있으며 자주 빠지는 유혹이 무엇이며 흔히 소홀히 하는 의무가 무엇인지 알아야 한다. 아흔아홉 마리의 양을 산 속에 두고 잃어버린 한 마리의 양을 찾아 나서신 주님처럼 목회자는 공적으로 가르칠 뿐만 아니라 가가호호 찾아다니면서 가르쳐야 한다. 목회자는 각 가정들이 질서 있게 다스려지며, 의무를 제대로 수행하는지 주목해야 한다. 목회자는 병자들을 심방하여 이들이 좀더 알찬 삶을 살 수 있게 하고, 행복한 죽음을 맞이할 수 있도록 도움을 주어야 한다. 이와 같은 개별적인 돌봄을 통해 회중이 공적인 설교를 더 잘 이해하고 관심을 갖게 해야 한다. 영혼을 구원하기 위한 노력을 강단에서만 해서는 효과가 없다. 그것은 마치 의사가 의학에 관한 강의만을

한다면 환자에게 도움을 주지 못하고, 변호사가 법률에 관한 강의만 한다면 시민의 재산을 안전하게 보호하지 못하는 것과 같다. 개별적인 돌봄은 목회자 자신에게도 유익하다. 왜냐하면 이를 통해 성도들과 친해지고 성도들의 사랑을 얻게 되고, 성도들의 영적 상태에 대하여 더 잘 알게 되고, 아울러 이들을 감독하는 법도 알게 되기 때문이다.[10]

5. 목회자는 기술적인 자질뿐 아니라 영적·도덕적 자질도 갖추어야 한다.

목회자는 말을 많이 하는 직분이다. 그렇다고 해서 선천적인 말재간이 목회자가 되는 데 필수 조건도 아니며 설교자로서 영향력을 발휘할 수 있는 근거가 되는 것도 아니다. 오히려 목회자를 교만하게 하여 목회 직무 수행에 방해 요인이 될 수도 있다. 사실상 사도들 가운데 웅변가는 없었다. 하나님이 당신에 대하여 말하도록 우리를 부르셨다면 말하는 능력도 은사로 주실 것이다.[11]

목회자는 목회 사역을 수행하는 데 필요한 전문적인 기술을 갖추기 위한 노력을 게을리해서는 안 된다. 우선 지식 면에서 어린아이가 되어서는 안 된다. 목회자는 빽빽이 늘어서 있는 적군들 사이로 그리스도의 군대를 이끌어야 하며, 위험한 광야를 안전히 통과하도록 인도해야 하며, 폭풍과 암초를 뚫고 배를 잘 조정하여 항구에 안착하도록 해야 하는데, 이를 위해서는 적지 않은 기술이 필요하다. 신앙생활을 해나가는 과정에는 풀리지 않는 많은 어려움이 있고, 난해한 성경 본문들이 있고, 이해와 통찰이 있어야만 피해 갈 수 있는 죄들이 있고, 교활하고 미묘한 유혹이 찾아오고, 양심의 문제들이 목회자의 기술적인 해결을 기다리고 있다. 목회자는 설교할 때 양심과 마음에 와 닿을 수 있는 가장 설득력 있는 표현을 생각해 내야 한다.[12]
청중의 마음에 진리를 정착시키고 그리스도가 역사하시도록 준비시켜야 하며, 반대에 맞서기도 하고 죄인들을 설득시키는 기술이 있어야 한다.
특히 목회자는 고대의 역사 속에 깊이 자리 잡고 있는 성경이 여전히 오늘을 위한 보화임을 유념해야 한다. 목회자는 한쪽 발을 성경의 시대에 딛는 동시에 다른 한쪽 발은 우리가 사는 이 시대에 딛고 있어야 한다. 목회자는 오늘날이 아닌 다른 세기, 다른 해, 다른 날에 살면서 설교해서는 안 된다. 항상 현재적인 하나님의 말씀을 그 말씀이 기록된 역사적인 정황 속에서 바르게 이해해서 가르치고 설교하되, 현재라는 시간에 터를 잡고 그것에 꼭 맞게 가르치고 설교해야 한다.[13]
이 직무들을 수행하기 위하여 목회자는 특별히 하나님의 말씀을 깊이 연구하고 필요한 관련 학문들을 탐구해야 한다. 물론 이와 같은 탐구 작업은 결코 쉬운 일은 아니다. 그러나 자신의 영혼과 지성을 살찌우는 이 작업을 하는 시간에 평신도들은 생계를 유지하고 일반적인 소명을 이루기 위해 힘들고 고된 일을 감당해 내고 있다는 사실을 잊어서는 안 된다. 목회자는 연구 작업을 통해 새로운 지식들을 습득해 가는 것이 엄청난 특권이라는 사실에 감사하면서 연구하는 일에 매진해야 한다.[14]

목회자는 기술적인 준비뿐만 아니라 영적이고 인격적이며 도덕적인 자질을 갖추기 위한 노력을 게을리하지 말아야 한다. 다른 직업들, 예를 들어 항공기 조종사나 회계사와 같은 직업의 업무를 수행할 때도 영적이고 인격적이고 도덕적인 준비가 필요한 것은 사실이지만, 이런 준비보다 비행 기술이나 회계 계산법과 같은 특별한 전문적인 기술을 습득했는지의 여부가 결정적인 요건으로 작용한다. 그러나 목회직은 인간의 삶의 기술적 차원을 다루는 직분이 아니라 인간의 영혼과 삶 그 자체를 다루는 직분이기 때문에 영적이고 인격적이고 도덕적인 자질을 갖추는 것이 필수적이다.

6. 목회자가 갖추어야 할 일곱 가지 영적·도덕적 자질

(1) 목회자는 믿음의 은사를 갖추어야 한다. 믿음은 세 가지 의미를 지닌다.

하나는 성경에 입각한 기독교의 교리들이 이성적으로 이해가 되지 않아도 진리로 받아들이는 교리적인 의미의 믿음이다(롬 1:16-17; 3:21-22). 이 믿음은 목회자뿐 아니라 모든 신자들에게 필요하다.

다른 하나는 하나님에 대한 인격적 신뢰를 뜻하는 믿음이다.[15] 신자들이 구원받은 이후에 하나님의 백성으로서 일상의 삶을 살아 내기 위해서는 하나님을 인격적으로 신뢰해야 한다. 이 믿음은 규범적인 의미에서 모든 신자들이 갖추어야 할 믿음이지만 모든 신자들이 항상 여일하게 이 믿음을 갖추고 있는 것은 아니다. 그러나 목회자는 신자들이 일상의 삶을 하나님의 뜻 안에서 살아 내도록 지도해야 하는 직분을 맡은 사람이므로 이 믿음을 반드시 갖추어야 한다.

또 다른 하나는 하나님이 비상한 방법으로 능력이나 긍휼을 베푸실 수 있다는 강력한 확신으로서 고린도전서 12장 9절이 말하는 은사로서의 믿음이다.[16] 목회자가 목회 직분을 수행하기 위해서는 기도를 통하여 성령의 충만함을 받는 가운데 이 믿음을 갖추어야만 한다. 이 믿음이 있어야 환난과 결박이

기다리고 있다는 사실을 알면서도 성령의 인도하심에 순종하여 예루살렘으로 올라갈 수 있었던 바울처럼(행 20:22, 23) 많은 어려움이 수반되는 목회직을 원활하게 수행할 수 있다.

(2) 목회자는 겸손한 마음가짐을 유지하도록 노력해야 한다. 목회자는 그리스도의 일꾼이다(고전 4:1). 일꾼으로 번역된 헬라어 휘페레타스는 오늘날로 말하자면 고용 사장이라는 뜻을 담고 있다. 목회직은 생산 라인에서 부과된 단순한 작업을 수행하는 업무라기보다, 교회라는 공동체 전체를 운영하는 일종의 경영 업무의 성격을 띤다. 그러나 교회 공동체의 실소유주는 주님이고 목회자는 실소유주인 주님이 내린 지침에 따라서 오직 주님의 영광을 위해서만 일해야 하는 고용 사장과 같은 위치에 있다. 목회자는 절대로 주인이 아니며, 교회의 주인은 오직 주님뿐이시다. 주님은 교회의 주인이심에도 섬김을 받기 위해서가 아니라 섬기러 오셨고, 자신의 생명을 많은 사람들의 몸값으로 주기 위해 오셨다(마 20:28). 그리스도는 대야와 수건을 가져오셔서 제자들의 발을 씻겨 주심으로써 목회직이 섬기는 직분임을 보여 주셨다. 주님께서 모든 사람들의 종이 되셨기 때문에 그의 이름으로 부르시는 어떤 직분도 겸손으로 행하는 직분이어야 한다. 목회자는 가르침을 베푸는 사람이지만 진정한 교사는 누구에게나 겸손하게 배울 자세가 되어 있어야 한다. 목회자는 전적으로

그리스도께 의존하면서 자신의 부족함을 인정해야 한다.

⑶ 목회자는 인내의 성품을 갖추어야 한다. 목회자는 사람들에게 선을 행하고자 애써도 칭찬이나 격려가 아닌 비판과 모욕을 받을 수 있다. 진리를 말하므로 자신이 자녀처럼 보살핀 사람들에게서 반감을 사고 모욕과 경멸을 당하는 경우도 있다. 목회자는 이 모든 일을 인내로 견디어 낼 수 있어야 한다. 대적하는 이들에 대해서도 하나님의 뜻대로 바른 믿음을 갖고 바른 생활을 하도록 기도하고, 사랑과 정중한 태도로 훈계하는 일을 중단해서는 안 된다. 환자가 자기를 치료해 주는 의사에게 반항할 때도 의사는 환자에 대한 치료를 소홀히 할 수 없는 것처럼, 목사는 자신에게 부당하게 반항하는 성도들이라 할지라도 영적으로 치료하는 일을 소홀히 해서는 안 된다.[17]

⑷ 목회자는 자신의 가르침과 자신의 행동이 서로 어긋나지 않도록 주의해야 한다. 목회자는 성도들에게 모범이 되어야 한다. 베드로가 장로들을 향하여 "양무리의 본이 되라"(벧전 5:3)고 권고한 것이나 바울이 "나를 본받으라"(고전 11:1)고 권고한 것은 모두 목회자가 행동으로 모범을 보여 주어야 하는 직분임을 말해 준다. 목회자는 자신이 혀로 말한 것을 생활 태도로 인하여 망쳐 버리는 일이 일어나지 않도록 주의해야 한다. 언행이 일치하지 않으면

설교를 듣는 청중은 하나님의 말씀이 한담에 불과하며, 설교가 단순한 지껄임에 지나지 않는다는 느낌을 받게 된다.[18] 설교자가 설교한 대로 살아가지 않으면서 자신이 제시한 삶의 원리들을 사람들이 중요하게 생각할 것이라고 기대해서는 안 된다. 사람들은 설교자가 자신이 말한 대로 살지 않는다면 자신이 말한 것을 중요하게 여기지 않는다고 생각할 것이다. 목회자의 모든 행동은 일종의 설교다. 만일 설교자가 탐욕스럽고 부주의하게 생활한다면 목회자는 행동으로 죄를 전하는 것이다. 설령 신자들 가운데 일부는 현명하여 행동이 뒤따르지 않는 목회자를 본받지 않는다 하더라도 그의 삶에 대한 혐오감 때문에 그가 전하는 교리와 가르침의 효력은 현저히 떨어지게 될 것이다. 설교 내용이 아무리 훌륭해도 삶이 따르지 않으면 목사의 설교는 단지 환상이나 옷을 잘 차려 입혀 놓은 시체에 불과하게 된다. 따라서 목회자는 청중에게 설교하기 전에 먼저 자기 자신에게 설교해야 한다. 설교자가 거룩하고 경건한 마음을 품고 있을 때 신자들에게도 그 열매를 나누어 줄 수 있다. 설교자의 마음이 차가워지면 설교도 차가워진다. 설교가 차가워지면 신자들도 차가워진다. 설교자의 마음이 혼란스러우면 설교도 혼란스러워진다. 설교자가 오류에 빠지거나 원칙을 버리면 교회에 큰 손실이 찾아온다.[19]

(5) 목회자는 정치적인 권력을 포함한 힘에 의존하려고 해서는 안 된다. 콘스탄티누스 황제 시절에 대부분의 주교들이 아리우스 이단으로 개종했고, 진리를 변질시키거나 기만하지 않은 주교들은 극소수에 불과했으며, 니케아 공의회에 참석한 사람들의 숫자도 또한 적었음에도 아타나시우스는 권력에 굴복하거나 권력의 편에 서지 않고 단호하게 진리의 편에 서서 바른 교리를 변호했다. 이와 같은 아타나시우스의 태도는 오늘날의 목회자들이 복음의 진리를 전할 때 세상의 권력 앞에서 어떤 태도를 취해야 하는지를 잘 보여 준다.

교회에 나오는 신자들 중에는 사회적인 지위가 높은 사람들이나 부유한 사람들도 있고 사회적 지위가 일천한 사람들이나 가난한 사람들도 있다. 이때 목회자는 사회적 지위가 높은 사람들이나 부자들을 편애하고 사회적 지위가 일천한 사람들이나 가난한 사람들을 무시해서는 안 된다. 목회자는 모두를 공정하게 대하되, 특히 소외 계층에 속한 성도들에게 더 많은 애정과 관심을 기울여야 한다. 그것은 이스라엘 공동체 안에 있는 사회적 약자들에 대하여 특별한 관심과 애정을 보여 주신 하나님의 마음을 따르는 것이다(신 10:17-18; 출 22:22-24 등).

목회자는 하나님의 말씀을 설교하거나 가르칠 때 청중의 비위를 맞추기 위해 성경이 말하는 내용을 가감해서는 안 된다. 바울이 밀레도에서 에베소교회의 장로들을 불러 모아 놓고 고별설교를

하는 중에 "유익한 것은 무엇이든지 공중 앞에서나 각 집에서나
거리낌이 없이 여러분에게 전하여 가르치고"(행 20:20)라고 한
고백이나 "이는 내가 꺼리지 않고 하나님의 뜻을 다 여러분에게
전하였음이라"(행 20:27)라고 한 고백에서 볼 수 있는 것처럼 목회자는
청중 가운데 특히 사회적 지위가 높거나 경제력이 있는 이들의
비위를 맞추기 위해 하나님의 말씀을 자의적으로 가감하는 우를
범해서는 안 된다. 목회자는 온전한 말씀을 전함으로 누가 마음이
상하게 되든 상관없이—그것이 설교자 자신이든 그가 사랑하는
사람들이든 그의 원수든—두려움이나 치우침이 없이 하나님의
말씀을 전하는 용기가 있어야 한다. 특히 누군가가 고의적인
완고함이나 악의에 마음이 상하고 시기, 질투, 적의, 악감, 반목을
가지고 교회를 어지럽히는 경우에 성경말씀을 통합적으로 보고
균형 있게 설교하다 보면 이 모든 문제들이 다루어질 것이며,
특정한 교인들이 설교시 자신이 의도적인 목표물이 되었다는
생각을 갖지 않게 될 것이다.

(6) 목회자는 성도들을 대할 때 부드럽고 자애로운 태도를
견지해야 하지만 엄격한 태도를 보여 주어야 할 때도 있다. 사도
바울은 데살로니가 교인들을 지도할 때 때로는 유모처럼 돌보기도
했지만 동시에 엄격한 아버지처럼 경계하고 견책하기도 했다(살전
2:7, 11). 목회자는 어머니가 자식을 대하듯이 부드럽게 대해야 하며,

신자들 안에 그리스도가 자리 잡을 때까지 모진 산고를 견디어
내야 한다. 그러나 목회자는 사랑이라는 미명하에 죄를 묵인하지
않도록 조심해야 한다. "관대하게 대하면서도 그릇되게 이끄는
것보다는 엄격하게 하더라도 사랑하는 편이 낫다"[20]라는
어거스틴의 교훈을 기억해야 한다. 24시간 햇볕만 내리쬐면
황량한 사막이 되어 버리는 것처럼 사랑과 부드러움으로만
대하면 신자들의 신앙생활이 피폐해질 우려가 있다. 폭풍이 불고
비바람이 몰아치는 때가 있어야 옥토가 되는 것처럼 신자들의
신앙이 건강하게 성장하기 위해서는 부드러운 지도와 더불어
엄중한 견책이 동시에 필요하다.

(7) 목회자는 언제나 열매를 향한 간절한 바람과 기대를
계속적으로 품을 수 있어야 한다. 희망을 품으면서 연구하고
설교하지 않으면 열매를 거두기 어렵다. 어떤 고대의 성직자들은
가르쳐 봐야 헛수고만 하게 되는 사람들과 수십 년 이상을 함께
살면서 결실하지 못했어도 인내로서 견디어 냈다.[21] 목회자가
진실하고 바르게 살아 왔고 또한 성실하게 최선을 다하여 주어진
목회직을 수행했지만 열매가 기대만큼 성공적으로 나타나지 않는
경우에도 목회자의 얼굴에 근심이 있어서는 안 된다. 신자들은
살벌하고 이기적인 태도로 살아가는 사람들에 둘러싸인 사회에서
우울하고 지친 마음으로 살다가 교회에 나올 때는 세상 사람들의

태도와는 다른 이타적이고 타인을 배려하는 희망적인 모습을
볼 수 있기를 기대하기 마련이다. 교회에 나온 신자가 목회자의
얼굴도 자신들과 똑같은 근심으로 가득 차 있는 것을 발견하거나
목회자의 삶과 행동에서 믿지 않는 사람들과 똑같은 이기적인
태도를 발견하면 더 깊은 절망의 늪에 빠져 들고 만다. 목회자는
아무리 힘들고 어려운 현실 속에서도 복음에 근거한 희망을 말할
수 있어야 하며, 아무리 많은 사람들이 이기적인 삶의 모습을
보여도 이타적이고 타인을 배려하는 마음가짐을 보여 줄 수
있어야 한다.

7. 목회자에게 찾아오는 위험들과 극복 방법

목회자는 주님의 영광과 거룩함의 빛, 그리고 진리의 빛을
상대적으로 많이 받았다. 그러나 주어진 영광의 빛이 많은 만큼
위험도 따른다. 수많은 시선이 목회자에게 집중되어 있는데다가
목회자의 잘못을 관찰하는 사람들이 많으므로 주의해야 한다.
불신자들은 선의보다는 악의를 가지고 목회자를 바라보는 경우가
많다. 불신자들은 목회자들의 장점보다는 결점을 찾아내는 데
익숙하다. 불신자들은 목회자들에게서 발견한 장점들은 대체로
그냥 지나가고 아주 작은 결점이라도 발견하면 침소봉대하여

폭로하고 자신들의 계획에 이용하려고 하며, 결점을 발견할 수 없을 때는 결점을 만들어 내기까지 한다.[22] 예를 들어서 뉴스거리를 찾아내는 데 혈안이 되어 있는 신문기자들은 경찰서에 접수된 수백 건이 넘는 범죄 목록들 가운데 다른 사람들이 범한 항목은 그냥 지나치고 목회자의 이름이 관련된 항목이 있으면 아주 사소한 것이라도 집어내어 큼지막하게 기사화하는 것이 통례로 되어 있다. 그러면 목회자에게 뒤따르는 위험에는 어떤 것들이 있는가?

(1) 목회자가 범한 죄는 다른 사람들이 범한 죄보다 악한 것으로 인식된다. 다른 사람들을 가르치는 위치에 있는 사람이 짓는 죄는 작은 것도 크게 인식되기 때문에 작은 죄도 범하지 않도록 조심해야 한다. 다른 사람보다 지식이 더 많은 사람은 지식에 거스르는 죄를 다른 사람들보다 더 많이 범하기 쉽다. 목회자가 죄에 대항하여 많이 이야기한 만큼 목회자의 죄는 다른 사람이 범한 죄보다 더 큰 위선이 된다. 그런데 목회자는 죄에 대항한 정도만큼 굴복할 위험이 다른 사람보다 더 크다. 이처럼 죄의 함정에 빠져들 위험이 큰 이유는, 목회자도 아담의 후손으로서 그리스도의 은혜에 대적하는 죄성이 있을 뿐 아니라 사탄은 다른 사람들보다 목회자를 더 집요하게 유혹할 것이기 때문이다. 암흑의 왕인 사탄은 자신에게 큰 해를 끼치는 사람에게 앙심을

품고 있기 때문에 자신의 대적자가 된 목회자를 한층 더 집요하게 공격한다.[23]

성도들이 죄를 짓는 경우는 그 후유증이 교회 전체를 뒤흔들 만큼 크지 않고, 목회자가 나서서 후유증을 수습할 수 있다. 그러나 지도자인 목회자가 죄를 지으면 그 후유증이 회중 전체에 심각하게 미치며 수습하기가 어렵다. 그래서 목회자의 범죄는 다른 성도들의 범죄보다 크게 인식되고 실제로 크다.

(2) 목회자는 부도덕한 마음 상태에 빠져들지 않도록 각별하게 조심해야 한다.[24]

목회자는 자만에 빠지지 않도록 유의해야 한다. 목회자가 자만에 빠지면 교회와 성도들을 섬기는 마음을 상실하고 교회의 섬김을 받으려고 하게 된다.

목회자는 다른 목회자가 가진 더 큰 교회, 사례금, 지위, 능력을 부러워하는 마음을 갖지 않도록 해야 한다. 또한 목회자는 자신을 화나게 한 성도들에 대해 분노의 감정을 품지 않도록 노력해야 하며, 분노의 감정이 생길 때 반드시 기도를 통하여 이 감정을 다스려야 한다. 특히 성도들에 대한 분노의 감정이 표정이나 행동, 특히 설교를 통하여 표출되지 않도록 조심해야 한다.

목회자가 무엇보다 조심해야 할 것은 음욕이다. 음욕을 통제하지 못하여 일탈에 빠진 목회자는 그리스도께서 교회를 향한 자신의

마음을 전달하는 유비로 사용하신 결혼의 유비를 사용할 수 없게
되며 설교할 때 설득력을 잃게 되고 마침내는 사역을 중단하지
않을 수 없게 된다.
이와 같은 부도덕한 마음에 빠지지 않도록 목회자는 자신에게
주어진 직무를 신실하고 성실하게 수행해야 한다.

(3) 목회자는 숫자에 집착하지 않도록 주의해야 한다.[25]
목회자는 다른 직업을 가진 사람들에게 시기심을 느낄 때가 있다.
목회 사역에 비교해 볼 때 다른 직업을 가진 사람들이 하는 일은
목적과 결과가 분명해 보이기 때문이다. 예를 들어서 의사는
자신이 처방한 항생제의 약효나 자기가 분만시킨 아기를 안고
있는 산모를 금방 알아볼 수 있으며, 건축가는 자기의 상상이
청사진으로 나오고, 그 청사진에 따라서 구조물을 만든다.
은행가는 자기 은행의 대출을 받은 가정과 사업체들을 일일이
파악할 수 있다.
그러나 목회의 경우는 사역의 결과를 아는 것이 쉬운 일이
아니다. 최고의 설교자조차도 자신의 설교가 맺은 열매의 실체를
파악하기가 어렵다. 자신이 한 설교가 진실하고 영향력 있는
설교였는지 알기 어렵고, 때로 깊은 통찰력과 각고의 수고를
다해서 외쳐도 교인들 대부분은 무반응으로 있을 때가 많다. 목회
사역의 특성상 목회자는 일구어 놓은 결과를 만족한 마음으로

바라보는 기쁨을 누릴 수 없다. 그래서 자신이 무언가 특별하고 신앙적이고 가치 있는 일을 했다는 생각을 가지기가 어려우며, 자신의 사역의 장기적인 결과를 앞당겨서 맛볼 수가 없다. 그만큼 목회자는 자기 성취감에 도달하기가 어렵다. 하나님을 향한 변화는 분별하는 데 시간이 걸린다. 측량은 불확실하고 그에 따라 좌절이 밀려든다. 얼마만큼 영적인 성장이 진행되었는지는 커다란 자나 현미경을 가지고도 확인할 수가 없다. 이처럼 영적인 목표들의 성취 여부는 언제든지 즉각적으로 눈으로 확인하거나 손으로 만져 볼 수 있는 성질의 것이 아니다.

그러면 목회직의 심리적·감정적·영적인 성취감을 어떻게 유지해 가느냐가 문제로 대두된다. 이때 목회자는 숫자라는 이차적이고 가시적인 표지를 통하여 성취감을 맛보고자 하는 유혹을 받게 된다. 청중들의 숫자는 셀 수가 있다. 더 많은 청중들에게 설교하고, 더 넓은 구역의 사람들을 감당할수록 복음의 씨를 뿌릴 기회가 늘어난다는 생각을 하고 위로받을 수 있다. 예배 출석자나 교인들의 숫자가 늘어 가면서 성취감과 느긋함을 느낄 수도 있다. 복음의 진리의 효과를 측량하는 것은 모호한 일이지만 숫자는 다르다. 그것은 만질 수 있고 측량할 수 있다.

성취의 이차적 표지가 교회가 감당해야 할 근본적인 사명에 대한 성공을 어느 정도 반영하는 것은 사실이지만 반영의 분량만큼이나 믿을 만하지 못한 것이기도 하다. 숫자가 늘거나 줄어드는 것은 때때로 목사의 역량과는 무관하게 환경이 좌우한다. 또한 성취의 이차적 표지에 집착하는 마음은 목회자들 사이에 거친 경쟁을 유발하며, 눈앞의 이익을 위해 통계 숫자를 조작하게 하며, 회중의 명단에 새로운 이름을 추가하는 데는 기민하게 만들지만 결석한 지 오래된 교인들을 제명하는 데는 주저하게 만든다. 또한 성취의 이차적인 표지에 대한 집착은 예수님이 말씀하신 "두세 사람이 모인 곳"이라는 표현(마 18:20)을 "두세 사람 이상이 모인 곳"으로 둔갑시킨다. 숫자에 집착하는 목회자의 야망은 목회직의 본질을 훼손시킨다.

예수께서는 스스로를 무익하게 여기면서 힘겨워하는 제자들을 격려하기 위하여 씨 뿌리는 자의 비유를 가르치셨다. 둘씩 짝지어서 수행한 전도여행을 마친 제자들 중에는 굉장한 성공과 사람들의 긍정적인 반응을 경험한 이들이 있는 반면에, 거절당하고 실패를 맛본 이들도 있었다. 예수님은 자신이 의중에 두고 있는 것은 측량할 수 있는 결과가 아니라 씨를 뿌리는 자의 신실성임을 확신시켜 주셨다. 우리가 뿌린 씨가 열매를 구경할 겨를도 없이 새의 먹이가 되거나 돌밭에서 말라 버릴지라도 예수님은 우리의 성실한 태도와 함께하신다. 복음은 심오하다. 이 심오함 때문에 즉시 평가될 수 없고, 단기간의 측량을 불가능하게 만드는 특징이 있다.

⑷ 목회자는 개인주의에 빠지지 않도록 유의해야 한다.[26]
목회자가 개인주의의 지배를 받으면 자신의 미래의 행복을 공동체의 필요에 두지 않고 공동체의 관심과는 동떨어진 권리와 욕망을 추구하면서 고립되어 간다. 이때 목회자는 교회 공동체(위원회, 당회, 노회 등)를 연합체가 아닌 경쟁적 집합체로 파악한다. 지역교회에 나타난 긍정적인 변화들은 평신도들이 거둔 성취가 아닌, 목회자 개인이 거둔 성취로 묘사된다. 목회자가 다른 목회자들과의 관계를 경쟁의 안목에서만 추구할 때 영적 위험이 뒤따른다.

개인주의의 영향을 받은 목회자는 '이 교회가 나의 섬김을 필요로 하는가?'라는 질문보다는 '이 교회가 나를 부상시켜 주고 더 많은 사례비를 보장해 주겠는가?'를 생각하게 된다. 그는 높은 사례비, 권력이 뒤따르는 높은 직위, 부자나 영향력 있는 교인과 연합하고자 하는 욕구 등에 사로잡힌다. 그는 또한 자신만의 독특한 은사와 능력을 나타내거나 공동체로부터 홀로 두드러지고자 하는 깊은 열망을 가진다. 홀로 두드러지고자 하는 열망이 공동체의 필요를 압도하게 되면 그 열망은 목회자 자신을 파괴하고 공동체의 은사와 은총을 억압하는 결과를 낳게 된다.

⑸ 목회자는 타인을 경쟁 상대로 인식하기보다는 배려하는 태도를 지녀야 한다.[27]

인간은 자기 자신을 위해서가 아니라 타인을 위하여 살 때 비로소 완전한 인격을 향한 길로 접어든다. 누군가를 사랑하면 똑같이 나도 사랑받는 존재가 된다. 곧 스스로를 인정받기를 구하지 않을 때 비로소 인정받고 있는 자신을 발견하게 된다. 상대방을 경쟁 상대로 인식하지 않고 교제와 협력의 상대 곧 코이노니아의 대상으로 인식하는 것이 사역의 목표가 되면 다른 예배당보다 더 큰 예배당을 짓는다든지, 다른 교회보다 더 많은 교인들을 끌어모은다든지, 명설교자가 된다든지 하는 것들이 목표가 될 수 없음이 분명해진다. 코이노니아를 추구하면 공동체가 필요로 하는 것에 주의를 기울이고 이 필요에 부응하여 개인들이 가진 은사들을 사용하게 된다. 코이노니아는 개인의 목표를 성취했다는 인식 속에서가 아니라 친교와 연합과 친밀한 관계 속에서 즐거워한다. 코이노니아 안에서 목회자는 자신이 혼자가 아니라 다른 사람의 능력이 완전해지도록 돕는 자라는 사실과 나 또한 완전해지려면 다른 사람에게 의존해야 한다는 사실을 발견한다.

(6) 목회자는 공개적이고 투명한 태도로 교회정치에 임해야 한다.[28] 목회자 중에는 복음 선포와 심방하는 일에서는 만족을 느끼지만, 당회, 연합회, 노회 등에서 논의되는 사업이나 업무 등에 대해서는 약간의 관심을 가질 뿐이며, 치밀한 계획이나 전략 수립 등에 대해서는 혐오감을 나타내는 경우가 있다. 그러나 교회도 두세

사람 이상이 모인 공동체이므로 공동체가 원활하게 운영되기 위해서는 정치가 필요하다. 문제는 교회정치는 공개적이고 투명해야 하며, 막후의 비밀스러운 정치 공작에 빠져서는 안 된다는 것이다. 마지막까지 교회가 두려워해야 하는 것은 바로 교회에서 신뢰와 진실이 사라지는 것이다. 신자들이 자발적으로 힘을 모아서 주의 일에 헌신할 수 있게 하는 힘의 근원은 자기 개방과 공개적인 참여다. 신자들은 교회의 정책이 어떤 이유로 취해졌으며, 누가 결정했으며, 교회의 헌금이 어떻게 쓰이고 있는지 등을 알고 싶어 한다. 물론 목회자가 개인적으로 말하는 모든 것을 공개할 필요는 없지만, 목회자의 행동이나 논의들이 공개되더라도 당황할 이유가 없게끔 행동해야 한다. 파괴적인 정치 공작을 제어할 수 있게 하는 것은 정직이다.

8. 나가는 말

한국 교회의 영적이고 도덕적인 건강성의 척도는 목회자의 건강성 여부에 좌우된다. 왜냐하면 목회자는 교회 회중에게 영적이고 도덕적으로 가르치는 일을 하며, 교회 운영과 정책을 결정하는 최종 결정자의 위치에 있기 때문이다.
목회자는 말씀의 은사를 받은 자로서 하나님의 은밀하고 개인적인 부름을 받고 경건과 신학 훈련을 거쳐 교회의 공적인 검증을 받고 안수식을 통해 교회를 섬길 수 있도록 비준을 받은 직분자다.
목회자는 말씀을 선포하고 가르치되, 회심하지 않은 자들을 위해서는 구원의 진리를 가르치고, 회심한 자들을 위해서는 훈련과 훈계를 해야 한다. 이를 위해 공적 설교 사역과 개별적인 돌봄의 사역을 균형 있게 수행해야 한다.
목회자는 한편으로는 성경 말씀에 대하여, 다른 한편으로는 세상에 대하여 깊고 넓은 지식을 갖추고 현실에 적실한 언어로 말씀을 증거하며 목회 직무를 수행해야 한다. 그러나 목회직은 인간의 영혼과 삶 그 자체를 다루는 소명이기 때문에 영적이고 인격적이고 도덕적인 자질을 갖추어야 한다. 목회자는 하나님을 향한 교리적 믿음뿐만 아니라 인격적인 신뢰로서의 믿음, 그리고 하나님의 특별한 능력에 대한 믿음도 가지고 있어야 한다.
목회자는 겸손하게 교회와 성도들을 섬겨야 하며, 반항하는 자들을 참아 내는 인내가 있어야 하며, 말과 생활이 일치하도록 노력해야 하며, 교인들의 눈치를 보지 않고 하나님의 말씀을 총체적으로 전하는 용기를 가져야 하며, 신자들을 때로는 부드럽게 위로하면서도 때로는 엄중하게 책망할 수 있어야 하며, 아무리 어려운 상황에서도 희망을 잃지 않아야 한다.
목회자는 자신이 범한 죄는 다른 사람들이 범한 죄보다 더 크게 인식된다는 사실을 유념하여 죄에 빠지지 않도록 조심해야

하며, 자만, 투기, 탐욕, 분노, 음욕, 태만 등에 빠지지 않도록
주의해야 하며, 숫자로써 사역의 결과를 판단하고자 해서는 안
되며, 개인주의에 빠지지 않아야 하며, 타인을 경쟁 상대로서
대하기보다는 배려하는 마음을 가져야 하며, 공개적이고 투명한
태도로 교회정치에 임해야 한다.

함께 생각해 보기

1. 목회자에게 하나님의 자녀로의 부르심이 반드시 있어야 하는
   이유가 무엇인지 의견을 나누어 보자.
2. 목회자로의 부르심이 교회의 다른 직분으로의 부르심과
   공유하는 공통점은 무엇이며, 차이점은 무엇인가?
   목회자가 하나님으로부터의 은밀한 부르심을 특히 필요로 하는
   이유는 무엇인가?
3. 목회자가 공적 사역과 개별적인 돌봄의 사역을 균형 있게
   수행하기 위해 필요한 것들에 대하여 의견을 나누어 보자.
4. 다른 직분이나 직업들과는 달리 목회자들에게 목회 기술뿐만
   아니라 영적이고 도덕적인 자질들이 있어야만 목회직을 수행할
   수 있는 이유는 무엇인지 말해 보자.
5. 목회자가 빠질 수 있는 위험에는 어떤 것들이 있는지 말해
   보자.

더 읽을 문헌

1. 백스터, 리차드, 《참된 목자》, 지상우 옮김(크리스챤 다이제스트, 1988)

2. 슈네이즈, 로버트, 《목회와 야망》, 황성철 옮김(기독교문서선교회, 1995)

3. 스틸, 윌리엄, 《목사의 길》, 장호준 옮김(복 있는 사람, 2011)

4. 클로네이, 에드문드, 《목회 소명》, 유재갑 옮김(생명의말씀사, 1982)

5. 피터슨, 유진, 《목회자의 영성》, 양혜원 옮김(포이에마, 2013)

2장
목회자와 성도의 바른 관계

송준인

청량교회 담임목사, 총신대학교 교수

1. 들어가는 말

2001년 담임목회를 시작하면서 어떤 목회 철학을 가지고 목회를 할지 오랜 시간 동안 고민했다. 기도하는 중에 마가복음 10장 45절이 떠올랐다. "인자가 온 것은 섬김을 받으려 함이 아니라 도리어 섬기려 하고 자기 목숨을 많은 사람의 대속물로 주려 함이니라"라는 말씀이다. 이 말씀을 목회의 근간으로 삼고 목회를 하면 좋겠다고 생각하고 교회의 표어를 '예수님처럼'이라고 지었다. 예수님처럼 섬기는 목회자가 되면 좋겠다고 생각했다. 예수님은 모든 기득권을 내려놓으셨다. 영광스러운 많은 칭호가 있었음에도 예수님은 스스로를 가리켜 '인자'라고 부르셨다. 물론 인자라는 말 속에 담긴 신학적 담론이 많이 있지만 무엇보다 예수님은 겸손한 사람의 아들로 오셨다는 것을 이름을 통해 강조하신 것이다. 예수님은 섬김을 받으셔야 마땅하심에도 주님과 선생으로서의 기득권을 내려놓고 섬기셨다. 제자들의 발을 씻어 주면서 "내가 너희에게 행한 것같이 너희도 행하게 하려 하여 본을 보였노라" (요 13:15)라고 말씀하셨다. 끝내는 많은 사람들을 위하여 자기 목숨까지도 대속물로 내놓으셨다. 양으로 생명을 얻게 하시려고 오신 예수님은 참으로 훌륭한 목회자이셨다. 겸손, 섬김, 희생으로 표현되는 예수님의 목회는 이 땅의 목회자로 부름 받은 모든 주의 종들의 본보기이다.

목회를 하면서 기득권을 내려놓는 것을 생각해 보았다. 그러다가 목회자의 생일에 대접을 받지 말고 교인들을 대접해 보자는 생각을 하게 되었다. 목회 첫 해 생일에 전 교인에게 점심 식사를 대접해 드렸다. 지금은 소천하셨지만 90세가 다 되신 장로님께서 내 손을 꼭 붙잡으며 "평생 신앙생활 하는 동안 목사님 같으신 분은 처음입니다"라고 말씀해 주셨다. 그 말씀 덕분에 지금까지 계속해서 생일이면 전 교인에게 식사를 대접하고 있다.

제왕적 목회자의 윤리적·도덕적 타락으로 인해 일부 교회가 사회적인 지탄의 대상이 되고 있는 이때에 예수님처럼 목회를 한다면 교회의 많은 문제들이 사라지게 될 것이라 확신한다. 현재 한국 개신교회에는 약 10만 명의 목회자와 800만 명의 성도가 있다고 한다. 이들이 약 6만 개의 교회에서 목회자로, 성도로 신앙생활을 하고 있다. 아직도 신학교에는 목회자가 되기 위해 수많은 목사 후보생들이 공부를 하고 있고, 성도들은 각 교회에서 천국 시민이 되기 위해 훈련받고 있다. 그런데 정작 목회자와 성도와의 바람직한 관계에 대해서는 누구도 선뜻 나서서 가르쳐 주지 않는다. 목회자는 자기 문제이기 때문에 객관적으로 가르치기 힘들고, 성도들은 소위 껄끄러운 문제이기 때문에 말하기를 두려워하기 때문이 아닌가 싶다. 좋은 목회자는 좋은 성도를 만들고, 좋은 성도는 좋은 교회를 만든다. 그런 의미에서 목회자와 성도의 바른 관계는 좋은 교회를 만드는 데 필수적이다.

오늘날 교회의 크고 작은 모든 문제는 목회자와 성도 간의 올바르지 않은 관계에서 비롯된 것이 아닌가 싶다.

2. 좋은 교회, 좋은 교인, 좋은 목사

목회를 시작하면서 교회의 사명선언문을 만들었다. 교회의 핵심 가치가 무엇인가를 놓고 고민하면서 오랜 시간에 걸쳐 수정하고 또 수정하여 아래와 같은 사명선언문이 만들어졌다.
"우리 교회의 사명은 구원의 복음을 전파하여 하나님 나라를 확장하고, 예수님 사랑 이웃 사랑을 실천하여 세상 사람들의 칭송을 들으며, 예수님의 참제자로 훈련받아 예수님처럼 사는 것이다." 교회의 핵심 가치는 구원의 복음을 전파하는 선교, 이웃 사랑을 실천하는 구제, 그리고 하나님 나라 인재를 양성하는 교육이 아닐까 생각한다. 그래서 이 세 가지 핵심 가치를 담을 수 있는 사명선언문을 만들어 교회 앞에 공포하였다. 그리고 매월 첫째 주일을 선교주일, 셋째 주일을 구제주일, 마지막 주일을 교육장학주일로 지정하고 이 세 가지 핵심 가치를 계속 상기하며 실천하고자 했다. 한편 종교개혁자 칼빈의 목회관에 따르면,[1] 목회란 하나님의 택함 받은 사람들을 하나님의 말씀으로 구원 얻게 하며, 예수 그리스도를 닮아 가도록 양육하는 일체의 사역이라고 할 수 있다. 이 정의에서 목회의 분명한 목표를 바라보게 된다. 그것은 바로 예수 그리스도의 인격과 사역을 닮아 가도록 말씀을 통하여 양육하는 일체의 모든 사역을 말하는 것이다. 교회의 표어인 '예수님처럼'과 교회의 핵심 가치인 선교, 구제, 인재 양성, 그리고 칼빈이 말한 대로 예수 그리스도의 인격과 사역을 닮아 가도록 말씀을 통하여 양육하는 모든 사역이 목회라는 점을 감안할 때, 이 모든 요소가 균형 잡힌 목회를 하려면, 우선적으로 목회자가 모범을 보여야 한다고 본다. 좋은 교회는 좋은 교인이 만들고, 좋은 교인은 좋은 목회자가 만든다고 볼 때 좋은 교회는 결국 좋은 목회자가 만든다고 볼 수 있다. 좋은 교회, 좋은 교인, 좋은 목사 중에서 가장 먼저 선행되어야 하는 것이 바로 좋은 목사인 것이다. 목사가 먼저 예수님처럼 살고, 선교·구제·인재 양성을 위해 헌신하고, 목사가 먼저 예수님의 제자가 될 때 결국 좋은 교인이 양성되고, 그 좋은 교인들이 모여 좋은 교회를 이루는 것이다.

목회를 시작한 지 10년이 지났을 때 몇몇 교인이 몇 가지를 문제 삼으면서 목회의 위기를 만났다. 예컨대, 목회를 하면서 신학교 교수를 겸직하는 문제, 전세로 살던 목사 사택을 교회 명의로 구입할 때 당회가 절차를 어겼다는 것 등으로 곤욕을 치렀다. 당회와 안수집사들의 해명으로 큰 문제가 없다는 것이 밝혀졌지만, 목회 사역이 크게 한 번 타격을 입었다. 그래서 비록 소수더라도 담임목사를 불신하니 이제 목회를 그만두고 자유로운 교수 생활로 돌아가야겠다고 마음먹었다. 그러나 당회와 교인들의 만류로 목회의 자리를 떠날 수 없었다. 이런 일을 겪으면서 나는 목회를 다시 돌아보게 되었다. 아무리 순수하게 목회를 해도 생각이 다른 교인들이 있을 수 있고, 아무리 공평하게 대한다고 해도 소외되었다고 생각하는 교인들이 있을 수 있다는 사실을 깨닫게 되었다. 그리고 나 자신도 교수 생활과 목회를 겸하면서 교인들의 연약함과 아픔을 더 많이 위로해 주고 품어 주지 못했다는 것을 깨닫게 되었다. 목회자도 사람인지라 자신을 사랑해 주는 교인들을 더 사랑하고 더 가까이 지내는 것이 인지상정이다. 그리고 목회를 하다 보면 순종 잘하고, 헌금 생활, 봉사 생활 잘하는 교인에게 더 정이 가는 것이 사실이다. 십일조를 많이 하는 교인, 공예배에 잘 나오는 교인이 더 귀해 보이는 것도 사실이다. 목회자가 정말 공평하게 교인들을 사랑한다는 것은 어려운 일이다. 그러나 예수님처럼 목회를 하려면 잘하는 교인 아흔아홉 명보다 길 잃은 교인 한 명을 더 귀히 여겨야 한다. 그런 점에서 가난하여 액수가 적어도 정직한 십일조 헌금을 드리는 교인이 더 귀하다고 본다. 그래서 나는 가난한 사람들을 더 신경 쓰며 예수님의 시각으로 보려고 애쓴다. 지금도 여전히 부족하지만 목회 10년 만에 어려움을 겪은 이후에 자신을 돌아보며 더 좋은 목사가 되어야 하겠다고 다짐하며 목회에 임하고 있다.

3. 목회자와 성도의 관계

목회자와 성도의 관계에 대해서 가장 잘 묘사해 주는 그림이 바로 목자와 양 떼의 모습이다. 목자는 언제나 양 무리의 앞에 위치한다. 그리고 홀로 거기에 서 있다. 목자는 양 무리의 리더이며 리더십이라는 특권을 누린다. 하지만 목자는 언제나 양 무리를 위해 자신의 목숨을 내놓을 각오를 하고 실제로 양 무리를 보호하다가 죽기도 한다. 목회자의 리더십은 일차적으로 권위라기보다는 섬김이다. 이상적인 목회자는 여러 모습의 성도들에게 여러 모습으로 다가가야 한다. 부유한 자나 가난한 자나, 유명한 자나 무명한 자나 차별 없이 대해야 한다. 사도 바울은 고린도교회 성도들에게 보낸 첫 번째 편지에서 이렇게 말했다. "약한 자들에게 내가 약한 자와 같이 된 것은 약한 자들을 얻고자 함이요 내가 여러 사람에게 여러 모습이 된 것은 아무쪼록 몇 사람이라도 구원하고자 함이라"(고전 9:22). 이처럼 목회자가 성도들과 같은 모습이 되기 위해서는 성도들을 알아야 하며, 그러기 위해서는 성도들과 많은 시간을 보내야 한다. 서로 진심으로 사랑한다면 목회자가 성도들과 함께 있기를 좋아하고, 성도들은 목회자와 함께 있기를 좋아해야 한다. 그저 좋아하는 것처럼 보이는 것이 아니라 정말로 좋아해야 한다. 지혜로운 목회자는 개인적인 묵상이나 연구, 또는 설교 준비와 기도를 위해 자기 시간을 잘 관리해야 한다. 하지만 그런 것들로 인해 성도들과의 만남을 회피해서는 안 된다. 성도들은 하루 24시간 내내 목회자를 원하는 것이 아니다. 그들도 목회자들이 하나님과 독대하고 홀로 연구하는 일에 몰두하기를 원한다. 그러나 그런 가운데에도 자기들이 만나고 싶을 때 항상 만나 주기를 원한다. 목회자들은 성도들의 필요가 목회의 방해거리가 아니라 그것이 목회 자체라는 사실을 명심해야 한다.

보통 교회의 규모가 커질수록 성도들의 입장에서는 목회자를 만나기가 더 어려워지는데, 그것은 어딘가 문제가 있다. 담임목사의 경우 부교역자가 많을수록 성도들과의 만남의 시간은 그만큼 많아져야 하고, 사실 그렇게 되어야 한다. 왜냐하면 목회를 돕는 사람이 그만큼 많이 있으면 기도와 연구를 위한 시간과 성도들이 원할 때 만날 수 있는 시간이 더 많아질 수 있기 때문이다. 물론 시간 관리를 그렇게 균형 있게 하기가 쉽지는 않다. 하지만 목회자는 교회 성장 전문가로 부름 받은 것이 아니라 목자로 부름 받았다는 사실을 명심해야 한다. 또한 목회자는 목장 주인이나 목장 관리인이 아니라 양 무리를 치는 목자로 부름 받았다는 사실을 명심해야 한다. 신실한 목자는 양 무리의 주인이신 하나님을 위해 자기에게 맡겨진 양 떼를 진심으로 잘 보살핀다.

목회자는 자신에게 정직해야 한다. 내가 정말 양 무리를 사랑하고 있는가? 하나님의 나라가 아닌 나의 왕국을 건설하기 위해, 그리고 내 목회의 성공을 위해 양 무리를 이용하고 있지는 않은가? 목회자는 하나님 앞에서 이 질문에 대답해야 한다. 목자장 되신 주님을 사랑하지 않고서는 양 무리를 사랑할 수 없으며, 양 무리를 사랑하지 않고서는 목자장 되신 주님을 사랑할 수 없다. 양 무리가 목회자 안에서 목자장을 볼 수 있어야 하며, 목회자로 인해서 목자장을 더 사랑할 수 있어야 한다. 이 땅의 목회자들은 주님이 말씀하신 다음과 같은 말씀에 비추어 좋은 목회자가 되어야 할 것이다. "나는 선한 목자라 선한 목자는 양들을 위하여 목숨을 버리거니와 삯꾼은 목자가 아니요 양도 제 양이 아니라 이리가 오는 것을 보면 양을 버리고 달아나나니 이리가 양을 물어 가고 또 헤치느니라 달아나는 것은 그가 삯꾼인 까닭에 양을 돌보지 아니함이나 나는 선한 목자라 나는 내 양을 알고 양도 나를 아는 것이 아버지께서 나를 아시고 내가 아버지를 아는 것 같으니 나는 양을 위하여 목숨을 버리노라"(요 10:11-15). 이스라엘 군대가 막강한 이유는 장교들의 솔선수범하는 모습 때문이라고 한다. 이스라엘 장교들은 전투 현장에서 부하 장병들을 향해 "돌격 앞으로!"라고 말하지 않는다고 한다. 자신은 비겁하게 뒤에 서서 부하 장병들을 포화가 쏟아지는 전장으로 내몰지 않는다는 것이다. 그들은 오히려 부하 장병들의 앞에 서서, "나를 따르라!"라고 외치며 앞장서 장교들의 사상률이 높다고 한다.[2] 그런 희생적인 지휘관들로

인해 이스라엘 군대의 장병들은 혼신의 힘을 다해 지휘관을
구하기 위해서라도 포화가 쏟아지는 전장으로 달려 나가게 된다.
예수님은 "내가 너희에게 행한 것같이 너희도 행하게 하려 하여
본을 보였노라"(요 13:15)라고 말씀하셨다. 사도 바울은 고린도교회
성도들에게 "내가 그리스도를 본받는 자가 된 것같이 너희는 나를
본받는 자가 되라"(고전 11:1)라고 말했으며, 빌립보교회 성도들에게는
"형제들아 너희는 함께 나를 본받으라"(빌 3:17)라고 말했다. 목회자도
이와 같이 가정생활, 헌금·기도·전도 생활 등에 있어서 교인의
앞에 서서 본을 보일 때에 교인들이 그 뒤를 따르며 궁극적으로
주님을 따르게 되어 주님의 몸 된 교회가 영적 전투에서 승리하게
되리라 믿는다.

4. 양 떼를 먹이는 목자[3]

목회자는 양 떼에게 푸른 꼴을 먹이는 목자이다. 예수님께서
베드로에게 말씀하신 "내 어린 양을 먹이라, 내 양을 치라, 내
양을 먹이라"(요 21:15-17)는 말씀에 목회자가 실패한다면 다른 모든
것을 다 잘해도 목회에 실패한 것이다. 목회자가 은퇴하면서
목회에 대해서 평가받을 때, 과연 그가 말씀에 강하고 교리에
건전한 성숙한 성도들로 양육해 놓았는지를 평가받는다고 할

수 있다. 교회는 진리의 기둥과 터라고 했다(딤전 3:15). 그러므로 목회자는 성도들에게 바른 말씀, 바른 교리를 가르치는 믿음의 변증가요 수호자의 역할을 해야 한다. 그렇게 할 때 이단이나 거짓 교훈이 교회 내에 침투하지 못하게 된다. 예방이 치료보다 낫다. 목회자는 말씀을 선포하는 설교자일 뿐 아니라 말씀을 가르치는 교사이다. 가르침이 성경이 말하는 바와 의미하는 바를 주해하는 것이라면, 설교는 그것을 우리의 삶에 적용하도록 성령의 감동으로 격려하는 것이라고 할 수 있다. 좋은 가르침에는 좋은 설교가 포함되고, 좋은 설교에는 좋은 가르침이 포함된다. 영양가 있는 말씀은 성경의 깊이라고 할 수 있다. 예수님은 내 양을 즐겁게 하라거나 내 양에게 영감을 불어넣으라고 말씀하지 않으시고, 단지 내 양을 먹이라고 말씀하셨다. 하나님의 말씀을 가르친다는 것은 목회자의 특권이요 책임이다. 빈약한 설교를 하면 한 주간 동안 연약한 양들을 대하게 될 것이고, 영양가 있는 설교를 하면 스스로를 잘 돌보는 건강한 양들을 키우게 된다. 양들에게 좋은 꼴을 먹이기 위해서는 시간을 들여야 한다.

교인들의 출석률을 높이는 방법은 수백 가지가 있다. 인위적인 성장은 쉽게 얻을 수 있지만 거기에는 비용이 든다. 그렇게 되면 성도들의 영적 너비는 1킬로미터이고 영적 깊이는 1센티미터라고 할 수 있다. 그런데 하나님의 말씀을 풍성하게 주해하고 주석하는 것은 돈이 들지 않는다. 그 값은 피와 땀과 눈물이다. 하지만 그 결과로 성도들의 영적 너비는 똑같이 1킬로미터이지만 영적 깊이는 1센티미터가 아니라 1킬로미터가 된다. 목회자가 가장 우선순위에 두어야 할 것은 바로 영적 깊이이다. 교회 성장을 원한다면 양 떼를 잘 먹여야 한다. 사역을 확대하기를 원한다면 양 떼를 잘 먹여야 한다. 하나님의 말씀이 양 떼를 건강하게 만든다. 건강한 양은 번식한다. 그리고 건강한 양은 잘 자란다. 베드로 사도는 이렇게 말했다. "오직 주의 말씀은 세세토록 있도다 하였으니 너희에게 전한 복음이 곧 이 말씀이니라"(벧전 1:25). 또 사도 바울은 이렇게 말했다. "생명의 말씀을 밝혀 나의 달음질이 헛되지 아니하고 수고도 헛되지 아니함으로 그리스도의 날에 내가 자랑할 것이 있게 하려 함이라"(빌 2:16). "그리스도의 말씀이 너희 속에 풍성히 거하여 모든 지혜로 피차 가르치며 권면하고 시와 찬송과 신령한 노래를 부르며 감사하는 마음으로 하나님을 찬양하고"(골 3:16). "너는 말씀을 전파하라 때를 얻든지 못 얻든지 항상 힘쓰라 범사에 오래 참음과 가르침으로 경책하며 경계하며 권하라"(딤후 4:2).

5. 영혼을 지키는 파수꾼인 목사[4]

히브리서의 기자는 목회자와 성도의 관계를 이렇게 묘사하고 있다. "너희를 인도하는 자들에게 순종하고 복종하라 그들은 너희

영혼을 위하여 경성하기를 자신들이 청산할 자인 것같이 하느니라
그들로 하여금 즐거움으로 이것을 하게 하고 근심으로 하게 하지
말라 그렇지 않으면 너희에게 유익이 없느니라"(히 13:17). 이 말씀처럼
목회자는 그리스도께서 맡기신 영혼들을 잃어버리지 않도록
잘 보살피고 돌봐야 할 책임을 맡은 사람이다.[5] 그리스도께서
천하보다 귀한 영혼들을 목회자의 손에 맡기신 목적은 이들이
그리스도를 영화롭게 하도록 돕기 위해서다. 또한 이들이 목회자의
보호와 관리 아래 맡겨진 것은 영원히 잃어버린 바 되지 않고
영생을 얻도록 하기 위해서다. 그리스도는 불멸하는 영혼들을
돌보는 일을 일생의 사명으로 알고 순종하는 사람을 세우셔서
이들을 맡기시고 이들의 구원을 위해 마련하신 방편들을 그들에게
위임하셨다. 예컨대 그리스도는 목회자에게 자신의 창고와 보물을
맡기시고 그 열쇠를 주셨다.[6] 그러므로 목회자는 이 세상에서
그리스도께서 맡겨 주신 사람들을 돌보고 그들이 잃어버린
바 되지 않도록 최대한 깨어 보살펴야 한다. 왜냐하면 주야로
영혼들을 파멸시키기 위해 혈안이 되어 있는 사탄의 올무에
걸리기 쉽기 때문이다. 이사야 선지자는 이것을 이렇게 묘사했다.
"예루살렘이여 내가 너의 성벽 위에 파수꾼을 세우고 그들로
하여금 주야로 계속 잠잠하지 않게 하였느니라 너희 여호와로
기억하시게 하는 자들아 너희는 쉬지 말며 또 여호와께서
예루살렘을 세워 세상에서 찬송을 받게 하시기까지 그로 쉬지

못하시게 하라"(사 62: 6-7). 목회자는 이처럼 그리스도의 양 떼를 치는 목자로 세움 받았다. 그리스도는 자신의 양 떼를 그들의 손에 돌보도록 맡기시며, 양 떼를 데리고 굶주린 늑대와 으르렁거리는 사자로 가득한 크고 황량한 광야를 통과하신다. 그런 경우에 목자들이 양 떼의 생명을 보존하고 안식의 땅으로 인도하려면 양 떼를 꾸준히 주의 깊게 관찰하지 않으면 안 된다.

양 떼를 위한 파수꾼으로서 목회자가 명심해야 할 또 한 가지는, 자신에게 맡겨진 영혼들을 돌본 것에 대해 그리스도께서 반드시 책임을 물으신다는 것이다. 그리스도가 영혼들을 목회자의 보살핌과 책임에 맡겨 두시고 그들에게 종 내지는 청지기의 직분을 위임하신 사실은 필연적으로 목회자가 자신들이 맡은 사명에 대해 그리스도께 책임을 져야 한다는 것을 전제로 한다. 그리스도는 목회자에게 맡긴 사람들과 관련해서 보호와 감독의 사명에 얼마나 성실했는지를 물으실 것이다. 소중한 영혼이 하나라도 잃어버린 바 된다면, 목회자는 잃어버린 영혼이 자기 부주의로 잃어버린 바 되었건 그렇지 않건 간에, 그들에게 한 일을 해명해야 한다. 어떤 주의를 기울였고 어떤 노력을 했으며, 영혼들과 관련한 죄에서 자신들의 손이 깨끗한지 아닌지를 해명해야 한다. 우리는 잔치의 비유에서 손님들을 초대하러 나간 종들이 때때로 초대한 사람과 초대에 실패한 사람 모두에 대해서, 또 불성실의 죄를 면할 수 있도록 자신이 한 일과 성실성에 대해 주인에게 일일이 보고하는 모습을 보게 된다(눅 14:16-24).
목회자의 사명은 성경에 청지기로 묘사되어 있다. 집 주인은 먼 나라로 갈 때 자기 종들과 창고를 청지기에게 맡겨 돌아올 때에는 그 청지기에게 직분을 어떻게 수행했는지 보고 받기를 기대한다. 예수님은 청지기가 해야 할 일에 대해 분명하게 말씀하셨다. "주께서 이르시되 지혜 있고 진실한 청지기가 되어 주인에게 그 집 종들을 맡아 때를 따라 양식을 나누어 줄 자가 누구냐 주인이 이를 때에 그 종이 그렇게 하는 것을 보면 그 종은 복이 있으리로다."(눅 12:42-43) 이 말씀에 따르면 청지기에게 요구되는 덕목은 지혜와 진실함과 사리를 분별하는 능력이다. 주인은 그를 믿고 자기 종들과 자기 양식 창고를 그에게 맡긴다. 그리고 돌아오는 날, 청지기와 저간의 일에 대해서 결산할 것이다. 청지기가 명심해야 할 것은 자기도 다른 종들과 마찬가지로 주인의 종이라는 사실이다. 목회자는 주인이 종에 불과한 자기를 충성스럽게 여겨 다른 종들과 양식 창고를 맡겨 주신 것에 대해서 항상 감사한 마음으로 충성을 다해야 한다.7 그러므로 청지기직의 핵심 개념은 관리(management)가 아니라 섬김(servanthood)이라고 보아야 한다. 사실 마지막 날에 회계할 때 목회자는 더 무서운 심판을 받게 된다. "누구든지 나를 믿는 이 작은 자 중 하나를 실족하게 하면 차라리 연자 맷돌이 그 목에 달려서 깊은 바다에 빠뜨려지는 것이 나으니라 실족하게 하는 일들이 있음으로 말미암아 세상에

화가 있도다 실족하게 하는 일이 없을 수는 없으나 실족하게 하는 그 사람에게는 화가 있도다"(마 18:6-7). "내 형제들아 너희는 선생 된 우리가 더 큰 심판을 받을 줄 알고 선생이 많이 되지 말라"(약 3:1). 그리스도께서 마지막 날에 목회자에게 맡기신 사람들에 대해 물으실 때, 이 땅의 목회자들이 이렇게 말할 수 있다면 얼마나 좋겠는가? "주님, 저는 그의 구원을 위해 최선을 다했습니다. 저는 그에게 쉬지 않고 경고하고 권면하고 책망했으며 그가 위험에 처해 있음을 신실하게 알렸습니다. 또 주님의 모든 말씀을 그에게 주저 없이 전했습니다. 저는 제 게으른 본성을 만족시키거나 저의 사리사욕을 좇기 위해 주님이 맡기신 이 영혼과 다른 영혼들을 소홀히 하지 않았습니다. 저는 이 일에 제 신명을 다 바쳤고 밤낮으로 수고를 아끼지 않았습니다. 주님, 주님도 아시다시피 저의 안락과 이익과 즐거움과 일시적 편의까지 제가 맡은 영혼들의 유익을 위해 기꺼이 희생했습니다. 저는 이 영혼을 저의 악한 모습으로 인해 실족하게 하지 않았습니다. 저는 공적으로든 사적으로든 그를 죄에서 하나님께로 돌이키기 위해 최선을 다했습니다. 저는 그가 받아들일 만한 말씀을 열심히 찾았고, 그가 구원의 유익을 얻는 데 사용할 만한 가장 좋은 방편들을 연구했습니다. 그런데도 그는 들으려 하지 않고 귀를 닫아 버렸습니다." 목회자는 그리스도께서 아버지께 자신에게 맡겨진 영혼들에 대해 말씀하신 것처럼 이렇게 말할 수 있어야 한다. "내가 그들과 함께 있을 때에 내게 주신 아버지의 이름으로 그들을 보전하고 지키었나이다 그 중의 하나도 멸망하지 않고 다만 멸망의 자식뿐이오니 이는 성경을 응하게 함이니이다"(요 17:12). 이렇게만 된다면, 목회자는 재판장이신 그리스도 앞에서 편히 고개를 들 수 있을 것이다. 목회자의 해명은 받아들여지고 목회자에게는 무죄가 선고될 것이다. 비록 그 영혼은 못 구했지만 목회자의 신실함에는 상이 뒤따를 것이다. 그러나 그리스도께서 어떤 영혼에 대해 책임을 지라고 목회자에게 요구하신다면 어떻게 될까? 목회자는 유구무언이 되어 양심의 가책으로 낯을 들지 못할 것이다. 그리스도는 그 영혼들의 피 값을 목회자의 손에서 찾을 것이다. "그러나 칼이 임함을 파수꾼이 보고도 나팔을 불지 아니하여 백성에게 경고하지 아니하므로 그 중의 한 사람이 그 임하는 칼에 제거 당하면 그는 자기 죄악으로 말미암아 제거되려니와 그 죄는 내가 파수꾼의 손에서 찾으리라 인자야 내가 너를 이스라엘 족속의 파수꾼으로 삼음이 이와 같으니라 그런즉 너는 내 입의 말을 듣고 나를 대신하여 그들에게 경고할지어다"(겔 33:6-7).

6. 성도들은 목회자의 소망과 기쁨과 자랑의 면류관[8]

목회자는 하나님을 힘입어 하나님의 복음을 전하는 사람이다.[9] 목회자는 하나님께 복음을 위탁받았다. 목회자는 사람을 기쁘게 하는 사람이 아니라 하나님을 기쁘시게 하는 사람이다. 목회자는 사람들에게서 영광을 구하여 아첨하는 말이나 탐심의 탈을 써서는 안 된다. 하나님의 종으로서 마땅히 권위를 주장할 수 있으나 도리어 성도들을 대할 때 유순한 자가 되어 유모가 자기 자녀를 기름과 같이 사랑으로 대해야 한다. 목회자는 성도들을 너무나 사랑하여 하나님의 복음을 전해 줄 뿐만 아니라 자기의 목숨까지도 주기를 기뻐해야 한다(살전 2:8 참조). 그럴 때에 성도들도 목회자를 위해 목숨을 아끼지 않고 헌신한다. 실제로 빌립보교회의 일꾼 에바브로디도는 그리스도의 일을 위하여 죽기에 이르러도 자기 목숨을 돌보지 아니하고 주님을 섬기는 일에 최선을 다했다(빌 2:30). 고린도교회의 일꾼이요 바울의 동역자였던 아굴라와 브리스길라 부부는 바울의 목숨을 위하여 자기들의 목까지 내놓았을 정도로 충성했다(롬 16:4). 목회자는 성도들을 위하여 수고하고 애쓰며 거룩함과 옳음과 흠 없는 삶의 모범을 보여야 한다. 목회자는 성도 한 사람 한 사람을 위하여 아버지가 자기 자녀에게 하듯 권면하고 위로하고 하나님께 합당하게 행하도록 경계해야 한다. 사도 바울은 에베소교회를 목회할 때

은이나 금이나 의복을 탐하지 않았다. 그리고 교인들에게 본을 보여 같이 수고하여 약한 사람들을 도왔다. 또한 주 예수께서 말씀하신 바 주는 것이 받는 것보다 복이 있다 하심을 기억하여 교인들에게 받기보다 오히려 교인들을 위해 주는 일에 힘썼다. 그는 목회자로서 교인들에게 유익한 것은 무엇이든지 공중 앞에서나 각 집에서나 거리낌 없이 전하여 가르쳤다. 그는 결박과 환난에도 불구하고 주 예수께 받은 사명 곧 하나님의 은혜의 복음을 증언하는 일을 마치기 위해서는 자기의 생명조차 조금도 귀한 것으로 여기지 않았다. 사도 바울은 물질적으로, 도덕적으로 교인들에게 본을 보임으로써, 복음의 메시지가 흐려지지 않게 한 것이다.[10] 오늘날 물질 문제로, 윤리 문제로 넘어지는 목회자들은 다시 한 번 사도 바울의 목회관을 통해 자신의 목회를 돌아보아야 할 것이다. 목회자의 소망과 기쁨과 자랑의 면류관은 다름 아닌 우리 주님이 강림하실 때에 주님 앞에서 칭찬과 상급을 받는 성도들이다. 목회자의 영광과 기쁨은 부귀나 명예나 권세가 아니라 성도들이다.

7. 도덕적으로 순결한 목회자

최근에 회자되는 어느 목회자의 성추행 사건과 그 이후에 전개된 일련의 사건들을 보면서 탄식하는 사람들이 참으로 많다. 그러나 이미 알려진 이 사건 외에도 목회자의 성적 타락은 어제 오늘의 문제가 아니다. 기독교여성상담소의 통계를 보면, 1998년 7월부터 2005년 10월까지 목회자 관련 성폭력은 108건으로 강간 61건, 성추행 38건, 성희롱을 포함한 기타 사건이 7건이었다. 흔히 목회자와 관련된 성폭력은 사이비 종파에서 일어난 것이라고 생각하는 경우가 많으나 기독교여성상담소에 접수된 사례를 보면 사이비 종파의 사례는 두세 건 정도였고, 나머지는 모두 정통교단에서 일어났으며, 범교단적으로 일어나고 있다. 교회 내 성폭력이 일어나는 장소는 주로 당회장실, 예배실, 기도실, 교육관 등 교회 안에서 일어나기도 하고, 기도원이나 별도의 기도처, 피해자의 집, 자동차 안, 때로는 러브호텔이나 여관, 호텔 등에서 일어나기도 한다. 교회 내 성폭력의 유형을 보면, 대부분 목회자가 여신도나 청소년, 어린아이를 상대로 가한 성폭력으로 특히 강간이 주를 이루고 있다. 피해 횟수는 1회에 그치는 것이 아니라 대부분 한 목회자에게 장기간 지속적으로 피해를 입는 경우가 많다. 특히 지속적인 강간의 후유증으로 낙태를 한 경우도 여러 건이 있었다. 교회 내 성폭력은 개인 상담, 심방, 안수나 안찰, 입신 등의 치유 행위나 성령 체험을 빙자 또는 악용한 경우가 많았으며, 목회자의 피곤을 풀어 주는 역할을 담당하는 소위 수종위원 제도나 안마 요원의 형태를 통해 일어나기도 한다. 이렇듯 종교 행위를 빙자하여 이루어지기 때문에 피해자의 대부분은 자신이 성폭력 피해를 당한 것으로 인식하지 못하는 경우가 많았다고 보고되고 있다.[11] 목회자의 타락 중에 아마도 가장 흔한 것이 바로 이런 성적 타락이 아닌가 싶다. 목회자나 선교사가 제왕적인 위치에 있을 때 흔히 성적으로 타락하기 쉽다.

목회자는 시종여일 도덕적으로 순결해야 한다. 처음 목사가 되거나 처음 개척교회를 설립하거나 첫 목회지에 담임목사로 부임할 때에는 겸손하게 시작하다가도 목회가 어느 정도 궤도에 오르게 되면 도덕적으로 타락하기 쉽다. 특히 여자 성도가 상대적으로 많은 목회의 현장에서 마귀는 남성 목회자의 연약함을 틈타 성적으로 유혹하는 경우가 많다. "모든 사람은 결혼을 귀히 여기고 침소를 더럽히지 않게 하라 음행하는 자들과 간음하는 자들을 하나님이 심판하시리라"라는 히브리서 13장 4절의 말씀은 '모든' 사람을 위한 하나님의 말씀이다. 하나님의 말씀을 가르치는 목회자가 음행과 간음을 저지른다면 하나님의 더 큰 심판을 자초하게 될 것이다. "남의 아내와 통간하는 자도 이와 같을 것이라 그를 만지는 자마다 벌을 면하지 못하리라"(잠 6:29). "여인과 간음하는 자는 무지한 자라 이것을 행하는 자는 자기의 영혼을 망하게 하며"(잠 6:32). "그러므로 네 심령을 삼가 지켜 어려서 맞이한 아내에게 거짓을 행하지 말지니라 이스라엘의 하나님 여호와가 이르노니 나는 이혼하는 것과 옷으로 학대를

가리는 자를 미워하노라"(말 2:15-16). 이 외에도 성적 타락을
경고하는 하나님의 말씀은 너무나 많다. 목회자는 하나님의
말씀을 가르치는 자일 뿐 아니라 그 말씀대로 초지일관, 시종여일
살아가는 본을 보여야 하는 사람이다. 야고보 장로는 "선생 된
우리가 더 큰 심판을 받을 줄 알고 선생이 많이 되지 말라"(약 3:1)고
경고했다. 그래서 히브리서의 기자는 이렇게 말한다. "하나님의
말씀을 너희에게 일러 주고 너희를 인도하던 자들을 생각하며
그들의 행실의 결말을 주의하여 보고 그들의 믿음을 본받으라"(히
13:7). 불행하게도 한국 교회 내에는 성도들에게 하나님의 말씀을
일러 주고 그들을 인도하던 자들의 행실의 결말이 좋지 않게
끝나는 경우가 많다. 교회의 규모가 크건 작건 그것은 중요하지
않다. 그리스도를 존귀하게 여기며, 순결하고 정직한 삶을 살며,
하나님의 말씀을 충성스럽게 전하며, 끝까지 신실함이 변하지
말아야 한다.

텍사스에 있는 휴스턴제일침례교회 원로목사이자 사우스웨스턴
침례신학대학원의 석좌교수로 있는 존 비사그노 목사는《목회자
핸드북》(Pastor's Handbook)에서 목회자의 결혼생활을 건강하게 하고
도덕적 실패의 구덩이에 빠지지 않게 하는 열 가지 지침을 말하고
있다.[12] 첫째, 예수님을 뜨겁게 사랑하듯이 아내를 사랑하라는
것이다. 둘째, 새벽기도에 새롭게 헌신하여 하나님의 말씀 묵상과
기도를 위해 무릎을 꿇으면 모든 문제를 풀 수 있다는 것이다.

셋째, 다른 여성과 단둘이 있는 환경을 피하라는 것이다. 목양실 출입문을 투명하게 만드는 것도 도움이 된다. 넷째, 수많은 인터넷 환경에서, 특히 포르노 사이트는 사탄의 함정이므로 책임 있게 행동해야 한다는 것이다. 다섯째, 아내와의 대화법을 공부해서 가급적 대화의 시간을 많이 가지라는 것이다. 여섯째, 유혹이 올 때에는 고개를 돌리는 법을 배우라는 것이다. 눈에 보이는 첫 모습은 피할 수 없을지 몰라도 다시 쳐다보는 것은 우리의 의지로 피할 수 있다는 것이다. 일곱째, 가족과 함께하는 시간을 무엇보다 소중히 여기라는 것이다. 여덟째, 일 년에 한 차례씩은 아내와 함께 결혼 기념 여행을 떠나라는 것이다. 아홉째, 결혼사진을 아이들의 사진과 함께 책상 위에 올려놓으라는 것이다. 열째, 가능하면 아내와 함께 잠자리에 들라는 것이다.

이상의 열 가지 지침을 가지고 도덕적, 특히 성적 순결을 지키기 위해서 우리는 성령의 능력을 의지해서 영적 전투를 해야 목회자가 결혼 생활을 건강하게 하고 도덕적 실패의 구덩이에 빠지지 않게 된다는 것이다. 우리가 이렇게 투쟁하며 영적으로 깨어 있을 때 하나님께서는 우리를 사랑하시고, 가족이 우리를 믿게 되며, 교회가 우리를 신뢰하게 된다. 빌립보교회에 사도 바울이 전한 하나님의 말씀이 도덕적 순결과 성적 순결을 유지하려고 애쓰는 목회자들에게 귀한 지침이 된다.
"형제들아 무엇에든지 참되며 무엇에든지 경건하며 무엇에든지 옳으며 무엇에든지 정결하며 무엇에든지 사랑받을 만하며 무엇에든지 칭찬받을 만하며 무슨 덕이 있든지 무슨 기림이 있든지 이것들을 생각하라"(빌 4:8). 사도 바울이 목회자 디모데에게 준 "네 자신을 지켜 정결하게 하라"(딤전 5:22)는 말씀도 목회자가 명심해야 할 것이다. 목회자들은 다윗처럼 날마다 이렇게 기도해야 한다. "하나님이여 나를 살피사 내 마음을 아시며 나를 시험하사 내 뜻을 아옵소서 내게 무슨 악한 행위가 있나 보시고 나를 영원한 길로 인도하소서"(시 139:23-24).

8. 목회자의 수고와 성도의 위로

위대한 창조주요 영혼의 구주이신 그리스도께서는 성도들의 불멸의 영혼을 목회자의 손에 위임하셨다. 성도의 영혼은 천하보다 귀중하다. 예수님께서는 영혼의 소중함에 대해서 이렇게 말씀하셨다. "사람이 만일 온 천하를 얻고도 제 목숨을 잃으면 무엇이 유익하리요 사람이 무엇을 주고 제 목숨을 바꾸겠느냐"(마 16:26). 목회자는 이처럼 천하보다 소중한 영혼을 위임받은 사람이다. 그러므로 한 영혼을 위하여 해산의 수고를 하게 된다. 하지만 영혼의 구원은 목회자만의 관심 사항이 되어서는 안 된다. 성도 자신이 자신의 영혼의 구원에 대하여 관심을 가져야 한다.

사람들이 지옥에 가지 않도록 온갖 수고를 한 신실한 목회자들의 양육을 받고도 지옥에 간다면 그것은 양들의 잘못이다. 영혼을 잃으면 무한한 손실을 겪게 되고, 영혼이 구원을 받으면 무한한 유익을 얻게 된다. 그러므로 양들의 무한한 유익을 위하여 수고하는 목회자의 수고를 성도들은 알아주어야 한다. 그리스도의 심판대 앞에서 목회자를 다시 만나 목회자의 수고에 어떻게 반응했는지를 평가받게 될 것을 명심해야 한다. 그때 목회자는 신실했는데 그 목회자의 사역에 도움이 되지 못하고 오히려 훼방거리가 되었다면 거기에 대한 심판은 참으로 엄중할 것이다. 한편 그리스도의 심판대 앞에서 목회자와 함께 칭찬과 상급을 누리게 된다면 참으로 복될 것이다. 그러므로 그리스도의 심판대 앞에서 목회자의 유쾌한 증언을 듣기를 원한다면 목회자가 영혼 구원 사역을 잘 감당하도록 최선을 다해 도와야 한다. 목회자가 성도들을 섬겨서 열매를 거두는 데 가장 좋은 환경을 조성하는 일에 성도들은 최선을 다해야 한다. 목회자가 성도들에게 축복이 되고, 성도들의 영혼과 성도들의 자녀들의 영혼을 구원하는 성공적인 도구가 되길 원한다면 더더욱 목회를 돕는 일에 최선을 다해야 한다. 성도들은 목회자를 위해 기도를 계속하고 기도에 감사함으로 깨어 있어야 한다(골 4:2-3).[13]

9. 교회는 목회자의 경제적 필요를 책임져야 한다

성도들은 목회자가 목회 사역에 매진하여 성도들과 성도의 자녀들의 영원한 평안과 행복을 위한 일에 전심전력할 수 있도록 경제적인 생활을 책임져야 한다. 빠듯한 살림 때문에 어려움과 궁핍함으로 낙심하거나 목양하는 일에서 관심이 멀어져 물질적인 필요를 채우기 위해 일에 뛰어들지 않도록 해야 한다. 우리가 몸을 입고 있는 동안에는 하늘 아버지께서 우리가 물질을 필요로 한다는 것을 아신다. 하나님이 목회자의 필요를 채워 주시는 방법은 목회자가 영적인 일로 섬기는 성도들과 더불어 이 땅의 모든 좋은 것을 함께하는 것이다. 사도 바울은 이 사실에 대해서 고린도교회 성도들에게 이렇게 말했다. "우리가 먹고 마실 권리가 없겠느냐 우리가 다른 사도들과 주의 형제들과 게바와 같이 믿음의 자매 된 아내를 데리고 다닐 권리가 없겠느냐 어찌 나와 바나바만 일하지 아니할 권리가 없겠느냐 누가 자기 비용으로 군 복무를 하겠느냐 누가 포도를 심고 그 열매를 먹지 않겠느냐 누가 양 떼를 기르고 그 양 떼의 젖을 먹지 않겠느냐 내가 사람의 예대로 이것을 말하느냐 율법도 이것을 말하지 아니하느냐 모세의 율법에 곡식을 밟아 떠는 소에게 망을 씌우지 말라 기록하였으니 하나님께서 어찌 소들을 위하여 염려하심이냐 오로지 우리를 위하여 말씀하심이 아니냐 과연 우리를 위하여 기록된 것이니 밭

가는 자는 소망을 가지고 갈며 곡식 떠는 자는 함께 얻을 소망을 가지고 떠는 것이라"(고전 9:4-10). 디모데전서에서도 동일한 맥락으로 말한다. "잘 다스리는 장로들은 배나 존경할 자로 알되 말씀과 가르침에 수고하는 이들에게는 더욱 그리할 것이니라 성경에 일렀으되 곡식을 밟아 떠는 소의 입에 망을 씌우지 말라 하였고 또 일꾼이 그 삯을 받는 것은 마땅하다 하였느니라"(딤전 5:17-18). 그리고 디모데후서에서는 말한다. "수고하는 농부가 곡식을 먼저 받는 것이 마땅하니라"(딤후 2:6). 또 갈라디아서에서는 이렇게 말한다. "가르침을 받는 자는 말씀을 가르치는 자와 모든 좋은 것을 함께하라"(갈 6:6). 빌립보교회 성도들에게 사도 바울은 이렇게 감사하고 있다. "내게는 모든 것이 있고 또 풍부한지라 에바브로디도 편에 너희가 준 것을 받으므로 내가 풍족하니 이는 받으실 만한 향기로운 제물이요 하나님을 기쁘시게 한 것이라"(빌 4:18). 성도들이 주의 종에게 한 것이 바로 하나님께 드린 향기로운 제물이며 하나님을 기쁘시게 한 것이라는 말씀이다. 그렇게 주의 종들을 잘 섬긴 성도들에게 주시는 하나님의 선물에 대해서 사도 바울은 말한다. "나의 하나님이 그리스도 예수 안에서 영광 가운데 그 풍성한 대로 너희 모든 쓸 것을 채우시리라"(빌 4:19). 예수님께서도 말씀하셨다. "너희 전대에 금이나 은이나 동을 가지지 말고 여행을 위하여 배낭이나 두 벌 옷이나 신이나 지팡이를 가지지 말라 이는 일꾼이 자기의 먹을 것 받는 것이 마땅함이니라"(마 10:9-10). 예수님이 열두 제자에게 내리신 이 지시는 주님이 70인을 보내시며 내리신 지시와 일치한다. "그 집에 유하며 주는 것을 먹고 마시라 일꾼이 그 삯을 받는 것이 마땅하니라"(눅 10:7). 이처럼 목회자를 부양하는 일에 예수님도 큰 관심을 갖고 계신다.

목회자와 성도 사이에 이런 좋은 관계가 이루어지면 그것은 주의 몸 된 교회가 영광을 얻게 된다. 오늘날 주님의 몸 된 모든 교회 가운데 이런 은혜로운 관계, 참으로 주님의 부르심을 받은 충성된 목회자들과 참으로 주님을 사랑하듯이 주의 종들을 사랑하는 성도들이 가득하게 되기를 기도하자.

10. 섬기는 리더십과 제자도

오늘날 많은 교회는 목회자의 지도력에 대해 미심쩍은 시선을 보내고 있다. 목회자가 교인들이 원하지 않는 방향으로 교회를 운영하는 경우 그것을 방지하기 위해서 균형과 견제의 시스템을 갖추려고 하는 경향이 있다. 이런 상황은 사탄이 교회 안에 불신과 반목, 목회자에 대한 두려움, 힘겨루기를 조성하기에 최적의 상황이라고 할 수 있다. 따라서 목회자와 성도는 모두 원수의 공격이 어떻게 진행되는지 잘 분별해야 한다. 그리고 그것에 효과적으로 대처하는 법을 배워야 한다. 목회자는 대통령이나 재벌그룹의 회장이 아니다. 목회자는 예수님처럼 종으로서 섬기는 리더가 되어야 한다. 그러므로 목회자와 성도의 이상적이고 바른 관계는 목회자는 종의 정신을, 평신도는 제자도를 따를 때 이루어진다고 할 수 있다. 목회자는 예수님께서 말씀하신 "인자가 온 것은 섬김을 받으려 함이 아니라 도리어 섬기려 하고 자기 목숨을 많은 사람의 대속물로 주려 함이니라"(막 10:45) 라는 말씀대로 혹시 종래부터 내려온 기득권이 있다면 그것을 버리고 섬김의 리더십을 발휘해야 한다. 바로 이 점에 대해서 사도 바울은 빌립보교회 성도들에게 이렇게 권면하고 있다.
"너희 안에 이 마음을 품으라 곧 그리스도 예수의 마음이니 그는 근본 하나님의 본체시나 하나님과 동등됨을 취할 것으로 여기지 아니하시고 오히려 자기를 비워 종의 형체를 가지사 사람들과 같이 되셨고 사람의 모양으로 나타나사 자기를 낮추시고 죽기까지 복종하셨으니 곧 십자가에 죽으심이라"(빌 2:5-8). 예수님은 제자들의 발을 씻어 주심으로 섬김의 리더십의 모범을 보여 주셨다. 그리고 그것을 본받으라고 말씀하셨다. "내가 주와 또는 선생이 되어 너희 발을 씻었으니 너희도 서로 발을 씻어주는 것이 옳으니라 내가 너희에게 행한 것 같이 너희도 행하게 하려 하여 본을 보였노라"(요 13:14-15).
글렌 와그너와 글렌 마틴이 공저한 책 《목사의 심장》[14]을 보면,

성도들이 목회자를 지지할 수 있는 일곱 가지 방법을 "M&M 후원"이라고 지칭하고 있다. 그 일곱 가지 방법(7 M's)은 다음과 같다.[15] 첫째는 목회자 본연의 사명인 말씀과 기도 사역을 후원하는 사명의 후원(Mission), 둘째는 목회자의 넉넉하지 못한 재정적인 형편을 후원하는 물질적인 후원(Money), 셋째는 성도들이 자신의 은사를 계발하여 목회자의 짐을 덜어 주는 사역의 후원(Ministry), 넷째는 목회자의 지식 함양을 위해 물심양면으로 돕는 지성의 후원(Mind), 다섯째는 교회를 운영하고 관리하는 일이 목회자에게만 집중되지 않도록 업무를 분담하는 관리의 후원(Management), 여섯째는 목회자가 탈진하지 않도록 재충전의 시간을 드리는 묵상의 후원(Meditation), 일곱째는 목회자 가정의 스트레스를 이해하고 돕는 가정생활의 후원(Marriage and Family)이다.

우리는 매번 다른 사람이 주님의 일에 고군분투하는 것을 지켜보며 아무렇지도 않게 "이렇게 하면 좋겠다, 저렇게 하는 게 더 좋을 텐데" 하며 훈수만 두는 경우가 많다. 말하기는 쉬운 법이다. 목사의 사역에 대해서도 마찬가지이다. 교회에 정말로 필요한 사람은 말만 잘하고 뒷감당은 안 하는 사람이 아니다. 사역에 같이 뛰어들어 짐을 서로 나누어 지고 구체적으로 목회자를 도와드리는 사람이 정말 필요하다. 사도 바울은 이것을 이렇게 말한다. "너희가 짐을 서로 지라 그리하여 그리스도의 법을 성취하라… 가르침을 받는 자는 말씀을 가르치는 자와 모든 좋은 것을 함께하라"(갈 6:2, 6). 또 데살로니가교회 성도들에게는 이렇게 권면한다. "형제들아 우리가 너희에게 구하노니 너희 가운데서 수고하고 주 안에서 너희를 다스리며 권하는 자들을 너희가 알고 그들의 역사로 말미암아 사랑 안에서 가장 귀히 여기며 너희끼리 화목하라"(살전 5:12-13).

글렌 와그너와 글렌 마틴은 동일한 책에서 참된 제자의 여덟 가지 특징을 '제자'(FOLLOWER)라는 단어의 영어 문자 여덟 개로 요약해 놓았다.[16] 그것은 하나님께서 우리 교회를 위해서 목회자를 목자로 보내셨다는 것을 믿는 믿음(Faith), 다른 성도들을 섬기는 삶에 내 인생의 초점을 맞추는 것(Other Focused), 상호 신뢰를 기반으로 목회자를 믿고 따르는 충성(Loyalty), 영적인 성장을 도모하면서 역량 있는 지도력을 갖추기 위한 노력(Leadership Potential), 사역의 기회가 오면 절대로 놓치지 않는 사람(Opportunist), 세계를 품은 비전의 사람(Worldwide Vision), 윤리적으로 온전한 사람(Ethical), 즉각적인 응답의 자세(Responsiveness)이다.

그리스도께서는 부족한 사람들을 이와 같은 제자로 부르셔서 이 세상을 뒤집어 놓으셨다. 이 세상 사람들은 바로 그 제자들을 통해 주님의 모습을 본다. 주님의 재림 때에 모든 목회자들과 성도들은 달려갈 길을 다 마친 후 하나님 앞에 설 때 모두가 주님의 제자로 서야 한다. 그러면 하나님께로부터 "잘하였도다 착하고 충성된 종아"(마 25:21) 하는 칭찬을 듣게 될 것이다.

11. 나가는 말

오늘날 교회의 위기는 목회자와 성도와의 관계에서 비롯되는 것이 대부분이라고 해도 과언이 아니다. 교회 안에 포스트모더니즘, 종교다원주의, 물신주의, 향락주의, 세속주의가 밀물처럼 밀려들어 와서 기독교의 근간을 뒤흔들고 있다. 목회자들마저도 세속주의적인 물신주의와 향락주의에 물들어 돈과 성 문제로 타락하는 사례가 비일비재하다. 이런 때일수록 목회자는 하나님 중심, 성경 중심, 교회 중심의 목회관을 가지고 성도들을 사랑으로 목회하고 말씀으로 양육하며, 교회의 순수성과 일치를 위해 헌신하여야 할 것이다. 하나님 중심, 성경 중심의 신학 위에 참 교회를 세우고 성도의 참된 삶의 교리를 세워야 한다. 모든 일의 판단 기준은 개인이 아니라 오직 성경 위에 세워져야 한다. 그리고 진정한 신학은 참되고 확실해야 하며 성도를 세우는 데 유익해야 한다. 그리고 하나님의 존전에서 악으로부터 선을 분별하고 그 선의 자리에 서고자 하는 성도의 양심을 강화하는 데 도움이 되어야 한다. 신학자나 목회자의 임무는 귀를 즐겁게 하는 데 있는 것이 아니라 참되고 확실하며 유익한 것들을 가르침으로써 양심을 강화하는 데 있다. 성도의 삶은 배움과 고백과 배우고 확신한 바에 거하는 참신학과 신앙에 붙들려 있어야 한다. 그렇기 때문에 목회자들은 더욱 성경을 붙잡아야 하며 참 교리를 변호하는 일에 열심을 다해야 한다.

목회자와 성도의 관계는 교회의 건강 여부를 결정한다. 목회자와 성도의 관계가 바르면 건강한 교회가 되고, 목회자와 성도의 관계가 그르면 교회가 병들게 된다. 그렇기 때문에 목회자와 성도의 바른 관계는 그리스도의 몸을 건강하게 하는 필수 요소이다. 목회자는 섬김으로, 성도들은 사랑과 존경으로 관계를 맺으면 건강한 교회가 되고, 좋은 교회가 된다. 오늘날 교회의 문제는 곧 목회자와 성도의 관계 문제라고 할 수 있다. 목회자가 제왕적 목회를 하면 그 카리스마에 의해 교회는 외견상 부흥할 수 있을지 모르나 그것이 곧 성경적인 목회라고 할 수는 없다. 교회의 부흥과 타락은 사실 종잇장 한 장 차이에 놓여 있을 수 있기 때문이다. 다시 말해서, 제왕적 목회는 그것이 돈이든 명예든 쾌락이든 목회자의 타락으로 이어지기가 쉽기 때문이다.

성경은 긍정적인 다스림의 모델들을 여러 가지로 예시하고 있다.[17] 먼저 하나님의 다스림은 사랑과 공의로 요약할 수 있다. 하나님은 치우침이 없으시며 범사에 공평무사하시다. 죄에는 진노하시며 선한 행위에 대해서는 칭찬하신다. 그리고 다스리심의 특징이 무엇보다 사랑이다. 기다려 주시고 인내하시며 연약함과 허물을 사랑으로 덮어 주신다. 목회자는 하나님의 다스림을 모델로 삼아 때로는 공의로, 때로는 사랑으로 양 떼를 다스려야 한다. 둘째로, 구약성경에 나오는 선한 왕들의 다스림의 특징은 고아와 과부와

나그네와 같은 사회적 약자들에 대한 배려로 특징지어진다. 오늘날의 목회자도 선한 왕들의 다스림의 특징처럼 교회 안의 약자들, 그리고 교회 밖의 약자들에 관심을 두어야 한다. 부자라고 선호하지 말고 가난한 자라고 무시하지 말고 오히려 가난한 자들의 편에 서서 그들을 위로하며 그 필요를 채워 주어야 한다. 셋째, 그리스도의 다스림의 특징은 이미 앞에서 언급했듯이 종의 정신, 곧 섬김이다. 목회자는 기득권을 버리고 종으로 섬기는 직분이다. 목회자는 성도들 위에 군림하는 자가 아니라 성도들의 발을 씻어 주는 자가 되어야 한다. 종이 주인의 발을 씻어 주어야 하고, 제자들이 선생님의 발을 씻어 주는 것이 마땅하지만, 예수님은 그런 관습을 역전시키셨다. "내가 주와 선생이 되어 너희 발을 씻어 주었으니 너희도 가서 이와 같이 하라"(요 13:14)라고 말씀하셨다. 찬송을 부를 때는 "존귀 영광 모든 권세 주님 홀로 받으소서 멸시천대 십자가는 제가 지고 가오리다 이름 없이 빛도 없이 감사하며 섬기리다 이름 없이 빛도 없이 감사하며 섬기리라"라고 하면서도 실제로는 주님의 것을 가로채는 목회자들이 얼마나 많은가?

닭이 먼저냐 달걀이 먼저냐 하는 논쟁이 있듯이, 만일 좋은 목회자가 먼저냐 좋은 성도가 먼저냐 하는 논쟁이 있다면, 목회자의 양심과 성경의 가르침으로 볼 때 좋은 목회자가 먼저라고 할 수 있다. 좋은 성도가 좋은 목회자를 만드는 것도 옳지만, 좋은 목회자가 좋은 성도를 만드는 것이 더 옳다. 그리고 좋은 성도가 좋은 교회를 만드는 것도 옳지만, 좋은 목회자가 좋은 교회를 만드는 것이 더 옳다. 요컨대 목회자의 책임이 더 크다는 것이다. 끝으로, 안산제일교회 고훈 목사가 쓴 시집 《그날 같은 하루를 날마다 살고 싶다》에 실려 있는 〈당신은 누구십니까?〉[18] 라는 시의 한 소절을 인용한다.

> 교인이 아플 때 너무 안타까워 교인의 아픔 내게도 나눠 달라고 기도하는 순수한 목사 당신은 누구십니까? 목사가 아플 때 목사 병 나 주고 내 건강 목사 주라고 기도하는 어리석은 교인 당신은 누구십니까?

함께 생각해 보기

1. 나는 성도들과 같은 모습이 되기 위해, 그리고 성도들과 더 친밀해지기 위해 어떤 노력을 기울이고 있는가?
2. 양 떼의 건강과 영적 깊이를 위해서 나는 어떻게 애쓰고 있는가?
3. 교인들에게 유익한 것은 거리낌 없이 전했다는 바울의 말을 듣고 나는 과연 그렇게 하고 있는지 생각해 보자. 만일 그렇게 하지 못하고 있다면 그 이유는 무엇인가?
4. 내가 평신도라면 나는 목회자를 어떻게 위로해 주고 있는가?

목회자에게 나는 과연 어떤 성도인가?

5. 내게 권위주의적인 목회 태도는 없는가? 성도들이 생각할 때 나는 과연 어떤 목회자의 모습으로 비칠까?

더 읽을 문헌

1. 김남준, 《목자와 양》(생명의말씀사, 2010)

2. 런던, H. B., 《목사》 배응준 옮김(규장, 2002).

3. 로렌스, 빌, 《주님의 양을 치라》, 김한덕 옮김(디모데, 1998)

4. 에드워즈, 조나단, 《목사, 성도들의 영혼 지킴이》, 이용중 옮김(부흥과개혁사, 2012).

5. 와그너, 글렌·마틴, 글렌, 《목사의 심장》, 진웅희 옮김(규장, 2001)

6. 켈러, 필립, 《양과 목자》, 김만풍 옮김(생명의말씀사, 1978)

3장
목회 윤리와 교회정치[1]

임성빈
장로회신학대학교 '기독교와 문화' 교수

1. 들어가는 말

한국 개신교는 지난 한 세기 동안 놀랄 만한 성장을 했다. 도시와 도서 벽지를 가리지 않고 많은 교회들이 세워졌고, 교인의 수도 많이 늘었다. 인구학적인 통계 수치도 개신교의 약진을 보여 주었다. 이러한 양적인 성장에 따라 한국 개신교의 영향력 또한 증대되었다. 국내에서는 정치·경제·사회·문화 각 영역에 지속적으로 영향을 미쳐 왔고, 대외적으로는 불과 백여 년 전만 해도 선교사들의 도움에 전적으로 의지했던 피선교지가 선교사를 양성하여 파송하는 선교지가 된 것이다.[2]

그러나 문제는 이렇게 괄목할 만한 성장을 한 한국 교회에 위기감이 감돌고 있다는 것이다. 무엇보다 한국 교회의 성장이 멈췄다. 70~80년대 가파른 성장세를 보였던 한국 교회 교인 수가 점차 감소하고 있다는 통계가 보고되고 있다.[3] 해외 선교 현장에서도 예기치 않았던 문제들이 불거지고 있다. 현지의 문화와 역사적인 맥락을 충분히 고려하지 않은 선교 전략에 대해 문제가 제기되고 있는 것이다.

문제는 교세가 줄고 세계 선교의 영향력이 줄어들고 있다는 데만 있지 않다. 한국 사회 안에서 교회의 영향력이 줄어들고 있다는 것도 큰 문제다. 시민사회가 성숙하고 다양한 영역에서 전문적 역량을 지닌 사람들이 시민운동을 활발하게 전개하고 있는 현 시대에 공공 영역에서 교회의 역할이 약화되고 사회 문화적인 영향력이 약화되고 있다는 것이다. 만일 교회가 하나님 나라에 대한 신앙을 기초로 한 영적 갱신을 이루지 못하고 사회 안에서 이익집단과 같은 면모를 보인다면, 앞으로의 한국 교회는 사회로부터 외면당할 것이 자명하다.

사회적 영향력 자체가 교회의 본질적이고 우선적인 관심일 수는 없다. 그러나 한국 교회가 사적인 이익이나 종교적인 만족을 추구하는 집단으로 전락해 공적 영역에서 배제되어 버린다면 문제가 커진다. 사회 안에서 교회가 맡았던 일정한 역할과 영향력을 상실해 버리면, 이는 교회를 향한 사회적 실망과 불신으로 이어질 것이며, 교회의 선교를 가로막는 결과를 초래할 것이기 때문이다. 게다가 이런 일들은 빛과 소금으로서의 교회의 교회 됨을 실현하는 데에도 근본적인 걸림돌이 되고 말 것이다. 그러므로 우리 시대에 교회의 과제는 먼저 교회의 대사회적 신뢰도와 교회 공동체 내에서의 상호 신뢰도를 높이는 것이다. 신뢰도를 높여야 한국 사회 안에서의 지도력이 회복될 것이다. 진정한 지도력과 영향력의 회복은 한국 사회가 교회를 얼마나 신뢰하느냐에서 비롯되기 때문이다.

우리에게 필요한 것은 무엇일까? 한국 교회가 여러 의미에서 위기 상황에 직면해 있는 것은 사실이다. 그러나 하나님의 나라 구현을 위하여 하나님께서 허락하신 전 인구의 1/5에 달하는 교인 수와 교회가 동원할 수 있는 물적 자원의 잠재력은 여전히 크다. 이러한 잠재 역량이 한국 사회 안에서 건설적인 영향력으로 발현되기 위해서는 교회와 교단의 건전한 정치가 필수적이다. 교회정치가 우리가 가진 인적, 물적 자원을 효과적으로 분배하고 권위 있게 사용하는 역할을 하기 때문이다. 그런데 애석하게도 한국 교회의 교단정치가 본래의 목적에 부합하게 수행되는 것 같지 않다. 하나님 나라를 위한 건설적 정치보다 개인, 지역, 학연, 정파적 집단의 이득을 앞세우는 파당적 정치가 주를 이루고 있기 때문이다. 정치란 본디 명확한 목적을 위해서 힘을 사용하는 것인데, 한국 교회의 지도자들은 그 힘을 하나님 나라를 위해 사용하지 않고 이해관계를 따지며 비본질적인 것을 위해 힘을 전용하고 있다는 혐의도 받고 있다. 이러한 현실은 교회의 교회 됨과 하나님 나라를 위한 사회적 섬김에 관심을 기울이는 우리에게 교회정치에 대한 비판적이고 건설적인 관심을 갖도록 도전한다.

이때 우리의 우선적 관심은 목회자를 포함한 교회 지도자들을 향하게 된다. 사실 목회자는 현실 교회정치와 교단정치에 있어서 교회의 내부적 결속력과 대사회적 지도력을 확보하는 데에 매우 핵심적인 역할을 하고 있다. 우리가 교회정치, 그중에서도 목회자의 책임과 지도력에 관심을 갖는 이유는 그것이 교회의 대사회적 신뢰도와 교회 내의 상호 신뢰도를 신장시키는 데에도 결정적이기 때문이다.

그러나 이와 함께 우리가 잊지 말아야 할 사실이 있다. 교회정치에 대한 관심은 구체적으로 우리 자신이 신앙인다운 신앙인이 되면서 시작된다는 것이다. 신앙인다움으로의 여정은 하나님 사랑, 이웃 사랑을 실천하는 삶을 뜻한다. 이때 우리는 이러한 여정에 걸림돌 역할을 하는 요소를 찾아내 극복하고, 그 여정을 순탄케 할 책임이 있다. 그러므로 우리가 교회의 구조와 질서에 관심을 가지고 그것을 섬기는 직분자를 세우는 것에 관심을 가지는 것, 즉 교회정치에 관심을 가지는 것은 너무도 당연한 책무이다.

지도력을 지닌 사람들이 신앙인다운 지도력을 발휘할 수 있도록 협력할 수 있는 시스템을 갖추는 것도 중요하다. 사실 한국 교회에서 목회자와 장로는 상호 보완적인 유기적 관계로, 서로 협력하며 하나님 나라를 세워 나가야 할 지도자들이다. 오늘날 교회가 교회답지 못하다는 비판을 받는 까닭은, 단지 교인이 교인다운 정체성을 지니지 못했기 때문만이 아니다. 교회의 정체성을 구조적인 차원에서 발현하는 데 중요한 소임을 지닌 교회 지도자들이 그 역할을 다하지 않았기 때문이다.

2. 성경적 원리

구약 시대의 이스라엘 공동체 안에는 백성들 사이에서 벌어지는 일들을 중재하고 적절한 조언과 충고를 했던 장로들이 있었다. 이들은 '회중의 장로', '백성의 장로'로 불렸으며 지역을 행정적으로 관할하기도 하고 재판을 맡기도 했다. 왕정 시대에 정치적인 입지가 약해지긴 했으나, 그들은 경험을 가지고 왕을 자문하고 선지자와 제사장을 도왔다. 특히 바벨론 포로기 이후에는 이스라엘 공동체가 하나님의 백성으로서 정체성을 유지하는 데에 이들의 공이 컸던 것으로 보인다. 특히 공회와 회당 안에서 입회의 허락과 권징 등 공동체의 질서를 세우는 것은 장로들의 몫이었다. 신약의 교회들도 장로들의 이러한 역할을 그대로 이어 갔다. 예루살렘 교회도 치리와 사역을 담당할 특별한 은사를 가진 자들을 세웠고, 예수님의 제자들도 교회의 장로로 일했다. 이방 지역의 교회도 마찬가지였다. 바울과 바나바는 선교지에 교회를 개척할 때마다 목회와 치리를 담당할 장로들을 세웠다. 신약의 교회들은 교회를 이끌어 갈 지도자들의 자격을 면밀하게 따졌으며, 직무를 책임 있게 수행할 사람을 세우기 위해서 고심했다. 교회는 이러한 이스라엘 공동체와 초기 교회의 관례를 따라 교회정치의 기초를 다졌다. 구약의 장로 전통이 신약의 교회에 이어졌고, 이런 모범을 따라서 교회는 장로제라는 교회의

정치 제도를 채택했다.[4]

그렇다면 교회정치를 지탱하는 성경적인 원리는 무엇인가? 성경은 교회의 지도자들이 교회를 하나님의 말씀대로 지도하고 하나님의 공동체로 세우기 위해서 다수의 지도자들에게 무엇을 요구하고 있는가?

교회정치, 그중에서도 장로교의 교회정치는 "모든 것을 품위 있게 하고 질서 있게 하라"(고전 14:40)라는 사도 바울의 교훈에 근거한다. 교회정치가 추구하는 교회의 질서라는 말이 바로 여기에서 나왔으며, 영미의 장로교단들이 교회의 교리와 운영 및 규례를 정한 헌법을 '질서의 책'(Book of Order) 또는 '교회 질서의 책'(The Book of Church Order)라고 하는 까닭도 여기에 있다. 사도 바울은 하나님은 무질서의 하나님이 아니시며, 질서를 세우시는 화평의 하나님이라고 하면서, 교회 안에 질서와 품위가 유지되어야 함을 강조했다. 교회 안에 질서가 없으면 무질서가 생기고, 품위가 없으면 분쟁과 무례함이 생기고 신중함이 결여된다.[5] 무질서한 교회는 분쟁과 갈등이 끊이지 않고 품위가 없는 교회에서는 덕스럽지 않은 일들이 발생한다. 그래서 교회는 성경적인 정치의 원리를 교회의 질서라는 법으로 규정하고, 당회와 노회, 총회와 같은 치리회를 둔다. 또 교회의 질서와 품위를 유지하기 위해서 공동체 구성원들의 신앙과 도덕의 문제에 대해서는 권징을 행사한다.

교회의 존재 목적이 질서 자체에 있는 것은 아니지만 공동체를
유지하고 하나님 나라를 확장하기 위해서 질서가 필요하다.
이를 위해서 교회가 늘 생각해야 할 교회정치의 기본 원리는
바로 '적극성'과 '협력성'이다. 교회정치에 참여하는 사람들은
치리의 전권을 행사하기 위해서 세워진 사람들도 아니고 소수의
이익이나 특정 집단의 이해관계를 대변하는 이들도 아니다.
교회는 살든지 죽든지 그리스도의 이름이 존귀하게 되기(빌 1:20)를
원하는 사람들의 모임이다. 사람을 기쁘게 하려는 모임이 아니라,
오직 하나님을 기쁘시게 하기(살전 2:4) 위한 모임이다. 그러므로
교회정치는 이러한 근본적인 성경의 원리를 좇아 수동적인 모습이
아니라 능동적으로, 소극적인 모습이 아니라 적극적인 모습으로
교회의 품위와 질서를 세워 가는 것이다. 하나님께서 교회 안에
위탁하신 것들을 책임 있게 감당하는 모습을 보인다는 말이다.
한편 사도 바울은 교회의 목양과 치리, 가르침을 위한 직분들을
언급하면서 하나님께서 이런 일들을 맡기신 이유를 이렇게
설명한다. "이는 성도를 온전하게 하여 봉사의 일을 하게 하며
그리스도의 몸을 세우려 하심이라"(엡 4:12).
교회가 그리스도의 몸으로 세워지기 위해서는 하나님께서 주신
은사와 직분들의 긴밀한 협력이 요구된다. 교회는 혼자 세워 나갈
수 없다. 교회의 머리이신 그리스도의 뜻을 발견하고 이를 이루기
위한 노력은 개인적으로나 부분적으로가 아니라 함께 이루어 가야

한다. 이런 기본 원리를 실현하기 위해 세워진 조직이 바로 교회의 정치를 담당하는 치리회다.

3. 역사적 고찰

(1) 교회정치의 유형들

교회의 역사를 살펴보면 지금까지 다양한 형태의 교회들이 출몰했는데, 이들은 서로 영향을 주고받으며 그 교회에 맞는 정치 구조를 발전시켰다. 대의제 형식을 지향하는 장로정치나, 감독이 교회를 주관하는 감독정치, 회중들의 적극적인 참여를 요구하는 회중정치 등이 그것들이다. 각 교단의 상이한 정치 체제는 성경의 원리를 통해 최선의 정치를 구현하려는 신학적 반성의 결과물이자, 역사적인 전통과 동시대의 교회들과 의사소통하며 세워진 역사적 산물이다. 그러므로 오늘날 우리 교회의 정치 체제를 이해하기 위해서는 교회사 안에서 나타났던 다양한 교회정치의 유형들과 그 역사적 배경을 짚어 보는 것이 필요하다.

첫 번째 살펴볼 유형은, 아이러니하게도 교회정치 자체를 부정하는 경우다. 이들은 교회 안에서 정치를 말하는 것이 신앙적이 아니라고 생각해 교회를 조직하고 제도화하는 것에 반대했다. 17세기 중엽 영국의 퀘이커파가 여기에 해당한다. 이들은 교회가 제도와 외형을 갖추는 것이 필연적으로 교회의 부패를 초래해 기독교 정신을 왜곡한다고 보았다. 교회의 정치 제도는 신적인 측면을 희생시키고, 인간적인 요소를 증가시킨다는 것이다. 또한 하나님께서 부여해 주신 은사들을 무시하고, 교회가 은사 대신 인간이 정한 직분을 중요하게 여긴다는 것이다. 그래서 이들은 교회정치를 불필요한 것으로 보았으며, 교회를 제도적으로 조직하는 일조차도 죄악이라고 생각했다. 교회의 직분이 중요한 것이 아니라, 개인적으로 역사하는 성령의 감동을 따르는 것이 더 중요하다는 것이다.

두 번째 유형은 국가 안에서의 교회, 즉 교회보다 국가의 우위를 중시했던, 이른바 에라투스주의적 교회이다. 에라투스(Eratus, 1524~1583)를 따르는 에라투스주의자들은 교회를 국가가 제정한 법규에 따라 형성되고 존재하는 일종의 사회로 간주한다. 교회의 직원들은 단지 말씀을 가르치고 선포하는 사람들이며, 정부나 국가의 지도자들로부터 위임받은 권한을 제외하고는 그들에게 다스릴 권한이나 능력이 없다는 것이다. 이들은 교회를 치리하고 권징을 시행하며 파문을 선고하는 것이 국가에 위임된 기능이라고 본다. 교회사를 보면 국가 교회의 한계를 절감하며 신앙의 자유 때문에 신대륙을 찾았던 이들도 있었지만, 교회는 국가의 공적인 지원을 요청하고 국가는 교회에 사회적인 역할을 요청하는 경우도 적지 않았다.

세 번째 유형은 교회정치의 독자적 권위와 체계를 강조하는 감독제 유형이다. 감독 제도를 주장하는 전통은 교회의 머리가 되시는 그리스도께서 교회의 운영을 직접적으로 그리고 전적으로 사도들의 후계자들인 고위 성직자들, 즉 감독들에게 위임하셨다고 주장한다. 이러한 정치 체제를 갖춘 교회에서는 원칙적으로 신자들의 정치 참여를 인정하지 않는다. 초기 로마 가톨릭교회가 이 같은 정치 제도를 채택했다. 영국에서는 이 같은 정치 제도가 에라투스주의 정치 제도와 결합되어 성공회(Anglican Church)로 나타났다.

네 번째 유형은 감독 제도가 극단화된 형태의 로마 가톨릭교회의 정치 제도이다. 로마 가톨릭교회의 제도는 자신들의 교회 안에 사도들 가운데서도 수위를 차지하는 베드로의 후계자가 있음을 강조한다. 베드로의 후계자는 그리스도의 특별한 대리자가 되는 셈이다. 그러므로 로마 가톨릭교회는 절대적 계층 구조적 성격을 띠게 된다. 오류가 없는 교황은 교회의 교리와 예배와 정치를 결정할 권리를 갖는다. 이 교황 밑에 성직자들이 계층 질서를 통해 서열화 되어 있다(교황 → 추기경 → 주교 → 사제 → 부제[집사] → 신자들). 이러한 교회정치 제도에서 신자들은 교회정치에 대해 전혀 발언권이 없다.

다섯 번째 유형은 로마 가톨릭과 극단적 대조를 이루는 회중파 또는 회중교회의 정치 전통이다. 이러한 전통은 소위 독립교회정치 제도이다. 이 제도에 따르면, 교회 또는 회중은 독립된 완전한 교회이다. 이 교회에서 교회의 치리권은 독점적으로 자신들의 일을 규정할 수 있는 교회의 회원들에게 있다. 직원들은 단지 지 (개)교회에서 가르치고, 교회의 제반사를 관리하도록 임명되었을 뿐, 교회의 회원으로서 그들이 소유하고 있는 것 이상으로 다스릴 권한이 전혀 없다. 필요할 경우 공동의 유익을 위하여 여러 교회들이 서로 연합하여 교회 회의나 지회나 지방회를 구성할 수는 있다. 그러나 이 연합체의 결정은 권고적이거나 선언적일 뿐 어떤 특정한 교회에 직접적인 구속력을 미치지 않는다.[6]

지금까지 살펴본 바대로 교회의 정치 전통은 매우 다양하다. 물론 위에서 언급한 다섯 가지 유형은 그 특성을 대조적으로 설명하기 위하여 선택한 교회정치의 몇 가지 형태에 불과하다. 사실상 교회사 안에는 수많은 형태의 정치 체제가 발견된다. 이렇게 다양한 교회정치 유형이 나타나는 배경과 원인들로는 '성경적 원리'와 '역사적 환경'과 각 교회가 처한 '현실적 상황'에 대한 대응 등을 지적할 수 있다. 그렇다면 한국 교회정치에서 큰 영향력을 미치고 있는 장로제 중심의 정치는 어떻게 형성된 것일까?

(2) 종교개혁과 장로교회의 정치 사상

16세기 종교개혁자들은 서로 상반되는 두 진영 사이에서 성경적 교회정치를 모색했다. 즉 교황 제도를 중심으로 한 로마 가톨릭교회 진영과 회중 중심을 강조하는 급진적 종교개혁 운동

진영(재세례파 운동이나 농민운동, 열광주의자들 등) 사이에서 좀더 성경적이고 개혁적인 입장을 취하고자 했던 것이다. 로마 가톨릭교회는 '모든 신자들의 제사장직', 즉 '만인제사장직'을 부정하고, 위계적인 성직제도를 강하게 주장하였다. 이와는 대조적으로 재세례파들은 교회의 직제나 직분을 완전히 부정하고, 다만 만인제사장직만을 인정하였다.

그러나 종교개혁자들은 교회의 직제와 그에 따른 직분과 만인제사장직을 상호 배타적이 아닌 상호 보완적 관점에서 이해하였다. 즉 모든 신자들은 하나님 앞에 직접 나갈 수 있는 제사장들이지만, 각 신자는 성령의 은사에 따라 교회 안에서 다른 직분을 맡을 수 있다는 것이다. 예컨대 루터가 어린아이도 제사장이 될 수 있다고 주장한 것은 그가 목사직이 필요 없다는 뜻에서 한 말이 결코 아니었다. 사실 그 발언은 성직자만이 제사장이 될 수 있다고 주장하는 로마 가톨릭교회를 비판하면서, 모든 신자들이 가지고 있는 만인제사장직을 강조하기 위함이었던 것이다.[7]

개혁교회 정치의 기초를 놓은 칼빈은 루터로 대표되는 개혁 정신에서 출발했지만, 츠빙글리, 외콜람파디우스, 부처(M. Bucer) 등과의 교류를 통해 교회정치의 틀을 더욱 정교하게 만들었다. 칼빈은 츠빙글리보다는 교회의 정치와 치리 기구를 국가의 정치와 치리 기구로부터 훨씬 더 독립시키는 방향으로 발전시켰다. 이런 점에서 칼빈의 주장은 국가로부터 독립된 순수한 교회의 정치와 치리를 주장한 외콜람파디우스에 상대적으로 가까웠다. 또한 칼빈은 마르틴 부처의 영향을 받아 교회의 네 직분론(목사, 교사, 장로, 집사)을 비판적으로 발전시켰고, 그의 교회정치와 치리에 대한 의견을 받아들여 제네바 교회에 접목하고자 했다. 그는 제네바 시와도 끊임없는 갈등 관계 속에서 사역했는데, 세상을 떠나기 불과 몇 년 전인 1561년에서야 비로소 제네바 시로부터 독립된 교회의 고유한 정치와 치리권을 확보할 수 있었다.[8]

특히 칼빈은 성직자가 아닌 평신도에게 장로직을 허용했다. 칼빈 이전만 해도 세속적인 직업을 지니지 않은 사람들만이 직분자가 될 수 있었으나, 칼빈은 평신도에게 장로 직분을 개방해 장로가 목사와 연합해 당회를 구성할 수 있도록 했다. 또한 그는 공동체를 돌보는 자로서 집사의 직분을 개혁했다. 당시 집사는 가톨릭에서는 사제를 섬기는 직분으로, 또 루터교회에서는 유명무실한 직분에 불과했다. 그러나 칼빈은 집사를 교회 안팎의 가난한 자를 위한 청지기이며, 교회의 구제금을 관리하고 배분하는 사람으로 보았다. 그는 예배와 교회의 삶에서 이웃 사랑을 배제하지 않으려 했고 집사 직분을 받은 자에게 이 역할을 맡겼다. 이를 오늘날의 관점에서 다시 보면 당시 집사 직분자는 교회의 대사회적 봉사 책임을 맡았다고도 할 수 있다.

칼빈 이후에도 교회정치를 세우기 위한 노력은 계속되었다. 국가와 가톨릭교회의 박해를 견디었던 프랑스 개혁교회들은 장로교적인 협의 전통을 유지하면서도 집사가 당회원이 되어 세례 문답 교육을 시킬 수 있을 만큼 직제들 사이의 평등성을 중요한 원리로 삼았다. 《벨기에신앙고백서》는 4중직에서 교사직을 제외했으나 후에 크리스천개혁교회(CRC)에서는 교사직을 회복시켰다. 네덜란드 개혁교회는 장로들과 집사들이 당회와 노회, 총회의 구성원이 될 수 있도록 했다. 미국개혁교회(RCA)는 교사직을 강조하였는데, 이들이 설교와 성례전 집전을 맡을 수 있도록 했다. 여기서 교사는 주로 신학교수를 말한다.

당시만 해도 장로는 한시적인 직분이었다. 크리스천개혁교회(CRC)와 미국개혁교회(RCA)는 장로와 집사직의 임기를 2년으로, 스코틀랜드 장로교의 존 낙스는 장로들의 임기를 1년으로 제한했다. 물론 존 낙스는 장로의 임기를 한정하는 대신 장로들에게 목사를 감독할 권한을 맡겼다. 이는 칼빈이 목사에 대한 치리를 목사회 안에서 행하도록 한 것과는 대조된다. 이렇게 초기에 한시적이었던 장로 직분이 항존직으로 격상된 것은 감독제도와 경쟁하는 과정에서 일어났다. 목사를 견제하고 감독하는 역할은 사라진 대신, 장로들은 항존직으로서 교회를 치리하는 역할을 수행하게 된 것이다.

잉글랜드 개혁교회는 청교도적인 장로제를 확립했는데, 특별히 교회 안에서 개인의 독재와 독선을 방지하기 위해서 치리회의 협의회적 성격을 강조했다. 영국의 교회는 집사를 당회에 참여시키지 않고 목사와 치리 장로로만 당회를 구성했다. 미국장로교회의 중요한 공헌은 종교개혁 정신에 입각해 평신도 직제를 세워 놓은 것이다. 이들은 만인제사장설에 근거하여 평신도들에게 보편적 교역직이 주어졌다는 것을 명시한 후에, 교회정치를 실질적으로 수행하는 안수받은 직분들, 즉 특수직으로서의 교역직의 기능과 역할을 강조했다.[9]

(3) 한국 장로교회의 직제 형성

한국장로교회의 직제는 1907년에 선교사들에 의해 만들어진 장로교 직제에서 크게 벗어나지 않고 있다. 1907년에 채택된 《대한예수교장로회 정치형태》[10]는 제1조 교회, 제2조 예배, 제3조 직원, 제4조 교회의 치리회, 제5조 법 개정 그리고 규칙으로 되어 있다. 제3조 직원의 내용을 보면 다음과 같다.

1. 교회의 항존직은 두 반열로 장로와 집사이다.
2. 장로는 두 부류이다. 첫째, 가르치며 다스리는 장로로서 이들은 일반적으로 '목사'라 불린다. 둘째, 다스리는 장로로서 이들은 일반적으로 '장로'라 불린다.
3. 목사는 그리스도의 복음 선포와 성례의 집행과 교회의 다스림을 위해, 안수에 의해 따로 구별되는 직원이다. 하나의 교회 혹은 그 이상의 교회를 맡은 교역자(Minister)를 '목사'(Pastor)라 부르고 노회의 의해 복음전도 사역에

임명된 자를 '전도자'(Evangelist)라 부른다.

4. 장로는 교인들에 의해 선출되어 안수에 의해 따로 구별되는 직원으로서, 교회를 영적으로 돌보고 다스리는 일에 목사와 동역한다.

5. 집사는 교인들에 의해 선출되어 안수에 의해 따로 구별되는 직원으로서, 가난한 자들과 병자들을 돌보고 재정을 관리하는 일에 목사와 장로와 동역한다.

6. 강도사(Licentiate)는 복음을 설교할 수 있도록 노회에 의해 정식으로 면허를 받은 자이다. 그들은 노회의 지도 아래 일해야 하며, 노회가 지정해 주는 목사의 감독 아래 조사로 시무할 수 있다.

최초로 채택된 한국의 장로교 직제에는 목사, 장로, 집사, 강도사가 규정되어 있다. 교사가 빠져 있는 것은 한국적 상황에서 아직 가르칠 수 있는 직제를 세울 형편이 아니었기 때문이다. 이 규정에서 중요한 것은 목사와 장로를 '가르치는 장로'(Teaching elders)와 '다스리는 장로'(Ruling elders)라고 규정한 것이다. 이러한 '두 장로설'은 미국 장로교회 중 남장로교회의 영향을 받은 것이다.[11]

4. 한국 교회의 정치 체제: 장로교회를 중심으로

(1) 만인제사장설에 입각한 보편 교역직과 안수를 통해 주어지는 특수 교역직[12]

그렇다면 종교개혁의 정신을 따르고 있는 오늘날 한국의 개신교회, 그중에서도 개혁신학 전통을 견지하는 정치 제도는 어떤 구조를 가지고 있는가? 한국 장로교회의 정치 구조와 원리를 설명하기에 앞서, 먼저 장로교회가 전제하고 있는 것을 살필 필요가 있다. 한국의 장로 정치 체제는 하나님께서 모든 교인들을 사역의 자리로 부르신다(롬1:6-7)는 개혁신학의 대전제를 지지한다. 목회자만이 사역자이고 제사장이라 할 수 없다는 말이다. 모든 성도들은 그리스도의 위임 명령을 받아 서로를 섬기고 하나님 나라를 세워 간다. 교역자와 평신도를 구별하는 것은 공동체 안에서 맡겨진 역할의 차이에서 비롯된 것이다.

물론 말씀과 성례를 주요 사역으로 하는 목사는 전문적인 교육 과정을 거쳐야 한다. 신학대학원에서 정한 교육 과정을 이수하고, 노회의 관리 하에 목회자 후보생으로서 훈련 과정을 수료해야 한다. 말씀과 성례전, 당회를 인도하는 특수한 교역을 책임 있게 담당하기 위해 소정의 과정을 거쳐야 한다. 그러나 목사직이 이처럼 중요하다고 해서 목사와 평신도 사이에 영적인 위계가 있는 것처럼 생각할 수는 없다. 개혁신학은 모든 교인이 하나님 앞에서 평등함을 뜻하는 만인제사장설에 기초하고 있기 때문이다.

교역자와 평신도와의 관계성에 대하여 개혁신학적 관점에서
발견할 수 있는 두 가지 분명한 사실은 다음과 같다.

① 제사장직(Priesthood)은 교회의 모든 회중에게 해당되는 직책(office)
이다. 즉 모든 믿는 이들은 제사장으로 부르심을 받았고 다른 어떤
제사장의 중보 없이도 하나님께 나아갈 수 있다. 그리스도께서
중보자가 되셨으므로 모든 믿는 이들은 스스로 하나님 앞에서
회개할 수 있고 그리스도의 은혜로 하나님께 용서받을 수 있게
되었다. 그리스도를 구주로 고백하는 사람들은 사제의 중보를
통해서 하나님께 나아가는 것이 아니다. 그리스도인들은 성직자의
중재를 거치지 않고 하나님을 만날 수 있는 사람들이다. 게다가
우리는 다른 사람을 하나님께 나아가게 하고, 하나님의 은혜가 그
사람들에게 임할 수 있도록 부르심을 받은 제사장들이다.

② 모든 믿는 이를 향한 하나님의 제사장적 부르심과 더불어
안수(Ordination)를 통하여 특별한 기능과 은사를 가지고 교회를
섬기도록 부르시는 직분도 있다. 안수는 초대 교회로부터 시작된
예식으로서(행 6:6; 13:3; 딤전 4:14; 5:22), 성령께서 공동체의 선을 위하여
믿는 이들에게 은사를 내려 주신다는 성경 말씀에 기초한다(고전
12:4-11). 즉 특별한 직무와 기능을 담당할 수 있는 은사들이 안수를
통하여 교회의 직무를 감당할 특정한 사람들에게 주어지기에,

교회는 그들을 따로 '구별하여' 직분자로 세운다. 장로교회 정치의
핵심은 성령께서 부여하시는 특별한 은사의 기능을 인정하고,
동시에 그 기능은 공동체의 유익을 위하여 사용되어야 한다는
성경의 가르침에 기초한다(고전 12; 엡 4).
안수를 통한 특별한 은사와 기능은 목사와 장로와 집사에게
주어졌다. 목사는 말씀과 성례전의 담당자로서 복음이 만인에게
전달되어 기쁨과 공의가 교회와 세상에 충만하도록 하는 역할을
맡는다. 이러한 역할을 위해 목사는 연구와 가르침과 말씀 선포에
힘쓰며, 세례와 성만찬의 성실한 집행과 함께 기도에 전념해야
한다. 목회자의 역할과 직무는 모든 회중과 더불어 이루어지지만
특별히 장로와 집사들과 함께 행하게 된다. 여기에서 '함께
행한다'는 것은 짐을 나누어진다는 의미에서뿐만 아니라, 회중의
참여를 극대화한다는 면에서 적극적 의미를 지닌다. 이는 만인을
제사장으로 부르시는 그 소명에 합당한 응답이기 때문이다.
그런데 이 '함께 행함'의 원리가 동역하는 사역자들 사이의
갈등을 유발하기도 한다. 즉 다양한 문화적 배경과 급변하는 환경
속에서 자기 자신과 동역자의 역할에 대한 오해, 혹은 자신이나
동역자의 역할에 대한 지나친 기대로 인하여 갈등 상황을 유발할
수도 있다는 말이다. 오늘날 적지 않은 교회들이 분규와 갈등을
겪고 있는데, 이는 주로 목사와 그의 가장 중요한 동역자인 장로
사이에서 각자의 역할에 대한 오해로 인해 발생하는 문제들이다.

이러한 일을 최소화하려면, 교인들은 자신들이 몸담고 있는
교회가 어떤 신학과 경험에 기초해 있는지 생각할 필요가 있다.
예컨대 장로교회 교인이라면, 개혁신학에 따라 목사와 장로와
집사의 정체성과 역할을 명확히 정리해야 한다. 그래야 직분에
맞게 사역을 구별할 수 있고, 함께 협력하며 주님의 몸 된 교회를
바로 세울 수 있다. 다시 말해서 장로교회의 역사를 공부하고,
장로교회 정치 체제의 특성과 원리를 이해하는 것이 필요하다는
것이다.

(2) 한국 장로교회의 정치 원리와 구조
① 장로교 정치 체제는 질서와 열정의 조화를 모색한다.
장로교회는 하나님 나라를 지향하고 공동의 선을 모색하기
위해서 질서를 중요시하며, 헌법에 의해 운영된다. 앞서 설명한
대로 질서라는 것은 교회가 사역을 감당하는 데 필요한 체계이자
덕목이다. 열정이라는 것은 성령께서 허락하시는 것으로, 교회가
제도로 고정되거나 수직적인 위계 서열에 따라 관료화되는 것을
막는 원칙이다.
이런 근본적인 원칙에 따라 장로교회는 다음과 같은 '역사적인
교회정치의 원리'를 정하고 있다.

- 몇 개의 서로 다른 회중들이 하나의 그리스도 교회를 이룬다.

- 교회의 상회나 그 대표가 하급 치리회를 다스려야 한다.
- 다수가 다스려야 한다.
- 고발과 상소는 하급 치리회에서 상급 치리회로 상정되어야 하며 최종 결정은 "전체 교회의 공동의 지혜와 연합된 의사로" 이루어져야 한다.

② 장로교 체제로 교회가 운영된다는 것은 교회가 서로 연결되어 있다는 뜻이다. 개교회들은 치리회, 즉 당회, 노회, 그리고 총회를 통하여 하나의 교단을 이룸으로써 서로가 연결되어 있다.
먼저 하나의 개교회 안에는 교회 내의 사역과 치리를 관장하는 당회가 있다. 한편 같은 지역 안에 있는 같은 교단의 교회들은 하나의 노회로 묶이게 되는데, 노회는 지역 내 교회들의 행정과 권징을 담당한다. 다음으로 지역 단위의 노회들이 묶인 것이 바로 총회다. 총회는 교단의 최고 치리회로 소속 노회들과 교회들, 소속 기관과 산하 단체들을 총찰한다. 이를 좀더 자세히 살피면 다음과 같다.

- 노회: 노회는 장로교회의 기본이 되는 행정 기관이다. 노회의 권위는 개교회와 상회 행정 기관의 양방향으로 권위적 작용을 한다.
- 당회: 장로교회의 사역은 각기 특정한 장소에서 수행할 수 있도록 노회가 개교회에 위임한다. 그러므로 개교회는 당회의 직접적인 지도와 감독을 받는다.

- 총회: 총회는 장로회의 최고 치리 기관이다. 총회는 일 년에 한 번씩 정기회의를 가지고 노회에서 선출된 목사와 장로가 비례적으로 동일한 수로 구성된다.
- 개교회: 개교회는 소속된 지역에서 교회의 임무를 감당하기 위한 주된 기관이다. 개교회에서 교인들은 하나님의 말씀을 설교와 가르침을 통해 만나며, 성례전에 참여하며, 지역사회나 국내외 선교에 참여하고 보조하면서, 하나님의 말씀에 응답할 기회를 얻는다.

5. 한국 교회정치의 과제

우리가 살펴본 대로 교회는 성경적 원칙을 역사적으로 구현해 온 정치 제도를 지니고 있다. 교단에 따라 체제가 다르긴 하지만, 각각의 정치 제도는 성경적 원리와 교단 신학의 결과물이고 역사적인 요구에 응답한 결과물이라 할 수 있다. 그러므로 교회정치 제도를 말하고자 한다면, 먼저 교단의 신학과 전통을 이해할 필요가 있다. 교회의 예전과 실천, 목회자들의 지도 방식, 교회 직분자들의 행동 영역과 교회 안팎에서의 역할 등은 교회정치를 통해 이루어지는데, 이것은 교단의 역사와 신학에 따라 다르기 때문이다.
그럼에도 교회정치의 다양성을 관통하는 기준은 있어야 한다.

역사적이고 현실적인 다양성이 있지만 교회는 모두 성경의 우선적 권위와 개신교회의 신학적 전통을 공유하여 소속을 불문하고 공통된 합의점들이 있기 때문이다. 또한 한국 교회가 교단과 지역을 막론하고 동시대의 한국 사회라는 특수한 역사적 무대에서 교회정치를 실현하고 있기 때문이다. 이제 우리 시대 교회정치의 선봉에 선 지도자들이 유념해서 실천해야 할 내용들을 제시하고자 한다.

(1) 종교개혁 정신 회복

종교개혁의 가장 근본적인 정신 중 하나는 성경이 증거하는 평신도 지도자의 역할을 회복하는 것이었다. 신약성경은 예수님의 제자였던 사도들과 더불어 평신도 지도자들을 증거하고 있으며, 구약성경 또한 선지자와 백성의 지도자들이 평신도 출신이었음을 보여 주고 있다. 로마 가톨릭교회가 이러한 정신을 잃어버리자 칼빈은 제네바에서 2세기 초대 교회를 모델로 예수 그리스도의 정신과 성경 말씀에 합당한 교회 제도를 주창하였고 이것이 장로교회의 모범이 되었다. 그러나 이후 교회의 세속화를 방지하기 위한 노력의 일환으로 고안된 정교분리의 정신이 왜곡되어 하나님 나라를 향한 교회의 선교 영역을 제한하는 경향이 나타난 점도 주목해야 한다. 또한 종교개혁이 그토록 반대했던 성속 이분법에 근거한 성직자와 평신도의 구분이 중세 가톨릭을 방불하는 목회자 중심주의로 오히려 강화된 현실은 주요한 이 시대의 개혁 주제가 되어야 할 것이다. 이러한 개혁 주제는 목회자들의 경우에는 권위주의 극복, 영성 강화와 목회적 전문성의 회복을 통한 그리스도의 몸 된 교회를 섬기는 종으로서의 정체성 강화 등의 구체적 과제들의 실천으로 이어져야 할 것이다. 또한 교회의 구성원들인 신앙인들은 만인제사장다운 삶, 즉 자신이 섬기는 영역에서 주께 하듯 최선을 다하는 삶, 즉 '몸으로 산 제사를 드리는 영적 예배자'(롬 12:1)가 되기 위한 삶을 실천하도록 힘써야 할 것이다.

(2) 힘의 복음적 활용

힘이란 상대방에게 영향력을 행사할 수 있는 능력을 의미한다. 사실 모든 인간관계에는 힘의 역학이 내재하고 있다. 어떤 상황에 직면했는가, 어떤 사람과 관계하고 있는가에 따라 힘의 양태가 다를 뿐이다. 실제로 현실 정치는 사람과 사람, 혹은 집단과 집단 사이의 역학관계를 다루는 것이라고 할 수 있는데, 교회정치도 사람과 사람 사이의 관계를 다루는 것이기 때문에 힘의 문제가 중요한 주제라고 할 수 있다.

개교회 안에서 역학관계를 다양하게 설명하지만, 대개 두 가지 의견이 팽팽하게 대립하고 있는 것 같다. 어떤 교회는 목회자들에게 힘이 집중되어 있어서 문제라고 하고, 어떤 교회는 당회와 교인들이 지나치게 힘을 행사해서 목회자들이 정상적인 목회를 할 수 없다고도 한다. 상반되는 입장이긴 하지만 이 둘 사이에는 공통점이 있다. 바로 교회 안에 힘의 불균형이 존재하고 있다는 것이다. 그렇다면 당회와 목회자 양편이 힘을 균등하게 나눠 가지면 문제는 해결되는 것일까?

롤로 메이(Rollo May)는 역학관계 안에서 작용하는 힘들을 다음과 같이 분류한 바 있다. 착취적(exploitative) 힘, 조작적(manipulative) 힘, 경쟁적(competitive) 힘, 양육적(nutrient) 힘, 통합적(integrative) 힘이다. 그는 이 가운데서 공동체를 가장 파괴적으로 이끄는 힘을 착취적 힘이라고 한다. 그것은 폭력과 강제력으로 상대방을 강요하며 상대의 이익을 갈취한다. 이에 비해 조작적 힘은 교묘하게 작용해 상대방의 생각과 의도를 조정한다. 이 두 가지 힘은 모두 다른 사람의 희생을 담보로 자기 이익을 취하며, 상대방의 인격과 존엄성을 파괴한다. 애석하게도 오늘날 교회 안에서는 이런 힘들이 막강하게 작용하고 있다.

이에 비하여 경쟁적 힘은 당사자들 사이의 역학관계가 균형을 이룰 때 나타나는 힘이다. 이런 경쟁적 힘을 공동체의 이상적인 힘이라고 주장하는 이들은, 만약 힘의 균형이 깨어지게 되면 한쪽은 억압적인 힘을 갖게 되고 다른 한쪽은 피해자가 되고 말 것이라고 예측한다. 그래서 이들은 힘의 균형을 경쟁적으로 맞추어 가며 팽팽한 긴장을 유지하는 길을 찾는다. 그러나 교회라는 현장은 힘의 균형을 이상화하기에는 한계가 있다. 사회와는 달리 대결과 경쟁이 교회정치가 가야 할 길이 아니기 때문이다.
교회정치를 힘의 역학으로 볼 때 우리가 생각할 수 있는 윤리적인 힘의 모델은 바로 양육적 힘과 통합적 힘이라고 할 수 있다.
양육적 힘은 힘의 불균형이라는 현실을 인정하고 시작한다. 목회가 이루어져야 할 교회라면 힘이 있는 쪽이 부족한 쪽에게 힘을 나누어 주어 강건하게 하는 것이 더 현실적이다. 양육적인 힘은 결코 자신의 유익을 앞세우지 않고, 아직 책임적인 자유를 발휘하지 못하는 이웃을 돕는다.
통합적 힘은 양육적 힘에 비하여 상대방의 자유를 더욱 존중한다는 점에서 구별된다. 이것은 상대방과의 힘의 균등함을 전제로 한다. 목회 현장을 이런 역학관계로 본다면, 목회자들은 다른 목회자들이나 평신도 지도자들의 역할을 인정하게 되고, 서로의 부족한 점을 보완해 가며 다양한 사역에서 협력적 관계를 이루게 된다. 특히 목회자 간의 건설적인 협력을 위해서는 힘의 성격을 이렇게 파악하는 게 도움이 된다. 하나님 나라를 지향하는 이른바 평신도 신학도 마찬가지다.
목회 현장마다 필요한 힘도 다를 것이다. 개교회가 처한 상황에 따라서, 교회 지도자들의 구성에 따라서 양육적 힘이 필요한 교회도 있을 것이고, 통합적 힘이 절실한 교회도 있을 것이다. 그러나 우리가 예수님의 선례와 사도 바울의 권면을 되새기면서 기억해야 할 것이 있다. 바로 교회 지도자들의 바람직한 힘의 사용과 윤리성이 교회 지도자들이 얼마만큼의 영적인 자유를 누리느냐에 달려 있다는 것이다. 다시 말해 교회 지도자들이 이해한 복음과 이에 따른 실천적인 삶이 교회정치 현장의 역학관계를 구성한다는 것이다. 이것이 회중들의 복음적 삶과도 직결되는 것은 두말할 나위가 없다. 그래서 우리는 다음과 같은 사도 바울의 권면을 되새긴다.

"여러분 가운데 있는 하나님의 양 떼를 먹이십시오. 억지로 할 것이 아니라, 하나님의 뜻을 따라 자진하여 하고, 더러운 이익을 탐하여 할 것이 아니라 기쁜 마음으로 하십시오. 여러분은 여러분이 맡은 사람들을 지배하려고 하지 말고, 양 떼의 모범이 되십시오"(벧전 5:2-3, 새번역).

(3) 위계적 권위 구조의 극복: 집사직의 회복, 여성과 청년들의 참여

오늘날 한국 교회정치의 현실은 이제 더 이상 목회자와 장로들의 노력에만 의존할 수 없는 구조적 과제들이 있다는 것을 보여 준다. 한국장로교회는 1907년 장로교 직제를 정비한 다음, 장로교회 정치적 전통을 비교적 잘 보존해 왔다. 그러나 상대적으로 평신도 교역직에 대한 이해가 약해서 목회자와 장로들을 중심으로 한 수직적인 위계 구조와 권위주의가 약점으로 지적되곤 했다. 항존직과 임시직을 구분하는 정치 전통도 다른 나라의 개혁 전통 안에서는 찾아보기 어렵다. 그러다 보니 평신도들의 역할이 약화됐고, 개혁 전통이 강조하는 집사의 역할도 축소되고 약화되었다.

집사는 원래 교회 내에서 사랑을 실천하고 교회 밖으로는 그리스도의 사랑과 정의를 실현하는 직분이었다. 그러나 오늘날 한국 교회는 집사직을 교회 내부의 섬김을 도맡는 것으로 제한하였다. 게다가 안수집사라는 직분을 따로 두었는데, 이렇게 함으로써 교회 현장의 성도들은 안수집사를 마치 장로직을 기다리는 대기직처럼 이해하게 되었다.

이와 함께 여성들과 청년들의 교회 활동 참여가 제한받고 있는 현실도 교회의 위계적인 구조를 반영한다고 볼 수 있다. 20세기 한국 사회가 여성들의 권익을 신장한 시대였다면 21세기는 여성들과 청년들이 사회 각 분야에서 지도력을 발휘하는 시대이다. 만약 한국 교회가 여성들과 청년들의 역할을 제한한다면 시대를 선도하는 역할은 못하고 오히려 역행한다는 비난을 피할 수 없을 것이다.

한국의 교회들은 21세기 시대적 정신이자 요청인 평신도들의 민주적 참여 요구에 부응하면서 대의정치를 상징하는 장로제를 어떻게 유지해 가야 할지에 관한 시대적 과제를 떠안고 있다. 물론 개교회 차원에서 이런 과제들에 대한 응답들도 나타나고 있다. 여·남 선교회, 안수 집사회, 권사회, 청년부 등이 발언권을 가지고 참여하는 열린 당회의 구성도 시도되고 있다. 한편 이보다 더욱 적극적으로 항존직을 종신직으로 생각하며 유지하였던 장로 제도를 과감하게 임기제로 돌리는 교회들도 생겨나고 있다. 임기제 등이 너무 혁명적이라고 생각하는 교회들 중에는 목회자와 장로들의 안식년, 신임투표제, 사역 장로제 등의 보완책들을 마련하여 실시하는 교회들도 있다. 이는 장로교 전통의 영향 아래 있는 한국 교회들이 직면한 구체적 도전이고 과제들이라 할 수 있다..

교회정치의 역사를 통해 확인한 바와 같이 우리가 고민하는 모든 문제를 일시에 해결할 수 있는 유일한 교회정치와 제도는 존재하지 않는다. 우리는 십자가의 복음을 통해 구원으로 부름은 받았지만 우리 안에는 피조물인 인간으로서의 한계와 여전한 죄성이 남아 있기 때문이다. 더욱이 한 사람이 아니라 모두가 함께하는 공동체로서의 교회인 만큼 우리가 극복해야 할 한계와 죄, 그로 인한 문제들도 더 크다고 볼 수 있다. 그래서 우리는 다시 우리의 유일한 희망을 교회정치에 두는 것이 아니라 예수 그리스도의 복음에 둔다. 교회정치가 필요없다는 게 아니라 예수 그리스도의 복음과 하나님의 전적인 은혜에 위탁한다는 말이다. 그러나 예수 그리스도의 복음은 죄로 만연한 이 땅에서 교회를 통해 전파된다. 우리에게는 복음의 걸림돌을 제거하고 복음의 길을 평탄하게 해야 할 사명이 있다. 바로 이런 역할을 위해 교회정치가 있다. 다시 말해 교회정치는 하나님 나라의 실현 과정에서 교회가 담당해야 하는 역할을 다하기 위해서 우리에게 맡겨진 책임이다. 따라서 오늘날 교회정치의 대표적 과제는 기존의 정치 체제를 형성하였던 성경적·신학적·역사적 전통을 이해하고 존중하면서 동시에 우리들, 교회 구성원들의 책임적 참여와 헌신을 보장하고 격려하는 구체적 개혁 방식을 모색하고 합의하는 데 있다. 대의정치를 강조한 장로교회도 우리가 살펴본 바와 같이 교회정치를 갱신하기 위한 지속적인 노력을 기울이고 있다. 교회 안팎으로 교회에 대한 불만이 커지는 시대다. 소수의 지도자들이 의사 결정권을 남용하고 그 정책의 집행뿐 아니라 운용에 대한 감사마저 독점하는 것에 대해 우려와 실망감이 크다. 더욱이 오늘날은 교인들의 교회에 대한 소속감이 약화되고, 교회들은 교단의 신학과 전통에 대한 자부심을 잃어버리고 있다. 교단과 제도적 교회의 권위가 그만큼 약화되는 시대라는 말이다. 이러한 점을 고려할 때 교단에 따른 차별적 정치 제도와 보편적 민주정치 사이를 조율해 가는 것은 한국 교회가 당면한 정치적 과제라고 볼 수 있다. 이제 교회는 전통적 정치 방식을 복고적인 태도로 고집할 것이 아니라 전통 안에 담겨 있는 성경적 원리와 정신, 신학적·역사적 원리들을 존중하면서도 시대정신을 반영하여, 하나님 나라 실현을 위한 회중들의 참여를 담보하는 방안들을 적극적으로 모색해야 할 것이다.

함께 생각해 보기

1. 교회의 정치 형태가 다양하게 나타나는 역사적 배경이 무엇인지 살펴보고 오늘날 한국 교회의 정치 형태와 특징에 대하여 토의해 보자.
2. 한국 장로교회의 직제는 1907년 이후로 크게 바뀌지 않았다. 성경과 종교개혁 정신 그리고 오늘의 시대적 상황에 비추어 볼 때, 개혁되어야 할 직제 및 역할은 무엇일까?
3. 오늘날 한국 교회에는 다양한 정치 형태와 목회 형태가 있다. 이 다양성을 관통할 수 있는 윤리적 기준은 무엇일까?
4. 한국 교회 안에서 민주적 정치 참여가 어느 정도 이루어지고 있다고 생각하는지 나누어 보고 그것을 가로막는 현실적인 문제는 무엇인지 토의해 보자.
5. 한국 교회의 직제가 경직되지 않고 권위주의적인 모습을 탈피하기 위해서 제도적으로 개선되어야 할 부분은 어떤 것일까?

더 읽을 문헌

1. 임성빈 외, 《교회를 섬기는 청지기의 길》(성안당, 2008)

2. 임성빈 외, 《따뜻한 소통 행복한 동역》(한지터, 2014)

3. 정주채·배종석·송인규·정재영, 《한국 교회와 직분자: 직분제도와 역할》(IVP, 2013)

4. 게이로드 노이스, 《목회윤리》, 김종일 옮김(진흥, 1992)

5. 존슨, E. S. JR., 《선택받은 봉사자》, 천방욱 옮김(한국장로교출판사, 2007)

4장
목회자의 경제생활

신기형
이한교회 담임목사

1. 들어가는 말

목회자는 돈보다 명예를, 물질보다 영적인 것을 더욱 소중히 여겨야 하는 자이다. 목회를 성직이라고 부르는 이유도 목회가 일반적인 직업과 다른 것을 추구하는 일에 속해 있기 때문이다. 그러나 실제로는 목회자라 해도 경제 활동으로부터 자유롭지 못하고 또한 현대 자본주의 사회에 살면서 목회자 역시 돈의 필요와 힘을 일반 사람들과 동일하게 느끼며 살고 있다.
한편으로는 돈에서 자유롭고 싶지만 또 한편으로는 넉넉한 경제생활을 하고 싶은, 이 두 마음으로 살아가는 것이 목회자의 현실이다. 목회자도 돈이 없으면 불편하고 반면 돈이 많으면 그로 인해 마음이 교만해진다. 목회자가 돈을 모른다는 말을 들을 때 칭찬으로 들리고 돈을 너무 밝힌다고 말할 때 수치를 느끼지만, 그렇다고 사례비가 삭감되거나 생활에 필요한 지원이 제대로 공급되지 못할 때 목회자의 자존감은 내려간다.
그러면 이런 두 마음 사이에서 목회자가 선택해야 할 자리는 어떤 곳일까? 청빈인가 아니면 필요인가? 필요라면 얼마가 목회자에게 적당한 양일까? 목회자의 경제생활에 대해 성도들이 기대하는 바는 무엇일까?
로버트 하일브로너와 윌리엄 밀버그는 인간이 경제적 희소성을 느끼는 것은 자연의 결함에서만 오는 것이 아니라고 말한다.

지금처럼 부족한 것이 없는 시대에 살면서도 여전히 부족을 느끼는 것은 자연(nature)으로부터 오는 희소성이 아니라 인간의 본성(human nature)에서 오는 희소성 때문인 것이다.

그들은 말한다. "재화를 생산하는 우리의 능력은 점점 쌓여 가지만 자연의 결실을 소유하고자 하는 우리의 욕망이 그보다 훨씬 더 잰걸음으로 앞질러 가는 것이다. (중략) 우리의 욕구라는 것은 이처럼 결코 고정된 것이 아니다."[1] 부자가 될수록 필요한 것이 더욱 생기게 되는 이유가 바로 여기에 있다.

경제 문제와 관련해서 목회자에게 요구하고 기대하는 바는 그들이 얼마를 받고 얼마를 사용해야 하는지 액수에 대한 것이 아니라, 바로 신뢰에 대한 것이라고 본다. 목회자에게 바라는 것은 단순한 청빈이 아니라 청지기로서의 역할, 하나님과 양심 앞에서 부끄러움이 없는 생활, 즉 신뢰의 대상이 되는 것이다.

목회자들의 경제 활동이 성도들이 본받을 만한 모델이 되는 것, 성도들이 낸 헌금을 목회와 사역에 책임감 있게 사용하는 것, 그리고 이 과정 가운데 하나님을 향한 믿음이 실제적으로 작용함을 성도들에게 증거하는 것이 목회자의 경제 윤리의 가장 본질적인 내용이다.

이 글은 목회 및 지도력의 기본이 되는 신뢰에 대해 살펴보고, 오늘날 돈이 갖는 경제적 이해를 설명한 다음, 성경에서 가르치는 돈의 성격에 대해 알아볼 것이다. 그리고 목회자의 경제적 판단과 집행에 있어 신뢰를 얻기 위한 구체적인 방안을 제시하려고 한다.

2. 신뢰는 관계와 지도력의 핵심이다

워렌 베니스와 버트 나누스는 《리더와 리더십》에서 리더가 그를 따르는 사람들에게 주어야 할 것이 비전, 의미, 힘 북돋기, 그리고 신뢰라고 말한다.[2] "리더에게 비전은 필수품이요 권력은 현금과 같다면, 신뢰는 조직을 움직이게 하는 윤활유, 결집시키는 접착제이다."[3]
레너드 스윗은 신뢰는 관계를 형성하는 데 필수적인 것이며, 리더십은 이 관계 안에서 발휘됨을 강조한다.[4] 관계가 돈독해지는 것, 협력이 가능해지는 것, 충성이 강화되는 것, 그래서 함께 무엇인가 이루기 위해 헌신하는 것은 상호 신뢰에 달려 있기 때문이다. 신뢰하지 않는 리더를 따르려는 사람은 아무도 없다.
데일 잔드는 지도력의 세 요소로 지식, 신뢰, 권력을 든다.[5] 지식은 함께 일하는 사람들을 아는 것이며, 일의 분명한 목표와 방법에 대해 아는 것이다. 비록 지도자가 모든 것을 다 알지는 못한다 해도 주어진 목표에 필요한 내용들이 무엇인지를 알고 있을 때 사람들은 따른다.
두 번째 지도력 요소인 권력은 그 힘을 바르게 사용할 때 효과를

얻는다. 힘은 주어진 직위에서 출발하지만, 그 권력이 영향력으로
기능하기 위해서는 직위에 주어진 힘을 바르게 사용하는 모습을
보여야 한다. 언제 지시하고 언제 위임할 것인지를 잘 분간하고,
또한 일을 평가하며 판단하고 추진할 때 권력을 제대로 사용해야
사람들을 이끌 수 있다.

마지막으로 신뢰란 따르는 사람들에게서 충성과 헌신을 얻게 하는
요소이다. 지도자를 믿는 것, 지도자의 비전과 생각을 따르되
확신을 갖고 따르게 하는 것, 사람들의 긍정적 동기를 형성하는
것이 신뢰이다.

목표의 성취에 대한 유용한 지식을 갖고 있으며, 사람에게와
일을 처리함에 공정함을 보일 때, 그리고 말하는 것과 행하는
것이 일치할 때 사람들은 지도자를 믿을 만한 사람으로 여기고
지도자는 이런 관계 아래 영향력을 발휘할 수 있다.[6]

잔드는 말한다. "지도자는 그를 따르는 이들에게서 사랑을 받지는
못해도 신뢰는 받아야 한다. 비록 성인들같이 흠이 없을 순 없어도
적어도 사람들에게 신뢰를 받는다면 지도력을 행사할 수 있다."[7]

신뢰가 중요한 것은 사람들로 하여금 대가를 기꺼이 지불하게
만들기 때문이다. 돈이든 시간이든, 수고든 마음이든, 지도자에게
자신이 소중하게 여기는 것을 맡길 수 있는 이유는 그것을 약속한
대로 사용할 것이라는 확신이 있기 때문이고, 그럴 때 지도자는
사람들을 더욱 효과적으로 이끌 수 있다.

워렌 베니스는 지도자가 신뢰를 얻으려면 "자기가 서 있는 곳이 어디인지를 분명히 알아야 한다"고 강조한다. 신뢰는 결국 지도자가 자신의 직위를 알고 그 역할에 걸맞게 행동하는 모습에서 얻어지기 때문이다.[8]

그러면 자기 자리에 맞는 행동과 결정, 돈과 관련해서 목회자가 보여야 할 모습은 어떤 모습일까? 돈과 관련해서 성도들이 목회자에게 바라는 점은 무엇이고, 목회자는 이를 제대로 이해하고 있으며 준비가 되어 있는가?

먼저 돈에 대해서 살펴보자. 경제학에서 말하는 돈과 그 돈이 우리에게 미치는 영향, 그리고 성경에서 말하는 돈의 기능과 역기능을 살펴본 다음, 신뢰받는 목회자가 되기 위해 구체적으로 해야 할 일을 제안해 본다.

3. 돈에 대한 성찰

(1) 경제학에서 말하는 돈의 기능과 그 영향력

경제학은 돈에 세 가지 기능이 있다고 설명한다.[9] 첫째, 돈은 교환의 매개 수단이다. 과거에는 물물교환 형식으로 자기가 원하는 것을 얻었다면 화폐가 통용되고부터 돈으로 자기가 원하는 것을 얻을 수 있다. 필요한 것을 구할 수 있도록 돈이 중간에서 매개 역할을 하기에, 돈을 가리켜 교환의 수단이라고 말한다.

둘째, 돈은 가치 척도의 기준이다. 모든 돈에는 숫자가 있는데 이 숫자는 가치를 재는 표다. 의자의 가치는 그 의자에 지불되는 돈의 액수로 정해지고, 자동차의 가치 역시 그 자동차에 지불되는 액수로 알게 된다. 상품이나 서비스의 가치를 평가하는 데 있어 기회비용이라는 주관적인 도구도 있지만,[10] 일반적으로 우리는 물건의 가치를 돈으로 매긴다.

셋째, 돈은 가치 저장의 수단이다. 돈을 가리켜 유동성이 완전한 자산이라고 말한다. 유동성이란 현금화하는 가능성을 말하는데, 돈은 그 자체가 현금이기에 유동성이 100퍼센트이다. 그러면서도 돈은 가치를 만들기도 하는데, 돈의 가치가 환율로 인해 변동하게 되어 돈을 갖고 있는 것이 가치를 저장하는 수단이 되기도 한다. 새로운 자본주의의 특징이 돈을 가진 자가 더 돈을 버는 일인데, 세상의 부는 늘어나지만 실제로 불평등이 더 심화되는 이유가 바로 돈을 가진 자가 돈을 버는 자본 구조가 되었기 때문이다.[11]

돈이 갖는 이와 같은 기능으로 인해 돈이 선택과 동일시되고, 가치 역시 돈으로만 평가받게 된다. 이제 돈은 단지 교환의 매개 수단이나 가치 측정의 도구가 아니다. 돈은 모든 가능성을 열어 주는 힘이 되었고, 모든 가치를 평가하는 규범이 되었다. 돈이 있을 때 할 수 있는 일은 너무도 많고, 돈이 있는 사람은 어디서든지 좋은 대접을 받는다. 오늘날 힘을 가졌다고 말하는 것은 돈을 가진 것과 같다.

반면 가난은 하고 싶은 것을 할 수 없는 아주 비참한 형편을 지칭하는 말이 되었다. 가난을 가리켜 무엇의 결핍이라고 말할 수 있는데, 그 무엇은 원하는 바를 향해 접근할 수 있게 하는 권리이다.[12] 교육에 접근할 수 있는 권리, 건강에 접근할 수 있는 권리, 취미를 누릴 수 있는 권리 등이다. 가난한 자들은 원하는 것에 접근할 권리가 없다. 왜냐하면 이런 권리는 바로 돈으로 살 수 있기 때문이다.

아담 스미스는 《도덕 감정론》에서 우리가 도덕적으로 타락하게 되는 이유는 바로 여기에 있다고 보았다. 우둔함만이 그 대상이 되어야 할 멸시가 극히 부당하게도 흔히 빈궁과 연약함에 가해지고 있고, 지혜와 미덕에만 바쳐져야 할 존경과 감탄으로 부와 권세를 대하는 성향이 우리의 모든 도덕 감정을 타락시키는 가장 크고 가장 보편적인 원인이라고 말한다.[13]

특별히 한국 사회에서는 잘 산다는 것을 주로 경제적으로 잘사는 것으로 생각하는데, 이는 남에게 어떻게 보이는지가 중요한 체면 문화의 영향이다. 김찬호의 관찰에 따르면 미국은 가장 중요한 것이 먹는 것이어서 식, 의, 주의 순서인데 우리는 먹는 것보다 남에게 보이는 옷이 중요해 의, 식, 주의 순서로 되었다.[14]

(2) **돈의 속성과 하나님**

돈은 그 특성상 신과 닮은 면이 두 가지 있는데, 돈은 어디서나 그 가치가 변하지 않는다는 것과, 돈은 어디나 동행한다는 것이다. 서울에서의 만 원이나 부산에 있는 만 원이나 그 가치는 동일하다. 집의 경우 서울에 있는 집과 부산에 있는 집의 가격이 다르다. 비록 같은 평수 같은 회사에서 같은 모델로 지었다고 해도, 위치에 따라 가치가 다르고 또한 부산에 있다고 해도 학군에 따라 그 가치는 또 달라진다. 그러나 돈은 어디에 있든지 그 가치는 같다. 그리고 돈은 우리가 가는 곳에 가져갈 수 있고 돈을 지니고 다닌다고 힘들지 않다. 다른 나라에 가더라도 카드나 현찰을 가져갈 수 있다. 우리와 언제나 어디서나 동행해 주는 자원이 돈이기 때문이다.

따라서 우리는 돈에 대한 환상을 갖기 쉽다. 돈이 많으면 힘을 가진 것 같고, 돈이 많으면 가치 있는 사람 같고 그래서 돈이 있으면 행복할 것이라는 환상이다. 하나님을 구하되 돈을 위해서 하나님께 구하고, 돈 문제에서는 언제나 우리의 뜻을 먼저 세운 다음 사후 승인해 주는 하나님을 원하고 있다.

4. 성경에서 말하는 돈

그러면 성경은 돈에 대해 어떻게 말하고 있는가?

(1) 돈은 필요한 선(good)이다
사람의 기본적인 필요를 채우는 요소를 선(good)이라고 정의할 때,[15] 돈은 인간이 살아가는 데 필요한 재화나 서비스를 구입할 수 있게 한다. 인간의 가장 기본적인 필요인 의, 식, 주, 그리고 건강과 교육의 필요를 채우는 데 없어서는 안 될 기본적인 자원이 돈이다. 먹을 것과 입을 것이 있은즉 만족할 것이라고 사도 바울은 말하지만, 가장 기본적인 필요인 먹을 것과 입을 것은 돈으로 채워진다.
나아가 돈은 하나님의 일에 도움을 준다. 그 가장 대표적인 예가 헌금이다. 예루살렘에 흉년이 들어 교회의 형편이 어려웠을 때 안디옥교회는 헌금을 해서 도와주었고, 바울은 그가 세운 교회들에게 헌금에 참여할 것을 촉구하여 마게도냐의 교회들이 이 헌금에 참여했다.[16] 바울 자신도 빌립보교회가 지원한 것을 갖고 초기 사역을 감당할 수 있었다. 바울이 나중에 스스로 벌어서 사역을 감당하지만, 스스로 사역의 필요를 채우든 교회가 헌금을 해주든 돈은 하나님의 일에 사용된다.

⑵ 부요함은 하나님의 축복이다

경제적 풍요가 하나님의 축복이라는 생각은 구약에서 특별히 강조된다.[17] 축복이란 이미 있는 것이 더 풍성하게 되는 것을 말하는데, 하나님의 백성들이 이방 땅에서 살며 안식일에 노동을 하지 않고, 율법이 정해 놓은 십일조를 정확하게 드리면서도 밭의 소출이 늘고 경제적 형편이 좋아진다면 이는 분명 하나님의 축복이다.

아브라함에게는 많은 육축과 종들이 있었고, 야곱은 이삭을 피해 도망갈 때만 해도 지팡이 하나만 갖고 있었지만 돌아올 때에는 두 떼나 되는 재물을 갖고 돌아온다. 벧엘에서 하나님께 서원한 대로 하나님께 드릴 것을 드리고 라반 삼촌에게 열 번이나 속았지만 야곱은 하나님의 축복을 받은 것이다.

욥의 경우도 이와 비슷하다 하겠다. 욥은 동방의 가장 큰 부자였다. 하나님의 연단이 시작된 이후 자녀와 재물을 다 잃었지만, 다시 자식의 복뿐 아니라 많은 재물도 얻게 되었다. 그래서 이스라엘 백성들은 물질적으로 궁핍할 때 자신을 돌이켜 보아야 했다. 포로에서 돌아와서 성전을 지어야 했지만 각자 자기 집을 짓는 일에 바쁠 때 이들은 뿌려도 거두는 것이 적었고, 거두어도 먹지 못하였고, 먹어도 배부르지 못하였다. 이는 하나님의 뜻에 순종하지 못했기에 받는 벌이었다. 성전을 짓기로 했을 때 이들의 형편은 달라진다.[18]

그러나 성경은 가난 자체를 하나님의 저주로 보지는 않는다.
경제적 풍요가 가난보다는 확실히 나은 것이지만 의롭고 정직한
가난은 불의한 부자보다 더 낫고, 마른 떡 하나만으로 화목한 것이
육선이 가득하고 다투는 것보다 더 낫다고 말한다.[19]
예수님은 가난한 자로 이 세상에 오셔서 가난한 자의 친구가
되시며 그리스도인의 사명이 부자가 되는 것보다는 많은 사람을
부요케 하는 삶임을 가르쳐 주셨다. 사도 바울은 가난이나
부요함이나 어떠한 형편에 처하든지 자족하며 주님의 뜻을 그
가운데서 행하는 것이 더 중요한 일임을 발견했다.
따라서 우리 기독교인들은 부자가 되기를 바라기보다 그리스도를
닮기를 바라고, 가난을 두려워하기보다 그 가운데 임하시는
하나님의 섭리와 선교적 사명을 감당하기 위해 감사함으로 임하는
자세를 가져야 한다.

(3) 돈에는 부작용이 있다

성경은 돈의 선한 용도와 그것이 축복의 증거임을 인정하면서도
돈에 대한 부작용을 매우 강조한다. 돈이 하나님을 대신할 수
있고, 돈이 있을 경우 가난하고 배고픈 자의 형편을 잊을 수
있으며, 돈을 자꾸 의지하려는 성향이 강해질 수 있기에 돈을
사용하되 돈을 사랑하지 않도록 강조하고 있다.
사도 바울의 경우 돈을 사랑함이 일만 악의 뿌리라고 말한다. 돈을

사랑하는 사람은 자기를 찌른 것과 같다고 말한다. 부자가 되려는 자에게 경고하기를, 좋은 날 보기를 원한다면 돈에 소망을 두지 말고 하나님께 소망을 두며 나눠주기를 좋아하는 사람이 되라고 권면한다.[20]

예수님은 더욱 분명하게 돈에 대해 경고하시는데, 하나님과 재물을 겸하여 섬길 수 없다고 말씀하시면서,[21] 돈이 우리의 주인이 될 수 있음을 지적하신다. 돈은 하나님을 밀어내고, 결국 하나님의 자리에 앉기 쉬움을 강하게 경고하신 것이다.

그러면서 돈은 우리가 추구하는 진정한 만족을 줄 수 없다고 말씀하신다. 사람의 생명은 소유의 넉넉함에 있지 않고 오히려 받을 때보다 나눌 때 풍성해지기에 "받는 것보다 주는 것이" 복되다고 말씀하셨다.[22]

존 파이퍼는 소유의 기쁨이 곧 사라지는 것이 다행이라고 했다.[23] 만약 소유로 참된 만족을 얻는다면 세상은 온통 소유하기 위해 싸우는 장소가 될 것이며, 우리의 마음은 더 많은 물질을 소유하기 위해 한시도 평안할 수 없을 것이다.

2013년 노벨 경제학상을 받은 로버트 쉴러(Robert Shiller)는 《새로운 금융시대》에서 재산이 많으면 특별한 이점을 갖는다는 생각은 커다란 환상이라고 지적한다. 마치 전쟁을 치르면 부자가 될 것 같은 생각처럼, 돈을 많이 가지면 행복해질 것이라는 생각을 한다는 것이다. 쉴러는 말한다. "큰 부를 획득하면 그 부자의 가족 한 명 한 명 모두 자존감이 높아지는 것은 사실이다. 그리고 어느 한계 내에서 그런 부는 그들이 더 큰 성취를 할 수 있게 해준다. (중략) 그러나 부는 전체적인 심리적 안녕과 행복을 주지도 못하고 더 높은 수준의 성취를 이루도록 그들이나 그들의 자녀에게 동기를 부여하지도 못한다. (중략) 기업 활동에서 얻는 진정한 만족의 대부분은 사실 이익의 규모와 밀접하게 관련되어 있지 않다. 기쁨은 대개 좋은 제품을 만들거나 고객을 돕거나 직원들에게 일자리를 제공하여 얻는 것이다."24

또한 돈에 대한 염려가 우리 믿음의 성장에 장애가 됨을 예수님은 말씀하신다. 씨 뿌리는 비유에서 가시밭에 떨어진 씨는 가시 때문에 자라지 못하는데 그 가시가 세상의 염려와 재리의 유혹과 기타 욕심이 들어와 말씀을 막는 것이라고 말씀하신다. 재물에 대한 욕심이 믿음의 성장을 막는 것이다.25

마지막으로 돈은 결코 우리를 지탱시켜 주는 반석이 될 수 없음을 알려 주신다. 바람이 불고 비가 내리며 홍수가 임할 때 모래 위에 지은 집은 그 무너짐이 심하다고 하셨는데, 바로 돈이 그렇다. 돈만을 바라보고 산 사람은 이 세상이 무너질 때 함께 탄식하며 슬퍼하고 이를 갈 것이다.

(4) 돈의 적당량은 각자 다르다

성경은 얼마가 우리에게 적당한지를 명확하게 말하고 있지 않다. 성경은 부자를 정죄하지 않고, 그렇다고 가난하다고 무조건 칭찬하는 것도 아니다. 일하기 싫으면 먹지도 말라고 하며, 열심히 수고해서 남을 돕는 자가 되라고 한다. 그리고 모든 선한 일에 하나님이 축복해 주셔서 선한 일을 더 잘 감당하기를 사도 바울은 기도한다.[26]

그러면 돈은 얼마가 적당한 양일까? 성경은 물질의 양에 대해서는 각자에게 맡기는데, 그 이유는 각 사람의 영적인 역량에 따라 그 양이 달라질 수 있기 때문이다.

하나님과 사람 앞에서 교만하지 않게 하는 양이 적당한 양이다. 하나님을 사랑하고 사람을 존중히 여기는 데 영향을 주지 않는 양이 적당한 양이고, 이는 사람마다 다르다. 어떤 이는 작은 양도 감당하기 어렵고, 어떤 이는 많은 양이라 해도 감당할 수 있다. 그래서 아굴은 이렇게 기도한다. "나를 가난하게도 마옵시고 부하게도 마옵시고 오직 필요한 양식으로 나를 먹이시옵소서 혹 내가 배불러서 하나님을 모른다 여호와가 누구냐 할까 하오며 혹 내가 가난하여 도둑질하고 내 하나님의 이름을 욕되게 할까 두려워함이니이다"(잠 30:8-9).

이 기도는 돈이 갖는 긍정적인 면과 부정적인 면을 모두 잘 반영하는 말이다. 돈은 하나님의 영광을 위한 도구가 될 수도 있다. 자신의 필요를 채우는 일을 포함해서 선한 일에 쓰일 때 그렇다. 반면 돈은 하나님을 멀리하게 하는 우상이 될 수도 있다. 하나님 없이도 살 수 있다는 부당한 독립심을 갖게 하기 때문이다. 그래서 아굴의 기도는 돈보다는 신앙의 가치를 더 소중히 여기며 눈에 보이는 돈으로 인해 보이지 않는 하나님을 잊기 쉬운 인간의 한계를 분명히 아는 자의 기도이다.

요약하자면 성경은 돈을 우리의 필요를 채우는 선으로 보면서도, 돈으로 인해 영향 받을 인간의 본성을 직시하여, 돈에 대한 경계와 바른 사용을 강조하고 있다 하겠다.

5. 목회와 돈

그러면 목회자는 돈을 어떻게 사용해야 하는가? 돈이 선하면서도 동시에 영혼을 타락시키는 힘이 있다면, 이 일에 목회자도 예외가 아니라면, 목회자는 돈을 어떻게 사용할 때 교인들에게 본이 되며 사역의 윤활유인 신뢰를 얻어 목회를 힘 있게 수행해 나갈 수 있을까?

여기서 목회자가 재정 면에서 신뢰를 얻기 위한 방법을 둘로 나누어 제시하려고 한다. 하나는 교회의 공적인 재정 충당과 집행을 위한 지침이고 또 하나는 목회자의 개인적인 경제생활을 위한 지침이다.

(1) 교회의 재정 마련과 집행

목회자는 성도가 헌금과 교회 재정 문제에 매우 민감함을 알고 있어야 한다. 몸으로 수고하는 것과 헌금을 내는 것과는 교인들이 느끼는 감정이 다르다. 몸으로는 봉사할 수 있고 수고를 해도, 돈을 내라는 것에는 이보다 더 큰 부담을 느끼는데, 그 이유는 다음과 같다.

첫째, 몸은 본인 혼자의 수고로 그 부담이 해결되지만 돈은 혼자의 문제가 아니라 가족의 문제다. 돈이 지출될 경우 가족과 가정을 위해서 사용해야 하는 돈이 줄어들 수밖에 없다. 그래서 시간이나 몸으로 봉사하는 것과는 다르게 돈에 대해서 좀더 고민을 하게 된다.

돈에 대해 더 예민한 두 번째 이유는 돈을 자신을 지탱하는 좀더 근원적인 자원으로 여기기 때문이다. 몸이 힘들어도 돈이 있으면 모든 문제를 해결할 수 있다고 보기에, 돈이 줄어드는 것보다는 몸이 피곤한 것을 선호한다.

특별히 오늘날 행동 경제학의 발견에 따르면, 사람들은 손실을 회피하려는 경향이 크다. 얻을 때의 기쁨보다 잃을 때의 고통이 두 배나 되기에 한번 들어온 것은 다시 내어 놓기가 어렵기 때문이다.[27] 특별히 몸의 피곤함은 회복이 될 것으로 알고 있지만 지출된 돈이 다시 채워질지는 불분명하다.
여기에 신뢰가 중요한 요소로 작용한다. 교회나 목회자가 그동안 보여 준 재정에 대한 투명성과 도덕성이 분명했다면, 그동안 교회해서 집행하고 결정하는 과정이나 결과가 약속대로 집행되었다면, 교인들의 참여는 더 적극적일 것이다. 그러나 약속과 실천이 달랐다면, 돈과 관련된 교인들의 마음은 아주 불편하며 소극적이 된다.
예수님의 말씀처럼 물질이 있는 곳에 마음이 있어, 교인들은 목회자와 교회를 믿지만 늘 재정이 투명하고 바른지를 확인하고 싶어 하고, 만족한 결과가 없다면 다음번의 헌금에는 주저할 수밖에 없다.
그래서 사도 바울은 고린도교회에 헌금을 강조할 뿐 아니라 이 선한 일이 방해받지 않도록 더욱 주의한다고 말한다. "이것을 조심함은 우리가 맡은 이 거액의 연보에 대하여 아무도 우리를 비방하지 못하게 하려 함이니 이는 우리가 주 앞에서뿐 아니라 사람 앞에서도 선한 일에 조심하려 함이라"(고후 8:20, 21).
교회의 재정 마련과 집행을 위해 고려할 것을 다음과 같이 제안해 본다.
첫째, 교인들의 형편이다. 재정에 대해서 결정을 할 때 교인들의 형편을 항상 먼저 생각해 보아야 한다. 교인들의 형편에 비해 너무도 과도한 액수를 책정한다면 동기 부여가 되지 않고, 기존의 헌신적인 성도들의 열심마저 곧 식게 될 것이다. 동기 부여란 실현 가능성이 있을 때, 가능한 범위보다 약간 높은 수준이 제시될 때 형성되는데, 과도하게 제시하면 부담만 줄 뿐 기쁨으로 참여하기 어려울 것이다.

둘째, 준비이다. 교인들에게 필요한 예산이나 돈이 새롭게 들어가는 사역을 소개할 때 충분한 준비가 있어야 한다. 예를 들어 건축 헌금을 한다고 할 경우, 언제까지 할 것인지, 어떻게 재정을 보고할 것인지, 나머지 부족한 부분은 어떻게 채우며, 또 얼마를 빌린다면 어떻게 갚아 갈 것인지를 교인들에게 알려야 한다. 예수님의 말씀처럼 이쪽 일만과 저쪽 일만과의 전쟁에서 어떻게 할 것인지를 합리적으로 이성적으로 판단해 보는 것이다. 비록 이 계산이 최종적인 집행의 근거가 되지는 않지만, 이런 현실을 목회자가 알고 있음과 이를 점검해 보았음을 교인들에게 알리는 차원에서 일반적인 계산은 꼭 필요한 작업이다.

셋째, 확신이다. 교인들의 경제적·영적 형편을 고려하고, 앞으로의 할 일을 구체적으로 계획한 다음 하나님으로부터 오는 확신이 있어야 한다. 이 확신은 다음 질문에 대한 답에서 생긴다. '이 일은 하나님이 기뻐하시는 일인가?' '이 일은 하나님의 이름을 위한 일인가?' '이 일은 성도들의 영적인 성장을 위한 일인가?' 토마스 칼라일은 《영웅 숭배론》에서 영웅의 특징을 '보이지 않는 신적 존재로부터 오는 확신'과 '성실성'이라고 했다.[28] 목회자에게도 재정적인 일을 실행할 때 이 두 가지가 필요하다. 교인들의 형편과 재정 현황을 점검해 보고 준비하는 성실성과 하나님의 뜻을 통해 갖는 확신이다.

마지막으로 보고다. 수입과 지출에 대한 보고가 분명히 있어야 한다. 헌금을 요구할 때뿐 아니라 헌금이 모였을 때에도 여전히 성도들을 소중히 여기고, 과정을 투명하게 공개해야 한다. 이는 재정을 담당하는 자를 위해서도 필요한 일이며 온 성도들이 그 일에 함께 기도하며 앞으로의 일에 동참하게 되는 데도 중요한 경험이 된다.

(2) 목회자 개인의 경제생활

또한 개인적으로 경제와 관련해 목회자는 다음을 원칙으로 삼아야 한다.

첫째, 권리보다는 믿음을 주장해야 한다. 목회자마다 받는 사례금과 기타 지급되는 액수가 다 다르다. 재정 형편이 좋은 교회는 그렇지 못한 교회보다 목회자에 대한 사례가 더 나을 것이며, 또 교회 형편이 비슷해도 교인들의 생활수준에 따라 사례비는 다를 수밖에 없다. 이때 목회자가 다른 목회자와 비교해서 자기의 권리를 주장한다면 교회는 이 요구를 들어줄지는 몰라도, 목회자는 존경과 신뢰를 잃어버릴 것이다.

사이먼 사이넥은 진정한 리더는 자기의 특권을 포기할 줄 아는 사람, 직원을 위해 자신의 편의를 희생할 줄 아는 사람, 누구에게 책임을 져야 할지 아는 사람이라고 말한다.²⁹

예수님의 몸인 교회를 섬기는 목회자가 모든 특권을 포기하신 예수님의 모습과 닮지 않았다면 어느 누구도 그 목회자를 보며 예수님을 떠올릴 수 없을 것이다.

사도 바울은 고린도의 성도들에게 자기에게 있는 권리를 하나도 사용하지 않는다고 했다. 당연히 다른 사도처럼 아내를 데리고 다닐 수도 있고, 사례를 받을 수도 있지만 그는 그 권리를 사용하지 않기로 했다. 이렇게 권리를 사용하지 않는 것은 복음을 온전히 전하기 위함이며 또한 복음을 전한 다음에 "버림을 받지 않는"(고전 9:27) 길이기도 하다.

둘째, 재량권의 한계를 분명히 정한다. 재량권이란 가지면 가질수록 더 많이 갖고 싶어 하는 특성이 있다. 재량권이란 자유의 영역을 확보하는 것이기 때문이다. 그러나 인간은 죄인이며 스스로 자기를 제어하는 것은 참으로 어렵다. 따라서 재량권과 함께 견제의 수단을 반드시 구비해 놓아야 한다.

이안 로버트슨은 《승자의 뇌》에서 이렇게 말한다. "진정한 승자는 자신의 자아가 아무리 대단하다 하더라도 위험하기 짝이 없는 사나운 개라는 사실을 충분히 인식한다. 권력이란 무거운 짐을 지고 이것을 잘 사용하는 사람은 언제나 그 개를 멀찍이 떼어 놓고 있으며, 또한 자기 자신을 넘어서서 사회적인 원칙에 대한 충실성이라는 목줄을 이 개에게 단단히 채워 둔다. 나를 길들이는 것이야말로 인류가 성공하는 데 해결해야 할 가장 큰 과제가 아닐까 싶다."[30]

목회자가 성도들의 재정적인 간섭이나 감사를 목회에 대한 침해로 여기기보다 목회의 보호자요 동반자로 여기고, 다른 사람의 관점에서 객관적으로 점검받고 수정해 나간다면, 목회는 건강해지고 목회자에 대한 신뢰도 쌓이게 된다.

셋째, 늘 다른 사람의 입장이 되어 본다. 게리 헤멀은 리더들이 다른 사람에 대한 동정심을 잃는 경우는 다음의 두 경우라고 말한다. 하나는 성공만을 쫓다가 동정심을 잃는 경우로, 성공만 바라보다가 직원, 주주, 고객을 자기 성공의 도구로 생각하여 그들을 진정으로 생각하지 못하게 되어 버린다. 또 하나는 성공을 성취하고 난 다음에 동정심을 잃는 경우이다. 힘이 있는 자리에 오르고 나면 자신의 행동이 타인에게 미치는 영향을 소홀히 생각하게 되어 남을 배려하는 마음이 줄어들게 되기 때문이다.[31] 목회는 자신의 마음을 소 떼에 두고 양 떼의 형편을 늘 살피는 것이라고 잠언은 말한다.[32] 양 위에 군림하는 목자가 아니라 양을 하나님이 원하시는 곳까지 인도하기 위해 함께 길을 걸으며 삶을 나누고 주님이 원하시는 바를 함께 이루는 일이 목회다. 그래서 목회자는 늘 양에게 관심을 갖고 양을 소중히 여기며 양들의 생각을 알아야 하고, 그 안에서 재정을 결정해야 한다. 이로 인해 목회자가 얻는 것은 성도들의 마음이며 이 마음이 하나님이 맡기신 일을 성도들과 함께 감당하는 데 긍정적인 기반이 된다.

6. 나가는 말

지도자는 본인이 생각하는 것보다 훨씬 많은 관심을 받고 있다. 지도자의 표정, 지도자의 행동, 지도자의 인간관계 등 자신도 모르는 사이에 누군가 주시하고 있다. 리처드 백스터는 이렇게 말한다. "교회의 등불로 자처하는 만큼, 뭇사람들의 시선이 그대에게 집중될 것을 염두에 두어야 합니다. 그대는 늘 환하게 공개된 장소에 있다고 생각하십시오."[33]
따라서 목회자는 찰스 스펄전이 말한 대로 '공중 시계'와 같다. 각 개인들이 자기 시계를 점검하고 수정할 때 기준으로 삼는 공중 시계가 목회자다. 스펄전은 말한다. "개인 시계가 잘못되면 그것을 보는 개인만 착각을 일으키지만, 공중 시계가 고장 나면 그 시계를 통해 점검 받아야 하는 다른 사람들도 착각에 빠진다."[34]
목회자의 경제 윤리는 바로 이 역할에 있다. 돈의 사용 면에서도 성도들에게 본이 되어 성도들이 경제적 결정을 내리려 할 때 모델이 되며 산 증거가 되는 것이다.
이를 위해 본인의 경제적 필요와 현실을 인정하면서도 교회의 형편을 먼저 생각하고, 돈의 가치와 순기능을 알면서도 돈보다 더 크고 위대하신 하나님을 기뻐하며 소망을 그분께 두고, 행정과 집행에 있어서는 성실성과 정직함을 유지하면서도 은총과 약속을 일관되게 붙잡는 것이 필요하다. 성도들은 목회자의 이런 노력과 모습을 보며 목회자를 신뢰할 것이며 이 신뢰 가운데 하나님의 일들은 영광 가운데 진행될 것이다.

함께 생각해 보기

1. 교회는 헌금을 강조한다는 말을 들어 왔다. 이 말은 한편으로 돈으로부터 자유로울 것임을 도전하는 내용이면서, 또 다른 한편으로는 교회 재정을 위한 수단으로 헌금이 남용된 것에 대한 비판이기도 하다. 헌금을 진정성 있는 헌신이 되게 하려면 교회는 어떤 방법들을 사용해야 할까?

2. 히브리서는 하나님의 말씀을 인도하던 자들의 '종말'을 주의하여 보고 그 믿음을 본받으라고 했다. 그런데 한국은 목회자의 은퇴가 그렇게 덕스럽지 못한 경우가 많다. 스페인인 과학자이자 노벨 생리의학상을 받은 라몬 이 카할은 젊은 과학자들에게 "이상과 고유의 본능 이 두 가지 모두에 공평하게 봉사해야 한다"라고 말했다. 좌로나 우로나 치우치지 않는, 목회자 은퇴에 대한 교회의 바른 준비에는 어떤 것이 있을까?

3. 잠언의 '아굴의 기도'처럼 부한 것이 반드시 좋은 것이 아니며 또한 가난한 것도 환영할 일이 아니다. 또한 사도 바울이 권면한 대로 부한 데도 처할 줄 알고 가난한 데도 처할 줄 알아야 한다. 성경은 이처럼 우리의 경제적 형편에 대해서 유연하게 대처하도록 알려주는데, 우리는 그동안 경제적 부에 대해서 어떤 판단을 주로 해왔는지, 그리고 그 이유는 어디에 있는지 나누어 보자.

4. 목회자는 자기도 모르는 사이에 경제적으로 부한 사람을 환영하며 그런 성도가 자기 교회에 있음을 자랑한다. 야고보서에서 경계하는, 사람을 외모로 보고 구분하는 아주 잘못된 오류를 범하는 것인데도 극복하기가 쉽지 않다. 왜 이런 현상이 나타나며 이런 경제적 기준으로 사람을 판단하려는 경향을 넘어서는 목회자가 되기 위해 우리 안에 어떤 점을 근본적으로 바꾸어야 한다고 생각하는가?

더 읽을 문헌

1. 베니스, 워렌·나누스, 버트, 《리더와 리더십》, 강원석 옮김(황금부엉이, 2007)
2. 스윗, 레너드, 《귀없는 리더, 귀있는 리더》, 강봉채 옮김(IVP, 2005)
3. 스펄전, 찰스, 《목회자 후보생들에게》, 원광연 옮김(크리스챤 다이제스트, 2012)
4. 슬라이워츠키, 에이드리언, 《디맨드》, 유정식 옮김(다산북스, 2012)
5. 애쓰모글루, 대런·로빈슨, 제임스, 《국가는 왜 실패하는가》, 최완규 옮김 (시공사, 2012)

5장
목회자와 성 윤리

신원하
고려신학대학원 '기독교 윤리학' 교수

1. 들어가는 말

교회에서 성(性)문제를 논의한다는 것은 매우 어색한 일이다. 영적인 것과 성(聖)스러운 것에 관련된 교회에서 육체와 세속적 성(性)을 언급한다는 것이 부자연스러운 것으로 여겨져 왔기 때문이다. 이런 분위기에서 성직자(聖職者)의 성 문제를 공개적으로 논의한다는 것은 더더욱 쉽지 않다. 이는 목회직에 대한 불경처럼 여겨질 수도 있기 때문인데, 아직도 목회자란 자신들과 다른 삶을 사는 사람으로 생각하는 교인들이 적잖게 있음을 생각하면 더욱 그렇다. 그러나 이런 생각과는 달리 목회자들도 성직을 맡아 사역하는 자이지만 일반 사람들과 별로 다르지 않다. 성에 관해서 목사들도 성적 욕구가 있고 성적 유혹을 받기도 하며 때로는 성적 실수를 하기도 한다.

그렇지만 목회자가 성적으로 탈선할 경우 생각보다 훨씬 큰 부정적 영향을 미친다는 점에서 일반인이 탈선하는 것과는 분명한 차이점이 있다. 이 일은 목회자가 시무하는 교회와 그 교회에 속한 교인들에게 깊은 상처를 입히기 때문이다. 나아가 기독교에 대한 사회의 불신을 낳고, 결국 복음 사역에 엄청난 걸림돌로 작용한다. 근래 인터넷 매체나 언론에서 대형 교회 목사의 성적 탈선에 관한 보도를 심심찮게 접하게 된다. 실제로 1998년 7월부터 2005년 10월 사이에 기독교여성상담소가 접수한 성폭력 사건은

108건이고 그중 97퍼센트가 목회자와 교인 사이에 발생한 것이었다.[1] 그렇다면 실제로 발생하는 건수는 훨씬 많음을 능히 짐작할 수 있다.[2]

목사의 성적 비행 그 자체도 문제이지만 이것이 공영 매체에서 보도되거나 심지어 심층 분석 주제로 다뤄진다는 것은 더 큰 문제이다. 교회와 성직자에 대한 신뢰는 추락하고 하나님의 영광은 크게 가려지게 되기 때문이다. 이런 점을 감안한다면 교계는 목회자의 성적 탈선을 예방하는 일에 이전보다 각별히 신경 쓰고 대책을 마련하는 일에 힘을 모아야 한다. 설령 이런 일이 발생한다 하더라도 신속하게 대처하여 그 문제가 일반 사회로 옮겨지지 않도록 교계가 자정 능력을 키워 가야 한다는 것이다.

목회자의 성 문제는 기본적으로 개인 윤리의 문제이기도 하지만 특수한 전문직 윤리라고 할 수 있기에 목회자와 교회 및 신학계는 이 문제를 좀더 심각하게 생각하고 함께 연구할 필요가 있다. 이미 이 문제를 직면하고 연구를 진행해 온 서구 교회와는 달리 한국 교회는 각 교단 총회·연회적 차원에서 이런 연구 작업을 진행한 것은 아직 매우 미미한 형국이다. 이런 문제의식에서 촉발된 이 글의 목적은 성과 영성은 불가분의 관계가 있음을 밝히고 목회자의 성적 삶은 경건과 목회 사역에 기여하는 자원임을 밝히는 것과, 목회자의 성적 탈선이 지닌 본질적인 성격과 결과를 분석하면서 이것을 예방하기 위한 방안을 모색하는 데 있다. 이

논의를 위한 기초 이해로서 기독교회가 역사적으로 성직자의 성에 대해 어떻게 이해해 왔는지를 간략하게 살피고, 목사가 사역에서 조심해야 할 다양한 유형의 성적 부적절함 내지 탈선에 대해 검토한다. 이어서 목회자의 성적 탈선이 지닌 근본적인 문제가 무엇이고 그것이 목회와 교회에 미치는 결과를 살펴보고 마지막으로 사전 예방책과 사후 대응책을 제안한다.

2. 교회사적 흐름에서 본 성과 영성

성직자의 성에 대한 교회의 입장을 알기 위해서는 교회가 성을 어떻게 이해했는지를 알아야 한다. 시대에 따라 성에 대한 교회의 견해는 조금씩 변해 왔다. 교회의 성에 대한 신학과 도덕은 성경의 가르침에 기초하게 되지만 외부적으로는 교회를 둘러싸고 있는 문화와 사상의 영향을 받아 왔고 교회가 흥왕할 때는 주위 문화에 영향을 주기도 했다.

(1) 초대 교회: 두 흐름

기본적으로 교회는 초대 교회 이래로 성을 결혼과 관련하여 하나님의 선한 창조의 장치로 이해해 왔다. 성에 관련한 성경의 기사들이 이를 뒷받침해 주고 있기 때문이다. 창세기의 결혼에 관한 창조 기사(창 2:14), 아가서의 성애에 대한 찬미, 신약에서 예수님이 갈릴리 가나 결혼잔치에 참예한 기록(요 2:1-11), 서신서에 기록된 신자의 성과 결혼생활에 관한 사도들의 권고 등은 결혼과 관련하여 성의 기능을 긍정하게 하는 주요한 자원이고 근거였다. 성경의 내용과 아울러 초대 교회 신학자들인 교부들의 신학과 가르침은 교회의 성에 대한 교리와 윤리를 형성하는 데 더 크게 작용했다. 2~3세기 교부들은 바울이 그랬던 것처럼(골 2:4, 8) 당시 교회에 들어온 이단 사상인 영지주의로부터 성도들을 보호하는 목적으로 성과 결혼에 대해 적지 않게 언급하고 가르쳤다. 물질과 육체를 악한 것으로 보고 예수의 성육신을 부인하던 영지주의는 물질에 속한 육체를 거부하고 육체에 속한 성을 부정적으로 보았고 그렇기에 결혼을 하는 것도 비난했다.[3] 성경의 가르침보다는 당시 육체와 영혼을 이분법적으로 나눠 육체에 대한 영혼의 우월, 심지어 육체를 철저히 영혼의 통제 대상으로 보던 고대 그리스의 철학과 플라톤주의에 영향을 받은 영지주의가 기독교 사상과 슬그머니 결합하여 성생활은 영적인 것에 반하는 것이고 영적인 욕망으로 통제되고 대체되어야 한다는 인식을 낳고 결과적으로 금욕주의를 야기했다.[4] 이런 이단 사상으로부터 교회를 보호하기 위해 교부들은 결혼이 하나님이 인간을 만드실 때 제정하신 제도임을 옹호하고 그 안에서의 성행위를 긍정하고 정당화했다.

그러나 한편으로 성을 결혼과 도덕적 삶의 맥락에서 본 시각과 별도로 육체에 속하는 성적 욕망을 추구하고 즐기는 것은 영적인 삶에 해롭다고 보는 흐름도 초대 교회 때부터 있어 왔다. 이런 입장은 2~3세기 기독교가 로마 제국으로 확산되어 교회가 곳곳에 세워지면서 교회 안에 이방인들이 더 많이 들어오고 아울러 헬라 문화와 영육 이분법적 시각의 영향으로 영혼이 육체의 욕망을 잘 통제할 때 평온을 누린다는 사고가 퍼졌다.

알렉산드리아 신학자 오리겐(Origen, 183~253)은 성을 부정적으로 보지는 않았지만 육체의 희열보다는 영혼이 하나님을 묵상하며 사는 희열을 더 강조하면서 독신의 삶이 주는 유익을 강조했다. 그는 천국을 위해 고자를 선택한 제자에 관한 예수님의 말씀(마 19:12)은 이를 뒷받침하는 것으로 보았고, 실제로 그는 성직을 받기 전에 스스로 거세했다.[5] 교부 터툴리아누스는 성은 육체에 속하는 것이고 육체는 이 땅에 속하는 것이므로 성을 가까이하면 할수록 영적인 기력이 약해질 수밖에 없기 때문에, 경건한 삶을 앙망하는 자는 성적 욕구를 삼가는 것이 좋다고 주장했다.[6] 외경인 토마스 복음서에도 성은 주로 욕망과 쾌락과 관련되어 있어 가까이하게 되면 영적인 감각과 이성적 통제력이 떨어질 수밖에 없다는 권고가 들어 있다.[7]

(2) 중세 교회: 성과 영성의 이분법적 흐름과 영적 엘리트주의

중세 교회에는 성과 영성을 이분법적으로 보는 흐름이 교회 안에 좀더 강하게 흐르게 된다. 4~5세기의 교부 아우구스티누스는 이 흐름에 가장 큰 영향을 미친 신학자이다. 성적으로 방탕한 젊은 시절을 보낸 그의 경험도 작용했지만, 그가 강조하는 인간의 타락과 원죄 교리도 크게 작용했다. 그는 인간이 타락한 이후 인간의 성욕도 정욕에 물들어 버렸고 그래서 성교에는 언제나 수치심이 동반된다고 보았다. 그것은 인간의 성도 죄의 영향으로 언제나 정욕에서 자유로울 수 없다고 보았기 때문이다.[8] 그는 부부에 대해서도 "각각 거룩함과 존귀함으로 자기의 아내 대할 줄을 알고 하나님을 모르는 이방인과 같이 색욕을 따르지 말라"(살전 4:4-5)라고 한 바울의 가르침을 언급하며, 신자들은 부부관계에서도 정욕에 재촉되지 않아야 한다고 강조했다. 그는 이런 정욕에 물들지 않는 가장 좋은 길은 아이를 낳으려는 목적이 없는 한 가급적 성관계를 하지 않는 것이라고 보았다.

이런 흐름은 인간의 성욕은 언제나 죄에 의해 휘둘릴 수 있기에 가능하면 동정(virginity)을 유지하는 것이 좋고 아예 독신으로 사는 것이 영적인 삶에 더 좋다는 독신(celibacy)을 옹호하는 주장으로 발전된다. 이런 입장은 4세기 이후 약 천 년 동안 융성해 온 수도원 운동과 합류하여 큰 물줄기를 형성하게 되었다. 수도사들은 육체적 욕망을 극복해야 할 악으로 여겼고, 정욕도 그 중요한 싸움의 대상으로 삼았다. 이후 로마 가톨릭교회에서는 성욕도 고해 성사의 중요한 주제가 될 정도였다.[9]
중세의 대표적인 신학자 토마스 아퀴나스도 성적 욕구를 충족하는 것은 영적인 삶에 장애가 된다고 보았고 그래서 그는 비록 결혼을 선이라고 보고 거부하지는 않았지만 결혼하는 것보다는 동정으로 사는 것이 더 좋다고 주장했는데, 그것은 성이 영적인 것을 관상하며 사는 삶에 방해가 된다고 보았기 때문이다.[10] 그는 만약 성생활을 하지 않는다면, 결혼은 더 거룩해질 것이라고까지 주장했다. 아우구스티누스 이후 이 흐름은 영적 엘리트주의와 연결되어 마침내 12세기 초 라테란 공의회에서 사제에게 독신을 의무화하는 결정에 이르렀다. 이후 의무적 독신제에 대해 사제들과 주교들의 반대와 논란이 계속되어 왔지만, 종교개혁 이후 결혼을 소명으로 강조한 개혁가의 교회 권위에 대한 도전에 대한 반작용으로 더욱 독신을 강조하는 흐름이 주도적이 되어 갔다.

(3) 종교개혁 이후의 교회: 소명으로서의 성
종교개혁기를 거치면서 독신과 동정을 이상화하는 것을 거부하고 결혼 제도를 하나님이 사람들을 위해 제정하신 창조의 제도로 보는 입장이 일어났다. 개혁가 루터는 결혼을 중세 교회와 로마 가톨릭처럼 해체 불가능하고, 하나님의 은혜를 전달하고 구원의 질서를 보여 주는 가시적인 방편이라는 식으로 보지 않고, 하나님이 만드신 창조의 질서에 속하는, 인류를 위해 주신 제도로 보았다.[11] 그러므로 결혼을 인류의 존속과 유지를 위해 기독교인만이 아니라 모든 사람을 위해 주신 보편적 제도로 보았고, 결혼하는 것이 인간을 위해 하나님이 세우신 계획이었음을 다시금 강조했다. 개혁가들은 결혼하지 않는 것은 소명을 거부하고 인간이 행해야 할 의무를 소홀히 하는 일로 간주했다.[12] 칼빈은 성은 하나님이 단순히 생산을 위해 주신 것만이 아니라 두 사람의 사랑을 굳게 해주는 방편인 점도 강조했다. 종교개혁기에는 독신이 결혼보다 영적으로 우월하고 유익이 많다는 주장은 조금씩 힘을 잃었지만, 성의 긍정적인 측면이 적극적으로 가르쳐지는 분위기로 이어지지는 않았다.[13] 그러나 금욕적이라는 고정관념과는 달리 16~17세기 청교도들은 결혼생활의 기쁨을 평가절하하지 않았다. 청교도 목사들은 부부 사랑과 성의 아름다움, 애정, 기쁨에 대해 설교하는 빈도수가 많았다. 중세 로마 가톨릭교회가 여인을 정욕에 사로잡히게 하는 올가미로 본 것과는 대조적으로, 청교도들은 여인을 하나님이 만드신 남자의 동반자로 보면서 여인이 없으면 남자들은 온전한 삶을 살 수 없게 된다고 보았다.[14] 청교도들은 결혼과 성을 낭만적인 관점에서 가르치려고 하지는 않았다. 오히려 그들은 사랑에 빠져 결혼하는 것이 아니라 결혼했기에 사랑하는 삶을 살아야 한다고 이해했고, 그렇게 노력했다.[15] 즉 청교도들은 배우자를 하나님 앞에서 함께 돕는 동반자로 간주하고 성도 그 동반자 됨을 굳건하게 하는 것으로 이해했다.

(4) 현대 교회

1967년 교황 바오로 6세의 사제 독신 제도에 대한 칙령을 보면 로마 가톨릭교회는 여전히 성직자에게 독신과 동정을 요구하고 있다. 그러나 그것을 지지하고 정당화하는 신학적 이유는 중세와는 다르다. 이에 따르면 독신을 택하는 이유는 그것이 가족 부양과 같은 이 땅의 일에 얽매이지 않고 하나님의 일에만 집중하고 그리스도에 대해 최상급의 사랑을 쏟으며 사는 데 훨씬 좋고, 결국 영혼에 양선을 가져오기 때문이다. 그렇지만 이 명시적 진술 밑에는 성과 영성의 관계를 적극적으로 옹호하지 않는 견해가 깔려 있다고 할 수 있다.

개신교회는 원론적으로 독신의 장점에 동의하지만, 그것을 성직자에게 의무화하는 것에는 동의하지 않는다. 성경이 그것을 명령하고 있지도 않을 뿐 아니라, 결혼생활과 건강한 성의 향유가 성직자의 영성과 목회 사역에 큰 힘이 된다고 보기 때문이다. 그리고 현실적으로 목회자의 독신 생활은 오히려 성적 욕망을 제어하고 또 유혹을 잠재우는 데 많은 신경을 써야 하기 때문이다. 그런데 1960년대에 서구 사회에서 성혁명이라 불리는 개방적 성 문화가 확산되면서 성은 성인들의 동의와 자율적 결정에 따른 선택 사항이 되었고, 성을 결혼과 도덕에 연관시키지 않는 풍조가 확산되면서 교회도 이 문화에 점점 영향을 받게 되었다. 1960년대 이후 신학계에도 '신 도덕'(New Morality)의 윤리는 성 윤리에서도 개방적 입장을 낳게 했다. 신 도덕은 만약 두 사람이 처한 상황에서 서로의 사랑을 표현하고 증진시키는 방편으로 성을 생각한다면 그것은 그리스도인이 책임 있게 선택할 수 있다고 보았다.[16] 결혼이라는 맥락을 떠나서도 합의한 성인 남녀 사이에서 성행위는 문제시되지 않기 시작했다. 이것은 성을 부부의 하나 됨을 위한 방편으로 생각하는 것과 궤를 달리한다. 서로를 위로하고, 친밀감을 배태하고, 삶의 위안과 기쁨을 얻게 되는 것을 중시한다. 성에 대한 이러한 이해는 성과 영성을 분리시켜 이해하는 분위기와 현상으로 간주할 수 있다.[17] 현대 교회에서 영성과 성을 분리하는 흐름은 이제는 매우 파격적인 성 윤리의 흐름을 낳고 있다. 이런 흐름은 성과 결혼에 대한 분명한 성경의 가르침을 다르게 해석하거나 혹은 소홀히 대하는 기독교인들과 목회자들 가운데서 흐르고 있다.

3. 성경이 말하는 성과 영성

교회사적으로 성에 대한 인식은 결혼과 도덕적인 삶과 관련하여 긍정적으로 이해한 흐름과 성, 여자, 몸을 열등한 것 혹은 부정적인 것으로 보고 성과 영성을 이원론적으로 이해한 흐름이 나란히 있어 왔다. 로마 가톨릭교회의 영적 엘리트주의와 관련된 사제 독신주의의 흐름[18] 안에는 후자의 요소가 어느 정도 합류되어 있다고 할 수 있고, 개신교회에서는 일반적으로 전자의 흐름이 강했지만 현대에 들어와서는 조금씩 다른 양상을 보이고 있다.

그렇지만 성경은 첫 페이지에서부터 인간의 성을 결혼과 관련하여 긍정적으로 묘사한다. 남자가 독처하는 것이 좋지 못함에 대한 해결책으로 하나님이 여자를 창조하여 아담에게 이끌어 왔다. 동물에 대한 태도와 너무나 다르게 아담은 즉각적으로 여자에게 다가갔고 한 몸을 이루었다(창 2:23-24). 창세기는 남녀의 성은 각각 하나님의 형상에 따라 만들어진 것으로 말한다(창 1:27). 성적 존재로 다르게 창조되었다는 것은 사람들이 각각 다른 남성과 여성으로 세상과 관계하며 살아가는 자로 만들어진 것으로서, 실제로 남성이 세상과 사물을 보고 느끼고 관계하는 방식은 여성과 차이가 있다. 혼자 사는 것이 좋지 못하므로 다른 성을 가진 여자를 창조하신 것은 두 다른 성적 존재가 온전함을 이루기 위해

서로 하나가 되며 살도록 하나님이 의도한 목적 때문이다.
바르트는 인간의 성이 하나님의 형상에 근거하고 있다는 것을
창세기의 창조 기사의 해석을 통해 강조한다. 그는 "하나님의
형상을 따라" 창조된 사람이 남성과 여성으로 창조되었다는 것은
바로 성으로 남자와 여자가 관계를 맺으며 살아가도록 의도된
것으로 이해했다.[19] 넬슨은 삼위 하나님이 연합되어 관계하며
존재하는 것처럼 그 형상에 따라 각각 성을 가지고 창조된 사람은
서로 연합하기를 갈망하여 상호 강건하게 하는 관계에 참여하는
능력을 갖고 있으며, 또 그에 따른 삶을 살아가게 되는 것이라고
해석한다.[20]

창조기사는 하나님의 형상을 따른 남녀의 성과 성적 관계를 아주
아름답게 그리고 있다. "두 사람이 벌거벗었으나 부끄러워하지
아니했다"(창 2:25)라는 표현은 남녀가 함께 벌거벗고 서로의 육체를
노출하며 지내고 몸으로 상호 관계하며 사는 것을 아름다운
것으로 묘사한다. 그것은 피조된 자연 세계의 아름다움과 같이
하나님이 직접 빚어 만든 육체와 육체의 관계함의 아름다움,
즉 에로스의 아름다움이다. 그때에는 벌거벗었으나 부끄러움이
없었고 성애는 거리낌이 없었다.[21] 포스터는 이것을 타락 이전에
수치심이 없는 에로티시즘이 존재했음을 보여 주는 증거로
해석하면서 타락이 에로스를 만들어 낸 것이 아니고 에로스를
왜곡시킨 것이라고 주장한다.

성경은 영과 육, 영적인 것과 육적인 것을 나누어 우월과 열등, 선과 악의 관계로 이해해 온 고대 헬라 철학과는 달리 처음부터 인간을 몸과 영이 통합되어 있는 전인으로 가르치고 있다. 그렇기에 성(sex)은 영성(spirituality)과 분리될 수 없고, "영성을 이루는 데 없어서는 안 될 요긴한 한 부분"이라고 이해할 수 있다.[22] 신학자 마르바 던에 따르면, "인간은 영과 육이 아주 긴밀히 연결되어 짜인 피조물이다. 사람이 육체로 하는 것은 자신의 마음, 생각, 감정, 그리고 자기 자신의 현재를 말하는 내면의 가장 핵심 부분인 영혼과 불가결하게 관련된다".[23] 그렇다면 성적인 것과 영적인 것을 이원론적으로 나누는 것은 성경적이 아니다. 이것은 많은 학자들이 지적하듯이 고대 헬라 그리스 철학과 문화의 영향과 이의 영향을 받은 초대 교회 유력한 교부들의 가르침의 영향이 지대했기 때문이다.[25]

성적으로 창조된 인간의 진정한 인간됨은 분리된 상태가 아니라 관계를 맺고 사는 모습에서 발견되는 것이고 또 이것이 하나님이 본래 의도하신 것이다. 인간의 성관계는 상대를 육체적으로 영적으로 포용하기 위해 우리를 타자에게 내어주는 것이고 그것을 통해 신비하게 하나 됨을 경험하게 되는 것이다. 이렇게 성적으로 충족함을 누리게 되는 것은 두 사람이 서로에게 자신을 완전히 내어주는 관계에서 일어나는 친밀감과 탈아적(脫我的) 강건함이다. 이런 기능을 하는 성의 신비를 누리는 것은 영성을 고양하는 데에도 기여한다. 왜냐하면 하나님의 영에 자신을 온전히 내어주고 그 영으로 자신이 온전히 젖어드는 것이 영성이기 때문이다.²⁶ 이와 유사하게 성적인 연합도 두 사람이 온전히 하나가 될 때 신비하고 탈아적인 기쁨을 맛보게 된다. 이를 통해 성적인 연합은 그리스도와의 연합으로 말미암는 신령한 친밀감과 희열의 크기와 깊이를 어느 정도 유추할 수 있게 하는 기능을 하는 것이다.²⁷ 그러므로 목회자들도 자신이 성적 존재로 창조된 것을 인정하고 성을 긍정적으로 누리며 살아가야 한다.

그러나 이를 오용하거나 이에 과도하게 집착한다면 이는 그리스도와의 연합을 오히려 방해하고, 큰 죄에 빠지게 될 수 있다는 점에서 성은 유리잔과 같이 조심히 다루어야 하는 것이기도 하다. 특히 목회자들이 성적인 죄를 범할 경우 주위에 엄청난 파장을 일으키며, 그 결과는 단순히 목회자 자신과 상대방을 넘어 교회라는 하나님의 공동체에 씻을 수 없는 상처를 입혀 교회 공동체를 와해시킬 수 있다. 이 점에서 목회자의 성적 탈선은 너무나 큰 희생을 초래하는 불행한 일이 아닐 수 없다.

4. 목회자의 성적 탈선의 유형과 원인

(1) 성적 탈선의 유형

목회자의 성적 탈선의 구체적 유형을 구쉬(David Gushee) 교수는 크게 몇 가지로 소개한다. 미성년자 성추행, 강압적인 성적 접촉, 성적 반응을 요구하는 의도로 부적절한 성적 언어를 사용하여 집적거리는 성희롱, 키스, 신체 전체가 맞닿는 포옹, 머리를 만지는 것, 예민한 부분을 부딪치는 부적절한 육체적 접촉, 교인과의 성관계, 그리고 바깥 직업여성을 찾아가는 것 등이다.
그렌츠와 벨은 탈선 행동이 아닌 성적 비행을 저지르는 사람의 유형을 분석했는데, 세 유형으로 나누어 설명한다. 첫째는 약탈자(predator)형이다.[28] 이는 자신의 욕망을 채우기 위해 기회를 찾고 만들어 이성 신자들에게 성적으로 힘을 행사하는 포식자의 유형이다. 의도적으로 대상을 겨냥해서 그 사람에게 접근하여 관심을 갖고 돌봐주는 척하면서 권력과 지위를 이용하여 대상자를 흔들어서 결국 자신의 의도대로 만드는 것이다. 이는 전형적인 권력을 악용한 범죄라고 할 수 있다. 성경에서 예를 들어 말한다면, 밧세바를 범한 다윗과 이복 여동생에게 성폭력을 행사한 암논이 이 유형에 해당한다고 할 수 있을 것이다.
둘째는 배회자(wanderer)형이다.[29] 이것은 주로 목회에 성과가 별로 없고 충족감이 결여된 목회자에게서 종종 나타난다. 뭔가 결여된 상태에 있는 목회자들은 감정적으로 쉽게 흔들리고 자신의 빈 부분을 채우고 싶어 한다. 목사는 영적 도움이 필요해 자신을 자주 찾는 사람들과의 관계를 통해 이 부분을 채우려는 유혹을 받게 되는데, 목회자와 교인이 서로를 연민하게 될 때 어느 순간에 감정이 고조되면 성적 일탈로 이어질 수 있다. 통제력이 약한 목사는 그냥 자신을 내버려 둠으로 넘어서는 안 될 선을 넘는 것이다. 이후 시간이 지나 감정이 식어 버리게 되면 두 사람 모두 이 일을 크게 후회하게 되고 그 관계를 그냥 끝내 버리게 된다. 목사가 이런 일을 겪게 되면, 이 사건 이후부터는 목회자로서의 자신감이 더 떨어지게 마련이다.

셋째는 연인(lover)형이다.[30] 자신이 돌보는 교인과 사랑의 감정에 빠지는 것이다. 이것은 목회자와 돌보아야 할 대상의 관계를 와해시켜 버리고 자기가 돌보는 목양 대상인 교인의 위치로 내려가는 것이다. 그리고 단순히 사랑하는 연인 관계가 되어 다른 교회적 상황은 고려하지 않고 본인들의 관계에만 충실하는 것이다. 그래서 결국 넘어서는 안 될 금지된 영역까지 넘어 성적으로 탈선하게 된다.

이 세 유형에서 가장 대중적이며, 큰 피해를 입히는 유형은 바로 첫째 유형인 약탈자 유형이다. 이와 유사한 예는 한국 교회 안에서도 심심치 않게 찾아 볼 수 있다. 최근에도 서울의 한 대형 교회에서 담임 목회자가 다수의 여자 청년들을 성추행했다는 증거가 드러나 교회를 사임한 일이 있었다. 그는 사역을 마친 후에 여자 청년들을 자신의 방으로 오게 하여 다리나 어깨를 주무르도록 했다고 한다. 그런 후 목사라는 직위를 이용하여 상대방을 추행하고 이를 거룩한 일인 양 포장했다고 한다. 이 일로 피해를 입은 여자 청년들은 누구에게도 말할 수 없었으며, 행여 말을 해도 주위에서 담임 목사님을 음해하기 위한 불손한 행동이라고 매도당했다고 한다. 이러한 경우는 목사의 권위와 성도의 신뢰라는 관계를 악용한 것이다. 하지만 나머지 두 유형도 실질적으로 목회자의 권위와 신뢰라는 바탕 위에서 이루어진다는 점에서 이 두 요소는 성적 탈선의 핵심 구성 요인이라 할 수 있다.

(2) **성적 탈선의 원인**

목회자가 성적으로 타락하게 되는 데에는 복합적인 요인이 있는데 크게 개인적 요인과 구조적 요인을 들 수 있다. 개인적인 차원에서는 목회자가 개인의 결혼생활과 가정사에서 성적 욕구가 현저히 무시되거나 제대로 채워지지 않을 때, 또는 아내로부터 무시를 당하거나 존중받지 못할 경우 다른 데에서 채우고자 하는 심리가 발생하여 이것이 종종 탈선으로 이르곤 한다. 그러나 이것 외에 각각의 목회자에 따라 다양한 개인적 사정과 원인이 있게 마련이다. 그래서 개인적 요인을 일반화시켜 다루기는 쉽지 않다. 그것에 비해 구조적 원인은 비교적 몇 가지로 정리될 수 있다.

우선 탈선 유발 요인을 많이 안고 있는 교회 사역의 구조를 들 수 있다. 목회자들은 신자들과 다양한 형태로 대화하고 만나고 상담하면서 친밀감을 유지하며 사역해야 한다. 교회 구성상 목사는 남성이 압도적이고 교인은 여성들이 많기 때문에 목사는 이성 신자들과의 관계에서 성적 유혹에 넘어갈 개연성을 많이 안고 있다.[31] 특히 한국 교회와 같이 목회자의 90퍼센트 이상이 남자이고 신자의 다수가 여성인 현실에서는 더욱 그러하다. 목사들은 다른 직업을 가진 사람들에 비해 스트레스가 높다. 생활이 불규칙하며, 주간 내내 일과 각종 모임에 참석하고, 다양한 처지의 성도들을 만나 고민을 듣고 도움을 주는 일을 해야 하는 목회의 성격 때문에 제대로 편히 쉬지 못할 뿐만 아니라 일종의 해결사 강박감을 갖고 지내게 된다. 그런 가운데 정작 목회자는 육체적으로 영적으로 지치고 탈진하게 될 수 있다. 이런 것이 감당하기 힘들 정도에 이르면, 성적 일탈의 길로 미끄러지곤 한다. 감정적으로 위로를 받으려는 의도도 있지만, 한편으로 자해적인 의도로 이런 일을 통해 목회 현장을 떠나려 하는 목사도 더러 있다.[32] 사람들의 눈을 의식하기에 쉼과 레저를 위해 자유롭게 갈 곳이 많지 않은 목회자들은 스트레스를 받으면 서재나 집무실로 들어가 컴퓨터를 클릭함으로 긴장을 해소하는 경우가 많다. 자연히 인터넷 음란물과 포르노물에 접속하는 빈도가 높고 음란물 중독에 빠지기 쉬운 것도 이런 이유 때문이다. 더욱이 목사는 누구로부터 정기적으로 지도나 감찰을 받지 않기 때문에 유혹을 받기도 쉽고 유혹을 받을 경우 그것에 대항하는 것이 쉽지 않다.

5. 목회자의 성적 탈선은 '신뢰의 배신'

일반적으로 간음 사건이 일어나면, 피해자는 큰 고통을 겪게 되는데 그것은 이때까지 두 사람 사이에 있었던 신뢰가 깨진 배신감이 크기 때문이다.[33] 목회자의 성적 탈선도 교회와 교인에게 이와 유사한 고통을 안겨 준다. 그것은 교회가 목회자에게 기대하고 부여했던 신뢰를 목회자가 깨어 버린 것이기 때문이다. 헷지스구들은 목회를 기본적으로 신뢰 관계에서 구축되는 것이라고 하면서, 교인들은 자신을 영적으로 돌보는 일을 맡은 목사를 신뢰하며 관계를 맺고, 목사는 그 신뢰의 터 위에서 교인들을 돌보며 사역한다고 말한다.[34] 윤리학자 레박 교수에 따르면 전문가들은 도덕적 의무를 행하는 것도 중요하지만, 고객들에게 믿을 수 있는 사람이라는 '신뢰감'을 주는 것이 더 중요하다고 말한다.[35] 목회자의 성적 탈선은 이런 신뢰를 송두리째 저버리는 것이기에 그렌츠는 이를 '신뢰의 배신'(Betrayal of Trust)으로 칭한 바 있다. 이 탈선은 다름 아니라 권력을 남용한 것인데, 그는 이를 목사, 목사직에 위임된 권력에 대한 신뢰를 깨뜨린 것으로 이해한다.

일반적으로 성추행 문제를 연구한 학자들은 거의가 이것이 권력 남용의 성격이 강하다고 말한다. 성의 형태를 통해 권력을 행사하는 것이다. 이것은 성직자의 성추행 사건이나 탈선의 성격도 예외가 아닌데, 호주의 가톨릭 사제로서 사제들의 성추행 사건을 9년 동안 조사한 사제 로빈슨은 동일하게 이것을 권력적 범죄로 규정한다.[37] 미국 베일러 대학의 가랜드 교수 팀이 2009년 조사 분석을 마친 뒤 내린 결론도 목사의 성적 탈선은 정욕에 의한 사건이라기보다 권력을 악용한 사건의 성격이 훨씬 강하다고 분석한 바 있다.[38]

목회자들은 일종의 영적 권력을 소유한 전문직에 속하는 이들이다. 목사가 신자와의 관계에서 지니는 힘과 영향은 의사나 법조인과 같은 전문가와 환자나 의뢰인과의 관계에서와 비슷하다고 할 수 있다. 사람들이 이들 전문인들에게 찾아와 도움을 구할 때는 전문가들의 판단과 처방과 권고를 따르고자 하는 것이다. 사람들은 전문가들에게 힘과 권력을 자원하여 부여하고, 전문가들은 그것을 행사하는 자리에 있다.[39] 목사도 영적인 것을 가르치고 제공하는 전문가이기에 그 직분에 내재되어 있는 권위와 권력을 갖는다. 교인들은 목사님의 말씀대로 하면 해결되고 복 받을 것이라는 믿음 내지 바람을 갖고 있기 때문이다.

특히 교인들이 힘든 위기의 상황에 있으면 더욱더 목회자를 의지하려 하고 그의 말을 듣고 따르게 된다. 이런 점에서 사람의 영생, 구원의 문제를 다루는 영적 직분에서 나오는 권위는 모든 권력 가운데 가장 강력할 수 있다.[40] 이런 목회자와 신자의 관계의 역학을 이해한다면 목사의 요구와 말을 신자는 거스르기가 쉽지 않다. 많은 경우 목회자를 신뢰하기에 그들의 부탁을 거절하지 못하기도 하지만, 목사가 권력을 가진 자이기 때문에 순응하게 된다는 것이다.

목사의 부적절한 성적 언행 또한 권력에 의한 성적 폭력의 성격을 지닌다. 성경에도 이런 유형이 나온다. 다윗이 밧세바를 데려와 범한 것도 왕이 지닌 권력을 행사한 일종의 권력형 폭력이었다고 할 수 있다. 영적이며 정치적인 권력을 이용해 자신의 성적 욕망을 채운 것이다. 다윗의 아들 암논이 이복동생 다말을 강간한 것도 이와 유사하다. 다말은 왕위를 곧 이어받을 서열에 있는 암논의 요구에 끝까지 거역할 수 없었으며, 결국 철저히 약자였던 다말은 암논의 권력에 성적으로 희생당한다.

오늘날 목회 현장에서 종종 발생하는 탈선 유형은 깊이 상처받은 교인을 돌보고 챙겨 주는 과정에서 연민의 감정이 발전하여 생기는 탈선이다. 이것은 권력을 남용하고 악용한 성적 탈선이 아니라고 생각하기가 쉽다. 그러나 이 문제에 관한 전문가인 쿠퍼화이트 교수는 이것도 두 사람 사이의 밀애나 우발적 간통이

아니라, 목사가 교인에 대해 철저하게 권력으로 폭력을 가한 것으로 해석한다.[41]

예를 들어 상처가 많은 여자 집사가 자신이 신뢰하는 목사에게 찾아와 상처를 내어 놓고 도움을 구하는 경우 목사님의 지도를 통해 상처가 치유되기를 기대하게 된다. 교인은 존경하고 신뢰하는 목사에게 더 가까이 가고 의지하는 가운데, 만약 목사가 자신을 연민하고 따뜻하게 안내하고 자신의 변화에 기뻐하는 모습을 보이게 될 때, 여신도는 이런 상황을 때로 부적절한 감정으로 착각하는 경우가 생길 수 있다. 목사가 자신의 곁에서 벗어나지 않길 바라는 마음에 교인이 목사에게 성적인 접촉을 시도할 수 있다는 것이다.

또한 교인이 자기가 존경하는 목사가 영적으로나 정서적으로 좀더 가까이에서 자신을 돌봐 주기를 원하는 의도로 성적인 접촉을 시도할 수 있다고 생각해 보자. 이 경우 목사가 그녀의 마음을 알고 동정하여 그것에 호응한다면 과연 이 경우도 목사가 권력을 행사한 것으로 볼 수 있을까 하는 의문이 생길 수 있다. 목사가 신도에 대해 친밀한 감정을 느껴 목사가 지켜야 할 경계를 허문다면 목사의 잘못이다. 서로 감정이 공유하여 결국 성관계에 이르게 되었다고 하더라도, 그것은 목사가 지닌 힘을 통해 상대를 자기에게 종속시키고 통제력을 행사하는 일로 보아야 한다. 더 나아가 목사들은 이미 자신과 교인 사이에 놓여 있는 권력의 격차를 알고 있다. 그러므로 상대 교인이 자신에게 성적으로나 정서적으로 다가올 때, 상대를 봉사하는 종속적 위치에 있는 자로 생각하고 자신이 지닌 권력을 악의적으로 이용하여 상대를 조종하려고 한다는 것이다. 목사의 이와 같은 성적 탈선은 상대의 몸과 마음을 자기 뜻대로 만지고 통제하려는 힘을 행사하여 만족을 얻으려는 권력 욕구와 무관하지 않다. 그러기에 이것은 단순히 성적인 쾌락만이 아니라 권력 행사를 통해 얻는 즐거움을 추구하는 것과 연관되어 있다.[42]
어쨌든 목회자의 성적 탈선은 분명히 성직에 주어진 권위와 권력, 즉 신자들을 하나님의 말씀으로 먹이고 돌보는 일을 위해 쓰일 것이라는 영적인 권력에 대한 성도의 신뢰를 배신한 것이라고 할 수 있다. 그 결과 목회자 자신과 상대방, 더 나아가 교회와 사회에 지대한 악영향을 미친다.

6. 목회자의 성적 탈선이 낳는 결과

(1) 목회자
목사가 성적으로 넘어졌을 때 어떤 유형의 탈선이냐에 따라 정도의 차이는 있겠으나 목사의 성직자로서의 삶에 치명적인 결과를 가져오게 된다. 일반적으로 재정 사고, 거짓 학위 등의 것은 덮어 주거나 가벼운 경고 형태로 넘어가는 경우가 있으나 성적 탈선이 명백히 드러나면 목사는 성직자로서의 품격과 도덕성이 엄청나게 손상되고 존경심을 잃어버리게 된다. 왜냐하면 그가 이때까지 설교하고 권고해 왔던 것을 부인한 것이 되어 버리기 때문이다. 그래서 더 이상 영적인 권위와 신뢰를 받는 목회를 하는 것이 거의 불가능하다.[43] 그 이후의 목회는 특별한 경우가 아니면 험난할 수밖에 없으며, 실제 사례를 보더라도 이런 일이 발생하고 난 뒤 적법한 치리와 해벌의 과정을 겪어 다시 목회할 수 있다 하더라도 이전처럼 목회할 수 있는 경우는 극히 드물다. 깨어진 신뢰는 재기할 수 있게 할 만큼의 동력을 제공해 주지 못하기 때문이다.

(2) 상대자

상대자가 받게 되는 상처도 치유하기가 쉽지 않을 정도로 크다. 먼저 목사가 권력을 이용하여 여직원이나 신도에게 저항하거나 거절할 수 없게 하여 성적인 폭력을 행사해 온 경우라면, 피해자가 받는 상처는 매우 깊다. 피해자는 수치심, 죄의식, 무력감, 분노 등으로 영적으로나 정서적으로 심한 내상을 입게 된다. 외적으로는 어쨌든 자기 교회 목사와 성적으로 연루되어 문제를 일으킨 당사자라는 낙인과 교인들의 따가운 시선은 감당하기 어려운 일이다. 그래서 대개 그 상대자는 교회를 떠나게 되고,

심지어 신앙을 버리는 일도 일어난다.

십계명과 모세의 율법에는 간음하지 말라고 명령하면서, 간음하는 자는 돌로 쳐 죽임을 당하거나, 불로 태워 죽임을 당하는 처벌을 받도록 규정했다. 이렇게까지 극형을 명령하고 있는 것은, 언약 백성끼리 서로의 가정을 지켜 주어야 할 책임이 있는데 간음은 이 책임을 유기하고 오히려 이웃의 가정을 파괴하는 일을 하는 것이기 때문이다. 칼빈은 십계명을 해석하면서 제7계명은 바로 이웃의 가정을 보호하고 존중히 여기라는 의미라고 했다. 그러므로 성적 탈선은 상대방이나 피해자의 가정에 회복하기 쉽지 않는 피해를 입히는 것이다.

(3) 교회

해당 교회의 많은 성도들도 예외가 아니다. 교인들은 상처를 받게 되고 동요하기 마련이다. 영적 지도자에 대한 기대가 깨지면서, 실망과 당혹스러움, 그리고 심한 배신감으로 신자들의 영혼은 크게 상처를 받는다. 영적 지도자에 대한 신뢰와 존경의 마음이 식게 되고, 특히 신앙이 약한 자들은 이런 일로 교회에 등을 돌리게 될 수도 있다.

(4) 이웃과 사회

이와 함께 지역사회에서의 교회의 이미지와 대사회적인 이미지도 엄청나게 실추된다. 그래서 교회의 복음 사역은 생각보다 큰 스캔들 즉 걸림돌에 걸려 막히게 되거나 실족하게 된다. 사람들은 종교 지도자들인 목사들의 성적 비행과 탈선을 그렇게 너그럽게 봐주지 않는다. 성직자를 자기 자신도 통제하지 못하면서 많은 회중들에게 설교를 일삼는 이중인격자 내지 위선자로 보게 되고, 그들의 설교만이 아니라 그들이 전하는 기독교 신앙도 삶을 변화시키지 못하는 무능력한 종교적 가르침으로 치부하고 냉소하게 된다. 이들은 기독교와 교회에 별 기대를 하지 않게 된다. 기독교에 약간 비판적이고 냉소적인 시각을 가진 사람들은 이런 일을 통해서 더욱 기독교를 폄하하고 비판할 수 있는 큰 호재로 삼아 떠들 것이다. 이런 점에서 목사의 추행은 기독교 복음 사역에 치명적인 걸림돌로 작용한다.

7. 성적 탈선 예방을 위한 경고 체계와 지원 체계

목회자의 성적 탈선 문제는 이미 상당히 보편적으로 발생하고 있다는 것이 조사로 드러난 이상 자신도 이런 악을 범할 수 있음을 무시하거나 부인해서는 안 된다. 실제로 목회자들은 교회 안팎에서 상담과 중보기도, 영적 조언, 경조사 참여 등과 같은 친밀성의 구조 가운데서 사역하기 때문에 성적 유혹을 받을 구조적 요인들 가운데 놓여 있다. 그러기에 이런 요인들을 줄이고 제거하기 위해 각별히 애써야 한다. 트룰(Trull) 교수는 이 문제 예방에 있어 가장 중요한 출발점은 엄연한 현실을 인정하는 것이라고 하면서, 그 사실 인정에 기초해서 예방 대책을 세워야 함을 강조한다.[44] 가장 근본적인 대책을 세 유형으로 나누어 살펴보자.

(1) 정직한 자기 인식과 성직자로서의 자아 정체감 재확인

목사들은 자신도 다른 사람들처럼 성적인 유혹에 언제나 넘어갈 수 있다는 인식을 통해 자신에 대해 자만하지 않는 태도로 각성해야 한다. 목사들은 대부분 남자보다 여자 성도들과 접하는 경우가 많기 때문에 성적인 유혹에 더욱 자주 노출되며, 탈선하기 쉬운 구조에 놓여 있다. 하나님의 말씀을 강단에서 대언하고, 사무실에서는 부드럽게 상담하는 목사의 모습은 카리스마 있으면서도 온화하게 보인다. 이런 모습은 여자 성도들에게 존경의 대상이고 매력적으로 보인다. 이런저런 만남의 빈도가 높아지다 보면 감정적 애착과 친밀함의 관계로 발전하게 될 수 있다는 것이다.

목회자는 이성 교인과 여러 차례 상담이나 대화를 통해 만날 때,

행여 성적인 느낌이 들거나 감정이 흐르게 됨을 느끼면 즉시 이 현상을 정직히 인식하고 이에 방어해야 한다. 목회자는 상담이나 사역을 함께하게 될 때, 교인이 목회자에게 보내는 친밀한 감정 즉 감정적 전이(transference)를 감지하게 된다. 그러나 그것을 인지할 때 목회자는 근신하고 감정적으로 절제해야 한다. 또한 목회자는 교인이 느낄 수 있을 정도의 대응을 즉 감정적 역전이(countertransference)를 하지 않도록 조심해야 한다.[45]
목사는 신자와의 관계에서 넘지 말아야 할 영역 경계가 있음을 알고 그런 감정의 전이를 느낄 때 경성하고 조심해야 한다. 그러나 적지 않은 목사가 이에 대해 스스로를 방임함으로써 감정의 역전이를 일으켜 상대로 하여금 오판하게 하여, 목사에게 영적으로만이 아니라 인간적으로 가까이하고 싶어 하는 마음을 키우게 할 수 있다. 때로는 목회자가 자신의 영적 권력을 즐기기 위해 또는 성적으로도 어느 정도 즐기기 위해 신자의 감정적 전이를 이용하는 경우가 있다. 목회자는 그런 상황에 처하면 정직하게 직시하고 즉시 감정의 전이에 제동을 걸어야 한다. 감정의 변화를 감지할 때, 목회자는 무엇보다도 자기가 하나님의 종으로서 거룩한 직분을 수종드는 자라는 정체감을 분명히 해야 한다. 조용훈 교수는 이것을 가장 우선적인 예방책으로 강조한다.[46] 목회자도 법조인들이나 의료인들처럼 장기간의 교육을 통해 전문 지식을 습득하고 오랜 연수를 거쳐 비로소 직분을 인허받고 권위를 부여받는 자라는 점에서 전문 직업인이라 할 수 있다는 것이다. 그러나 목사는 그들과는 달리 영적인 것을 가르치고 다루는 성직자이다. 그러므로 다른 전문직보다도 더 자신의 독특한 신분 의식을 확고히 해야 한다는 것이다.

목회 사역은 일반 전문직보다는 훨씬 높은 도덕적 정결함과 영적 지식과 능력이 필요하기 때문에, 만약 성적 부정함에 자신을 방임하여 이것을 잃어버리면 목회 사역을 제대로 할 수 없음을 명심해야 한다. 이 사역을 위해 목회자는 최소한 비난받지 않는 도덕적인 수준을 유지하지 않으면 안 된다. 예수님은 제자들에게 그들의 의가 바리새인이나 율법학자보다 나아야 함을 가르친 바가 있기 때문이다(마 5:20). 목회자들은 감정이 극단적으로 요동치고 역전이되는 순간에 이르게 될 때, 만약 자신이 성적으로 탈선하면 성직을 감당할 자격이 없다는 것을 명심해야 한다.[47] 극단적으로 성적으로 부정한 짓을 하게 되면 더 이상 목사로서 사역하지 못하고 성직자로서의 삶은 끝이라는 의식으로 자신을 방어해야 한다.

(2) 성적 탈선 위험 징후 측정 체계 마련하기

목회 현장에서 교인과의 관계에서 감정의 끌림이 종종 일어나고 그에 따라 친밀해지게 되면 목회에 활기가 생길 수 있지만 한편으로는 이를 조심해야 한다. 윤리학자 레박은 친밀성이 자칫 성적 유혹을 일으킬 수 있기 때문에 그 위험을 감지하고 경고해 줄 수 있는 체계를 마련하는 것이 아주 긴요하다고 강조한다. 이것이 마련되면 목사들은 받아들일 수 있는 친밀성의 한계 안에서 교인과의 친밀함을 유지하며 사역을 해나가는 데 큰 도움을 받을 수 있을 것이다. 레박은 많은 목사들의 실제적 경험들을 심층적으로 분석해 몇 가지 중요한 측정 기준과 경고의 사인(warning signs)을 제시한다.[48]

첫째는, 일반적 수용 여부(test of publicity)이다. 목사가 신자와 가벼운 등 두드림이나 악수나 신체 접촉을 하게 되는 경우가 있는데, 이것은 일반 교인이 보아도 어색하지 않을 정도이어야 한다. 물론 목사의 아내가 보아도 별로 문제가 되지 않을 정도여야 할 것이다. 그러나 교인들이 목사의 신체 접촉을 약간 불편하거나 어색하게 생각하면 이것은 경고의 사인으로 보아야 한다. 그런데 상당수의 성적 문제를 일으키는 목사들은 교인들의 '생각'보다도 자신이 적절하다는 '느낌'을 중시하고 그 느낌에 따라 신자에게 친밀감의 행동을 하는 경우가 많다. 이것은 아주 위험한 것이다.

둘째는, 성적 흥분이 일어나는 것이다. 교인과 접촉하거나 대화하게 될 때 성적인 흥분이 일어나게 되면 그것은 위험의 징후와 경고의 신호로 파악해야 한다. 특별히 발기의 기운을 느끼게 된다면 그것은 매우 심각한 경고의 신호로 생각하고 근신해야 한다.

셋째는, 교인을 친구나 목양자가 아니라 성적인 관계를 맺고 싶은

상대로 공상(fantasy)을 하게 된다면 바로 그것은 위험의 징후를
알리는 경고의 사인임을 알아야 한다.

넷째는, 목회자가 그 교인과 대화할 때 교인의 관심과 문제에
집중하는 것이 아니라 자기의 관심 문제나 감정적인 것에
집중하거나 교인과 자기 사이의 문제에 관해 대화하면서 친밀함을
나누는 데 집중한다면 경고의 사인으로 보아야 할 것이다.

다섯째는, 목회자가 어떤 특정 이성 교인에게 시간과 관심을 많이
보이고 또 그 교인의 전화나 대화나 방문에 흔쾌히 반응하고
더 친밀감을 표시할 경우 그것은 위험스런 관계로 미끄러질 수
있음을 말해 주는 사인일 수 있다. 그리고 비록 사람 앞에서 하는
포옹이라고 하더라도 이것이 다른 사람에 비해 약간 더 길거나
신체 접촉이 심할 경우도 위험의 징후일 수 있다.

여섯째는, 이성 교인이 목사에게 성적인 뉘앙스가 실린 몸짓이나
눈짓을 보내거나 애정의 감정이 실린 표현을 목사에게 스스럼없이
하게 되면, 또 성적인 주제에 대해 말을 나누게 되는 정도면
그것은 목사와 교인의 관계가 경계를 넘어서는 위험의 징후로
받아들여야 한다.

좀더 구체적으로 몇 가지 언급하면 가볍게 등을 두드리거나, 손을
잡고 손등을 두드리는 것과 같은 신체 접촉도 삼가는 것이 좋다.[49]
특히 독신자들이나 사별자들과의 피부 접촉은 더욱 조심해야
한다. 이와 아울러 "커피는 이○○ 집사가 타야 맛있다" 하는 것과

같은 성 차별적 뉘앙스를 풍길 수 있는 발언이나, 외모를 언급하는 표현들인 "예쁜 김○○ 집사님이 깎으니 사과가 더 맛있네"라는 식의 발언도 별 의도가 없다 하더라도 듣는 사람이 성적 뉘앙스를 전달받거나 때로는 모멸감을 느낄 수 있기 때문에 조심하고 삼가야 한다. 목회자는 바울이 권고한 바 도덕적으로 책망할 것이 없고 절제하며 신중하고 단정함을 유지하도록 더 조심해야 한다(딤전 3:2).

목사들은 이런 것을 인식하고 이성 신자들을 대할 때 자신을 신뢰하지 않고 근신하면서 일절 깨끗함을 유지하기 위해 씨름해야 한다. 여자 성도와 상담을 할 때에 횟수, 상담 장소 등에 대한 분명한 원칙을 세울 필요가 있다. 개인적인 문제를 갖고 상담을 할 때, 특히 그것이 가정사와 배우자와의 문제일 경우 더욱 원칙을 갖고 대해야 한다. 상담하는 횟수에 상한치를 두고 그 이상이 필요하면 전문인에게 넘긴다든지, 그렇지 않다면 만나도 뭔가 밀폐되고 은밀한 곳에서 만나는 것이 아니라, 교회의 오픈된 곳에서 다른 사역자와 대동하여 만난다든지 하는 원칙을 세울 필요가 있다. 이것은 자신을 신뢰하지 않고, 정욕을 피하기 위한 지혜로운 방법이다.

(3) 지원 체계 마련하기

목회자가 성적 단아함을 유지하도록 하려면 이를 지원하는 자원들을 미리 잘 갖추는 것이 좋은 무기가 된다. 가장 우선적인 힘은 건강한 결혼생활을 유지하는 것이다. 결혼은 부부간의 친밀감을 나누고 즐길 수 있는 안전한 울타리로서 즐거움과 강건함을 얻을 수 있는 자원이다. 그리고 배우자와의 친밀함을 고양하면 고양할수록 배우자에게 성적으로 신실성을 유지하려는 책임감이 커지게 된다. 이것은 성적 탈선을 방지해 주는 훌륭한 자원인 셈이다.

둘째는, 신실한 동료들로 구성된 그룹 모임을 정기적으로 갖는 것이다. 서로 마음이 통하고 존경하는 동료들을 보면서 정기적으로 모여 서로 도덕적 깨끗함을 유지하도록 격려하고, 서로 어려운 일을 나누며 견제하고 굳게 세워 나갈 필요가 있다. 아울러 고민들을 듣고 조언해 줄 수 있는 멘토가 있다면 더욱 좋은 지원 자원이 될 것이다.

셋째는, 목사 후보생을 받을 때부터 신학교에서는 심리 검사 및 인성 검사를 정기적으로 실시하여 성적인 문제점이 있는 학생들을 발견하여 상담과 다양한 방식의 치유와 교정을 통해 바른 목회자로서의 자질과 태도를 가질 수 있도록 돕는 지원 체계를 만들 필요가 있다. 이에 더하여 목회자의 성 윤리 의식에 대한 성경적 가르침과 교육을 통해 지도자로서의 바른 자질을 갖추도록 격려하는 체계를 마련해야 하며, 이러한 시스템을 앞으로 어떤 사람이 목사로서 적합한지 판단하는 중요한 근거로 활용하여 적절하지 않은 신학생들과 목회자 후보생들을 거를 수 있는 시스템으로 발전시켜야 할 것이다. 마지막으로 이러한 시스템을 목사 안수 이후에도 추가 교육에 활용하여 지속적인 검증과 치료, 회복 시스템을 마련한다면 교회가 목회자의 성적인 탈선을 예방하는 데 좋은 자원이 될 수 있으리라 생각한다.

8. 성적 탈선 대응책: 정의와 회복

성적 탈선을 예방하면 좋겠지만 일단 탈선 사건이 일어났다고 하면 우선 교회와 관계자들은 이 문제가 사회로 나가 법의 심판 대상이 되지 않도록 교회 안에서 해결하려는 최선의 노력을 기울여야 한다. 그리고 사건을 정의롭게 처리하도록 최선을 다하며, 무엇보다 상처받은 자들이 이 과정을 통해 회복의 길을 갈 수 있도록 도와야 한다.
로빈슨 주교는 호주의 로마 가톨릭교회에서 일어난 사제와 수도사들의 성추행 사건을 9년 동안 조사하는 일에 관여했는데, 교회가 사건을 진실되게 조사하고 규명하기보다는 적당히 처리하여 넘어가려 했다고 신랄하게 비판했다.[50] 개신교회에서도 이런 현상이 나타나고 있다. 목사가 성적인 문제에 연루된 일이 드러난 경우에, 당사자는 대개는 강하게 부인하거나, 부인할 수 없을 정도가 되면 축소하거나 우발적 실수라고 몰아가기가 일쑤다. 교회의 당회 내지 결정권이 있는 기구도 일반적으로 목사의 편을 드는 경우가 다반사다. 교회에 미칠 파장을 축소하기 위한 목적으로 진상을 드러내지 않고 대충 무마하거나 축소해서 처리하려 한다.

앞에서 언급한 바 있는 어느 목사의 경우도 성추행 문제가 붉어지게 되었을 때, 그 교회 중직자들이 당사자들에게 사적으로 찾아가 달래며 이것을 해결하려고 했었지만 그것이 받아들여지지 않게 되자 결국 그 목사는 "하나님 앞에서 범죄한 일이 있어" 스스로 교회를 사임한다고 말하면서 자기 죄가 무엇인지 정확하게 밝히지 않은 채 사임했다. 교회도 정확한 진상은 밝히지도 않은 채 목사의 사임을 받아 처리하고 말았다. 그러나 이런 처리는 성경이 특히 선지자들이 최고의 가치로 강조한 정의를 배신하는 것이다. 치리 기관은 목회자가 지위와 권력을 이용하여 저지른 범죄이기 때문에 이 사건을 공적으로 정당한 절차를 거쳐 처리해야 한다. 적당히 마무리 하는 것은 교회를 위한 것도 목사를 위한 길도 아니다. 순간적인 죄책을 덮기보다는 죄의 실상과 그것의 심각성을 바로 보고 인식하게 하여 죄를 통렬히 회개하게 하고 치유 받을 기회를 갖게 해야 한다. 그것이 진정으로 목사를 돕는 방법이고 이렇게 해야 그런 일의 재발을 방지할 수 있기 때문이다. 그러나 더 중요한 것은 그 사건의 희생자인 피해자 교인에게

정의를 보장하고 시행해야 한다는 것이다. 해당 교회나 상회가
목회자의 목회를 보호하는 방향으로 사건을 처리하려 하는 것은
목사의 성학대나 폭력으로 피해를 본 피해자에게는 또 다른
불공정한 처사로 이중의 고통을 겪게 하는 것이기 때문이다.
교회는 반드시 공정한 절차를 통해서 마땅히 피해자가 사건의
진실을 밝히고, 그에 따라 실제로 재판받을 수 있도록 해주어야
한다.[51] 그래서 피해자에게 지불해야 할 것이 있으면 그에 합당한
것으로 보상하고 그 고통에서 벗어나고 회복될 수 있는 자원을
지원해야 한다.

9. 성적 탈선 관련 교회법 정립과 성 윤리 강령

서구 교회는 지난 30여 년간 이런 사례를 많이 겪으면서 심각성을
인식하고 이미 성 문제에 대한 처벌과 대책에 교단들과 학자들이
많은 노력을 기울여 왔지만, 우리나라에서는 성 문제에 관한
대책과 관심은 거의 미미한 형편이다.
그러므로 성적 탈선에 연류된 목회자, 상대자나 피해자, 그리고
교회 공동체 모두를 위해서는 시급히 윤리 강령과 교회법을
마련하고 정비해야 한다.[52] 대부분의 전문 집단들은 윤리
위원회와 징계 위원회 같은 것이 갖추어져 있어서 문제가 생기면

내부적으로 문제를 해결하고자 한다. 그런데 한국의 기독교계는 수많은 교단이 있지만 교회 헌법에 목사들의 성 문제에 대한 규범이나 성적 탈선 처벌에 관련된 조항을 담은 내용을 헌법이나 특수법으로 마련해 놓고 있는 교단은 거의 없다. 한국에서 가장 규모가 큰 예장(합동) 교단도 마찬가지이다.[53] 목회자의 성 윤리 관련 조항이 교회 헌법에 잘 갖춰져 있어야 이런 문제들이 발생할 때 신속히 조사하고 처리해 치리할 수 있으며, 이를 통해 결국 재활과 회복을 도모할 수 있게 된다. 사실 종교개혁가들은 법적 강제력과 처벌 조항을 통해 악한 자들의 악을 제어하여 공동체의 질서를 유지하고, 범죄자들이 자신의 죄를 깨닫고 그리스도께로 나아가도록 유도하고자 했다. 이들은 또한 법적 강제력과 처벌 조항이 하나님의 백성들이 유혹에 넘어가지 않고 신자다운 삶을 살 수 있도록 하기 위하여 하나님이 그의 백성들에게 주신 것이라고 해석하면서, 교회 공동체에게도 꼭 필요한 것이라고 주장하였다.

한국 교회도 공동체의 거룩 유지와 당사자의 갱생을 도모하기 위해서는 시급히 목회자 윤리 강령을 만들고 아울러 목사들의 성적 탈선에 대해 처벌 조항을 넣은 치리 법규를 신설하거나, 이미 그와 유사한 법이 있으면 실효성이 있도록 좀더 세밀하게 개정하고 보완하는 일에 더 애쓸 필요가 있다.

10. 나가는 말

목회자들은 인간의 성이 하나님의 형상으로 창조된 선한 창조의 일부임을 인식해야 한다. 인간은 다른 사람과 관계 맺으며 사는 존재이고 성은 전인적인 결합이 가능하도록 하나님이 만드신 장치이다. 영혼과 육체, 그리고 영성과 성이 결코 관계없는 것이 아니고 밀접히 관계되어 있고 성적 관계를 풍요롭게 하는 것은 영혼의 강건함과 영성의 고양에도 관계된다. 문제는 성을 왜곡하여 탈선하는 것인데, 목회자들에게 이런 유혹은 구조적으로나 개인적으로 주위에 늘 존재하기 때문에 늘 조심해야 한다. 목회자는 바울이 권고한 바 도덕적으로 책망할 것이 없고 절제하며 신중하고 단정함을 유지하도록 더 조심해야 한다. 자신도 성적으로 실수할 수 있는 존재라는 사실을 깊이 의식하면서 근신해야 한다. 성적 탈선은 자신을 망치는 것일 뿐만 아니라 교회를 무너뜨리고 하나님 나라의 일을 그르치게 하는 것임을 깨닫고 미리 경고 장치를 마련하고 경고의 사인이 올 때마다 피하고 삼가려고 해야 한다. 교회나 교단도 이 문제에 더 관심을 갖되 구체적으로 예방 교육에 더 힘써야 한다. 특히 교단은 위험 인자를 구조적으로 안고 있는 교회에서 사역하는 목회자들이 윤리적인 경계선을 넘어가지 않도록 지원해야 할 것이다.

함께 생각해 보기

1. 교회 역사상 성에 대한 인식은 부정적인 것과 긍정적인 것으로 나뉘어져 왔다. 특히 육을 영보다 열등하게 보는 이원론적 입장을 취할수록 성의 기능에 대해 부정적 내지 소극적이었다. 당신과 당신이 속한 교회는 성에 대해서 위의 흐름 중 어디에 가깝다고 생각하는가? 그리고 성에 대한 성경적인 관점은 무엇이라고 생각하는가?
2. 어떤 것들을 성적 탈선이라고 생각하는가? 특별히 목회자의 성적 탈선이 다른 성도들의 성적 탈선과 다른 이유가 무엇이라고 생각하는가?
3. 목회자가 성적 탈선을 할 경우 이를 가능하게 하거나 더욱 쉽게 만드는 주요 요인들이 있다면 어떤 것들이 있는가?
4. 목회자의 성적 탈선은 단지 성적 욕구의 오용이나 남용의 문제라기보다는 성도와의 신뢰 관계를 이용하고 배신하는 행위이다. 그러므로 피해자는 더 큰 상처를 입게 된다. 그렇다면 피해자인 성도의 상처를 치유할 수 있는 길은 무엇이라고 생각하는가?
5. 목회자의 성적 탈선을 막기 위해 목회자나 성도 편에서 상호 조심해야 할 것이 있다면 무엇이라고 생각하는가?

더 읽을 문헌

1. 김승호, "왜곡된 영성으로서의 목회자의 성적 탈선", 〈신학과 목회〉, 제33집(2010)

2. 하재성, "목회자의 성적 탈선을 예방하기 위한 신학교육의 자원", 〈복음과 상담〉, 제19권(2012)

3. 스탠리 그렌즈, 《성 윤리학》, 남정우 옮김(살림, 2003)

4. Grenz, Stanley and Bell, Roy, *Betrayal of Trust*(Downer Grove, Ill. : InterVarsity Press, 1995)

5. Lebacqz, Karen and Barton, Ronald G. *Sex in the Parish.* (Louisville, Kent: Westminster John Knox Press, 1991)

6장
목회자와 사회 활동

이장형
백석대학교 '기독교 윤리학' 교수

1. 들어가는 말

모든 인간은 사회적 존재이기에 다양한 공동체를 구성하여 문화와 호흡하며 삶을 영위한다. 사회의 구성원으로 살아가는 인간이기에 이에 따른 다양한 윤리적 책무가 발생한다. 목회는 사회적 존재인 인간들의 구체적인 생활에 다양하게 영향을 끼치는 행위이고, 목회자 자신도 사회인이기에 여기에서 파생되는 다양한 사회적 문제에 직면하게 된다. 그들은 흔히 말하는 정치·경제·사회· 문화 전 영역에 걸쳐서 발생하는 문제들에 대응하며, 나아가 다른 구성원들에게 모범을 보이고 방향을 제시해야만 하는 과제에 직면한다.

그런데 종종 목회자는 다양한 직무들 중 사회 활동에 동참하여 자문자답하거나 외부로부터 질문을 받게 된다. 어떤 경우는 외부로부터 목회자가 너무 사회적 활동이 부진하다며 사회의식이 없다고 비판을 받기도 하고, 어떤 경우에는 목회 본연의 소명에 충실하지 않고 지나치게 사회 활동에만 치중한다고 비판을 받기도 한다. 도대체 어느 장단에 춤을 추어야 하는가? 그 판단이 쉽지 않다. 사실 우리 사회에서 목회자의 사회 활동이라고 할 때 그 첫인상의 내막부터 다양하다. 어떤 이는 반정부, 독재 타도를 연상하기도 하고, 구제 사역 등 사회봉사 활동을 기대하기도 하며, 정치·사회 단체에의 참여 등 다양한 면모를 떠올리게 된다.

교회의 배경과 시대적 정황에 따라 목사의 사회 활동 영역은 변화되어 왔으며 각자 치중하는 분야도 다를 수 있다. 이제 성숙한 목회 사역에 진입하기 위해서는 일정한 공감대를 전제로 그 준거를 마련할 필요가 있다. 특히 우리가 살고 있는 시기는 '윤리의 시대'다. 이윤 극대화를 목적으로 삼는 기업들조차도 기업 윤리 측면에서 윤리적으로 인정받기 위해 피나는 노력을 경주할 정도로 윤리 영역은 중요한 경쟁 분야로 부각되었다. 기업 윤리에서 기업의 사회적 책임(Corporate Social Responsibility)을 강조하는 모습을 예로 들 수 있겠다. 이와 마찬가지로 기독교의 목회적·선교적 차원에서도 윤리적 갱신과 개혁은 필수적인 과제로 부각되고 있다. 한국 교회는 윤리적으로 취약한 면이 있고, 다양한 차원에서 이를 극복하기 위한 운동과 논의들이 전개되고 있다. 필자는 이러한 관점에서 목회자의 바람직한 사회 활동이 어떤 방향으로 전개되어야 할지를 제시하고자 한다.

현 시대에 목회자들이 갖추어야 할 태도는 무엇보다도 목회자 자신부터 신학과 삶이 이원화되지 않도록 부단히 노력하는 자세이다. 틸리케는《신학적 윤리학》을 저술한 윤리학자이면서 많은 감동적 설교를 남긴 설교가이기도 하다. 그는 그리스도인의 의식 분열에 대해 "기독교인의 생활은 실제 생활의 영역과 교리의 영역으로 분열되고 양단되고 분리되었다"[1]고 한다. 특히 신앙인의 삶과 가르침이 이원적 모양으로 단절되어 있음을 지적한 사람이 여럿 있지만, 틸리케에게서 주목할 점은 그가 이 문제를 '설교'와 '설교자'의 문제로 연결시켰다는 점이다. 한마디로 그는 삶의 이원성의 중요한 원인이 무엇인지를 설교에서 찾았던 것이다. 이원성과 관련하여 그가 한 다음의 말은 목회자들의 사회 활동 전반을 돌아보는 단초가 될 수 있을 것이다.

"사람들이 설교자가 말하는 것을 받아들이지 않고, 설교자를 신뢰할 수 없다고(개인적으로는 완전히 정직한 사람이라고 하더라도) 말한다면, 참으로 문제가 아닐 수 없다. 사람들은 설교자가 자신이 선포하는 설교 '밖에서' 산다고 느끼게 된다."[2]

2. 목회자의 현대 사회 이해

(1) 스택하우스의 공공신학, 사회적 책임

최근 많은 관심을 받고 있는 신학 용어 중 하나가 공공신학(Public Theology) 혹은 공적신학이다. 공공 혹은 공적(public)이란 용어의 의미가 명확하게 정의된 것은 아니지만, 기독교의 사회적 책임 및 윤리와 관련하여 이 용어가 많이 구사되고 있다. 사람마다 자신의 강조점을 갖고 다양한 의미로 사용하지만, 여기에는 최소한의 공통분모가 있는 것으로 보인다. 스택하우스(Max L. Stackhouse)는 '공공적' 혹은 '공적' 이란 의미를 다음과 같이 설명한다.

첫째, 기독교 윤리는 공적인 이슈들과 사항들을 다루어야 한다.
둘째, 다른 종교인들이나 비기독교인들과 신학 윤리에 관해
공적으로 토론하는 것은 타당하고 도리에 맞는 일이다. 그렇게
함으로써 그들의 생각과 삶의 방식을 바꿀 수 있다.
셋째, 신학 윤리는 사회 구조 전체에 영향을 미치는 방식으로,
다양한 공적인 삶의 영역의 이슈들을 취급하게 된다.[3]
그런데 왜 기독교는 우주적·보편적 차원에서까지 '공적'인 종교가
되려고 하는가? 스택하우스는 모든 인류를 사랑하는 하나님은
기독교인들이 세상 모든 사람들의 정의를 위해 노력하기를
원하시기 때문이라고 말한다. 이러한 하나님을 믿는 모든 자들은
공적일 수밖에 없으며, 그 가능성에 대한 증인이 되어야 한다는
것이다.

(2) 목회자의 사회 활동 영역 확장 필요성

현대 사회의 포스트모던적 다원성과 과학 문명의 발달은
목회자들이 직면하는 문제를 다양하게 확장시키고 있다.
포스트모더니즘은 그 특성상 일정한 정의를 내리기 어렵지만,
다원성과 상대성을 주요 특징으로 한다는 데는 이견이 없다고
할 수 있다. 사회가 단순할 때는 목회자의 사회 활동도 매우
단순했다. 그런데 현대 사회의 목회자들은 과거에는 고민할 필요가
없던 문제들에 대해서도 고민해야 하는 상황에 봉착해 있다.

그 대표적인 문제가 생명·의료 윤리와 관계된 사안들이다. 많은 사례들에 목회자가 직접 연루되기도 한다. 이 외에도 현대 기술 사회에서 직면하는 많은 문제들이 있다.

정치 참여의 문제 또한 전통적으로 교회와 국가, 목사와 정치권력의 관계에 있어서 많은 문제와 논쟁점들을 야기한 것이 사실이다. 이 문제에 대하여 어떻게 판단하며 가르쳐야 할 것인가? 목회자의 사회 활동은 어떤 성경적·신학적 근거가 있으며, 어떤 기준 아래 전개되어야 할 것인가? 목회자는 변화하는 이런 문제들에 대해 적극적으로 대처하여 지식을 추구해야 하고, 관련된 정보를 알아야 한다.

몇 가지 현상만이라도 예를 들어 보자. 최근에는 대리모와 관련된 문제들이 제기되고 있다. 이는 현행법으로도 통제하기 어려운 문제들이다. 인공수정에 연이어 실패하거나 이를 통한 출산이 어려운 경우 경제적 대가를 지불하고 대리모를 통해 아이를 얻는다는 것이다. 국내와 아시아계인은 오천만 원, 유럽인들에게는 억대의 비용을 지불하고 아이를 얻는다. 이를 기독교적인 가치관으로 어떻게 설명할 것인가? 또한 외모지상주의가 반영된 과도한 성형, 특정인의 외모를 모방하여 수술을 감행하는 행태들에 대해서는 어떤 관점을 가져야 할까?

(3) 문화명령과 목회적 소명

인간 세계와 문화에 대한 낙관적 견해를 순진한 생각이라고 경계하는 목소리가 높은 것은 사실이지만, 아브라함 카이퍼(Abraham Kuyper) 등의 논의를 참고할 때 기독교적 입장에서는 긍정적이고 포괄적인 기독교 문화 운동이 전개될 필요가 있다. 카이퍼는 기독교인과 비기독교인에게 공통적으로 주어지는 하나님의 '일반은총(common grace) 이론'에 근거하여, 칼빈주의적 관점에서 국가와 사회, 국가와 교회, 사회와 개인의 관계가 재조명되며 신앙이 현실의 삶에 어떻게 침투되는지를 보여 준다. 인간의 범죄와 타락에도 불구하고 하나님께서는 인류를 보편적인 은총의 대상으로 삼는다는 일반은총론은 만물을 통치하고 보존하는 하나님의 보편적 섭리, 하나님의 속성인 자비와 사랑, 일반계시를 통한 진리의 빛, 가정을 비롯한 창조 질서, 하나님의 형상대로 창조된 인간성, 그리스도의 대속과 그로 인한 세계의 구속, 세상의 빛과 소금인 언약 공동체의 존재 등에 기반을 둔다. 이러한 견해는 다양한 문화가 전개되는 현대 사회를 대처하는 현실성 있는 지침이 될 수 있을 것이다. 특히 영역 주권 사상에서 본다면 모든 창조의 각 영역은 하나님으로부터 직접 부여 받은 고유한 질서와 법칙 아래 있기 때문에 대등한 상호 관계를 갖고 있으며, 위계적 지배나 종속 관계에 있는 것이 아니다. 그러나 현대 사회에서 사회적 영역의 주권이 잘 인정되지 않기 때문에 교회와 목회자의

역할은 더욱 중요하다.[4]

(4) 포스트모던 문화의 위험성 이해

그런데 목회자의 사회 참여와 관련하여 현 사회와 문화를 좀더 면밀하게 직시할 필요가 있다. 단일 문화에 익숙한 대다수 사람들은 기존의 고정관념을 벗어나는 일이 쉽지는 않다. 목회자들에게는 타인이나 타문화에 대한 배타적인 태도를 버리고, 공존과 대안의 문화를 세우기 위한 각고의 노력이 필요하다. 하지만 모든 것을 상대화하려는 경향은 주의할 필요가 있다. 가령 포스트모더니즘이 등장하면서 기독교 신앙과 신학적 진술이 그 정당성을 위협받기도 한다. 포스트모더니즘은 인간의 본성에 대한 단일성을 부정하고 윤리적 판단조차 상대화하여 붕괴시키는 위험성마저 함축하고 있다. 성경은 "천하에 범사가 기한이 있고 모든 목적이 이룰 때가 있나니"(전도서 3:1)라고 분명히 삶의 목적에 관해 말하고 있으며, 인생을 진지하게 살려는 사람은 목적의식을 갖기 마련이다. 근대성을 논할 때 가장 중요한 기준도 '합리성'이었다. 즉 이성에 부합하면 진리로서의 타당함을 가졌다고 본 것이다. 이에 비해서 포스트모더니즘은 어떠한 기초도 절대적인 규범으로 인정하지 않는다는 점에서 반토대주의(anti-foundationalism)라고 볼 수도 있다. 포스트모더니즘은 성경에 대한 해석과 교리가 계시에 근거해 있다는 점을 들어 그 권위를 인정할 수 없다고 주장하고 있다.

3. 사회 활동으로서의 정치 참여

사회 활동의 다양한 영역에 관해 논쟁적 이슈들이 불거지곤 한다. 그중 첨예한 문제 가운데 하나가 정치와 관련된 문제, 구체적으로는 기독교 정당에 관한 논란이었다. 이 논란에 대해 고찰해 보는 것은 기독교와 목회자의 사회 활동에 대한 척도가 될 수 있다. 최근 한국 사회는 교수의 실제적인 정치 참여에 대해 폴리페서(polifessor)라는 말로 비판적 시각을 드러내고 있다. 마찬가지로 교회 지도자들의 정치 참여에 대해서는 폴리스찬(polistian)이라는 말로 냉소를 보낸다. 일부 목회자들은 기독교 정당을 본격적으로 창당하려는 움직임을 보여 왔다. 사실 국회의석을 확보하고 있는 정당은 아니지만 '기독'이라는 명칭을 당명으로 구사한 정당들이 여럿 있었다.[5] 2012년에 실시된 국회의원 선거 및 대통령 선거를 앞두고, 본격적으로 기독교 정당을 창당해야 한다는 논의와 활동들이 전개되었고 이와 관련하여 다양한 찬반양론이 있었다. 물론 이런 논의가 신학적으로 다소 진부하다고 여겨질 수도 있으나, 한국 사회에서는 현실적으로 여전히 쟁점이 될 수 있는 문제다.

기독교 정당이 필요한지에 대한 논의는 신앙인의 사회적·정치적 책임의 인식이라는 차원에서 긍정적인 측면도 있다. 정치·경제·문화 등과 기독교 신앙의 관계에 대해서 전체적으로 소극적이던 한국 교회, 특히 보수 교단의 지도자들이 정치의 중요성을 인식했다는 측면에서 보면 의식의 큰 진보가 있다는 점을 반영한다. 그동안 기독교인들 가운데도 인간이 마땅히 누려야 할 인권과 시민사회의 권리에 관한 주장이나 운동에 대해서는 별반 관심을 갖지 않는 이들도 있었다. 그러나 이제는 정치·사회·문화의 영역에서 신앙인이 가져야 할 책임의식에 대해 이의를 제기하는 사람들은 극히 소수에 불과하다. 미국의 경우에도 보수 교단을 중심으로 전개된 1980년대의 도덕적 다수(Moral Majority) 및 종교적 권리 운동 전개 등을 들 수 있으며, 한국은 공명선거와 관련된 시민운동, 대북 지원 사업 등이 보수 교단이 활발하게 정치적 참여를 촉발시킨 사례들로 주목받고 있다. 팀 라헤이(Tim LaHaye)는 "진정으로 영적 부흥으로 가는 길은 의회를 개혁하는 것이다"[6]라고 하여 정치의 중요성을 언급한 바 있다. 그러나 정치의 중요성을 인식하는 것과 기독교 정당의 창당 또는 목사가 정계로 진출하는 일은 전혀 다른 차원의 문제일 수도 있다. 정당 명칭에 기독교적인 이름이 들어가고 목사가 그 책임을 떠맡는 것이 중요한 게 아니라 기독교적 가치와 이념, 기독교 세계관적 바탕 위에서 정치 행위가 정당하게 수행되게 하는 것이 기독교인들의 우선적인 책무이기 때문이다.

(1) 역사 속에서의 정치와 종교의 관계

기독교 정당 논의를 비판하기 위해서는 종교와 정치가 분리되어야 한다는 입장을 고수해 온 기독교의 역사적 전통을 살펴볼 필요가 있다. 역사 속에서 정치와 종교의 분리 원칙은 여러 단계를 거치면서 발전된 사회의 한 형태를 보여 주기도 하기 때문이다. 대부분의 경우 정치와 종교의 분리라는 관점이 정착되기 전에는 소위 '제정일치'의 사회가 전개되었고, 그런 경우 큰 갈등과 혼란이 야기된 때가 많았다. 즉 정치가 종교를 주도할 때도 있었고, 종교가 정치적 힘을 갖고 이끌어 가던 때도 있었다. 주후 313년 종교자유령을 통해 기독교를 공인한 콘스탄티누스 황제는 자신이 '교회 밖의 일에 대한 주교'임을 자처했고, 국경은 곧 교회 교구의 한계로 적용하였다. 유세비우스는 콘스탄티누스가 참 신국을 실현한 왕이자 교회의 확립자라며 그가 종교자유령을 선포한 일을 찬양했다.[7] 그런데 막강한 권력을 행사하던 황제가 떠난 뒤에는 영광과 권위가 로마의 주교에게 전이되는 때도 있었다. 교황 이노센트 3세(Innocentius III)는 "교회, 교황은 태양이고, 황제는 달빛이다"라고 비유하기도 했다.[8] 특히 서방제국에서는 동방제국과 달리 교회가 국가의 위치를 확보하고 국가 권력을 행사하는 경우가 많았다. 교황 그레고리 7세(Gregorius VII)는 독일의 주교 임명 문제로 황제 하인리히 4세(Heinrich IV)와 이견이 있었는데 그는 독일 황제를 파면 조치하고 황제에 대한 충성을 해제시키기도 했다. 그러나 종교개혁자 루터는 신정에 대해 부정적으로 평가했다. 이장식은 위의 논문에서 이에 대해, 16세기 종교개혁자들은 신정(神政)이 종교를 타락시키는 악마의 도구라고 비난했다고 한다. 즉 마틴 루터는 종교와 정치의 두 왕국이 다 하나님이 제정하신 것으로서 대등한 관계를 갖는 어느 하나가 다른 하나에 종속될 수 없고, 양자는 긴밀하게 협력해야 할 것을 말하였다고 지적한 바 있다.
이제 정치와 종교의 관계에 있어 미국과 한국의 경우를 살펴보자. 미국은 한국 개신교 전래 초기부터 일제강점기 후기에 이르기까지 파송한 선교사들이 한국 주재 전체 선교사들의 70~80퍼센트에 달했을 정도로 숫자적으로나 영향력에서 우위를 점했다는 점에서 정치와 종교의 관점 또한 지대한 영향을 미쳤다.

(2) 미국에서의 정치와 기독교

미국의 주요 개신교 교파들이 종교와 정치의 엄격한 분리론을 받아들이는 것은 아니다. 미국의 경우는 협의의 정교분리론을 따르는 것으로 볼 수 있고, 정치와 종교 또는 정부와 교회가 최소한의 행정적인 분리를 유지하면서도 양자의 밀접한 협력 관계를 주장한다. 그 까닭은 정치와 종교가 분리될 수 없는 현실

가운데서 종교는 국민 개개인의 개인생활은 물론 그들의 갖가지 사회생활과 활동, 즉 정치·경제·문화적 활동의 정신 및 도덕적 규범을 다루고 있다고 보기 때문이다.[9] 이렇게 보는 경우에는 종교와 정치의 엄격한 분리론과 정치의 종교적 중립론이 사회 현실에 맞지 않는다고 볼 수도 있다.

미국에서는 1970년대 말 레이건 정부의 등장과 함께 교회가 정치 세력화되어 2000년 초 부시 정부의 출현에 큰 역할을 했고, 이런 양상은 한국 교회에도 적지 않은 영향을 주었다.[10] 결국 현대사회에서 전에 비해 엄격한 정교분리를 주장하는 신학적 입장과 태도는 그 입지와 권위를 많이 상실하고 있다. 이런 분위기 가운데서 복음주의자들의 정치 참여가 더욱 활발해졌다고 볼 수 있다.

1965년까지만 해도 기독교 복음주의 진영에서는 정치 참여에 대해 부정적이고 비판적인 사고가 지배적으로 많았다. 폴웰(Jerry Falwell)은 시민 권리 시위에 적극적인 목사들을 비판하면서 "복음은 외부 세계를 정화하기보다는 내면을 재창조하는 것이다"라고 언급한 바 있다. 그러나 그 후 15년이 지난 1980년에는 레이건을 도운 '도덕적 다수'와 '종교적 권리' 운동 등이 전개되었다. 많은 근본주의자들, 그리고 신학적 복음주의자들이 정치에 참여하기 시작했으며, 1980년대는 라틴아메리카와 아시아에서 많은 기독교인 정치 지도자들이 선출되기도 했다. 잠비아에서는 내각에

목사들이 임명되면서 '기독교 국가'임이 선포되기도 했지만 많은
정치 지도자들이 독재, 고문, 부정부패 등에 휘말려 실패하고
말았다.[11]
과거 기독교가 정치에 참여한 점에 대해 프레스톤(Freston)의 평가에
주목할 필요가 있다. 그의 평가를 종합해 보면 정치 참여에 여러
긍정적인 면도 있지만 광범위한 혼란이 있었다는 것이다. 기독교
정치 지도자를 배출한 사회임에도 불구하고 부조리, 잘못된 정책,
심각한 부패가 만연하는 경우가 흔했다. 열정은 앞섰으나 세심하게
정책을 이끌어 가는 체계적인 기독교 정치철학이 부재했다.
성서에서 칭송받는 일들은 적극적으로 진작하고, 비난받는 것들은
성찰하여 반면교사로 삼아야 하는 기독교의 기본적인 원칙이
실현되지 못했다는 의미가 된다. 정치적 무관심에서 정치 참여로
나아가면서 성서적 정치 윤리의 가르침이 수반되지 않는 공동체는
바람직하지 않은 정치 문화에 감염되기 쉽다고 진단한 프레스톤의
경고에 우리는 귀를 기울여야 한다.

(3) **한국에서의 정치와 기독교**
한국 교회는 1901년 장로교선교공의회에서 정교분리 원칙을
재확인했으며, 한국 목회자들은 선교사들에 의해 교회의 국가에
대한 관여를 금기시하는 신앙적 태도를 배웠다.[12] 이런 정교분리의
원칙들에는 청교도적 경건주의와 정교분리론적 소신을 고백한

선교사들의 신앙적 입장이 반영되어 있었다. 선교사들은 경건주의적, 청교도적인 엄격한 규율과 열정적인 신앙을 부흥시키기 위한 운동을 전개했다.

이와 아울러 선교사들의 정교분리관은 1895년 민비가 시해된 을미사변 이후 한국이 일본에 제압되는 과정에서 한국 교회를 지키기 위한 나름의 노력이 반영된 것이기도 했다. 즉 일본의 위협 앞에서 조선 교회 존립을 위해 정교분리의 명분을 갖고 교회에 대한 불간섭을 확보하는 전략으로도 볼 수 있다. 민경배는 선교사들이 1905년 조선에 단독 교회를 형성하려다 교파 교회로 분산시키게 된 것도 전국 규모의 교단이 교회와 국가와의 관계가 적대적일 때 위협을 받게 되기 때문이라고 분석하고 있다.[13]

선교사들은 후일 삼일운동이 발발했을 때, 그리고 신사참배가 강요되었을 때 정교분리론에 근거하여 총독부의 회유를 거절할 수 있었고 특히 신사참배 문제에 대해서는 강경하게 비판하는 입장을 취할 수 있었다. 당시 한국 교회의 역할이 '금욕 윤리', 선교를 통한 '주체의식', '창조적인 인간상' 등을 강조했다고 볼 수 있다.

그러나 이러한 정교분리의 관점은 해방 후, 특히 보수 진영에서 왜곡되어 아예 '단절'의 개념으로 오해되는 폐단이 나타났다. 그리하여 1960년대 이후 정교분리의 신앙과 헌법은 정치적으로 권위주의적인 체제의 안보를 지탱하게 해주는 밑거름이 되기도 하였다. 즉 당시에는 정교분리의 신앙이 신앙적 덕목 혹은 사회적

상식으로까지 인정받고 있었을 정도였다.[14]

4. 목회자의 정당 조직 등 세속 정치 참여 문제

(1) 정치와 종교 담론

교회와 정치의 관계를 논할 때 고려해야 할 문제는 세속 정치에 참여하는 기독교인이 심오한 정치적 책무를 망각한다는 점이다. 세속 정치에서 '세속'이란 가치평가적인 의미가 아니라 종교의 지배를 받던 영역이 종교로부터 독립적으로 운영되는 현상을 가리키는 '세속화'된 차원의 정치라는 의미이다. 어떤 면에서 교회가 교인들의 관심을 좁은 의미의 사회 정의에 집중시키는 과정에서, 그리스도인들은 우리 사회와 정치가 갖추어야 할 도덕적 전제 조건들을 충분히 검증하지 못하는 경우가 있다.

조용훈은 한국 개신교의 정치 참여 문제와 관련하여 교회의 정치적 책임은 우선 교회 공동체의 목적과 역할이 무엇인지부터 확인해야 한다는 점을 강조했다. 정교분리 원칙에 따르면 교회와 국가는 엄연히 서로 다른 목적과 역할을 가진 별개의 조직체이다. 국가가 외적 평화와 질서에 관심을 쏟는다면, 교회는 영적 진리와 구원에 관심을 기울여야 한다.[15] 이런 면에서 교회는 정치 참여에 대해 한계를 설정하거나 근본적인 비판적 안목과 태도를 취해야 할 필요성이 있다. 교회의 역사를 통해 이미 드러난 문제들을 정교 관계에서 다시 반복해서는 안 되며, 정치에의 참여 동기와 아울러 교회란 무엇을 지향하는지에 대한 대답을 확고하게 갖추어야 한다. 이장식은 정치와 종교의 원만한 협력 관계를 강조하면서 소위 조절론(accomodation theory)을 내세웠다. 그는 정부와 종교 간의 충돌이 자제되고 양자의 '협력' 체계가 이루어져야 한다는 점을 주장했다. "이것은 정부가 나라의 법을 만들 때나 어떤 정책을 세울 때 국민의 종교심과 도덕심을 해치지 않을 뿐더러 그런 것의 요구에 부응하는 것이 되도록 해야 한다는 주장이다. 이렇게 될 때 정치와 종교는 충돌이 있을 수 없고 협력이 원만하게 되는 것이다."[16] 전통적으로 장로교의 신앙고백서로 널리 수용되는 웨스트민스터신앙고백서에는 공직자들의 고유한 위치를 인정하면서도 이들이 말씀, 성례, 신앙 문제에 간섭할 수 없다는 점을 분명하게 규정했고[17] 합법적으로 교회의 책망을 받고 피소될 수도 있다는 점도 주장하였다.[18] 칼뱅은 국민이 집권자들에게 순종해야 한다는 점을 강조하면서도 국가의 통치와 영적 통치를 모순으로 보지 않았다. 그는 불의한 통치자에 대해서는 헌법상의 관리들이 폭정을 막아야 하며 하나님께 대한 순종이 우선이라고 설파했다.[19] 이로 미루어 헌법상의 기독교인 관리들은 국정에 관여할 수 있다는 이론적 배경을 조성해 준 셈이다.

(2) 기독교 정당 논란에서 성찰할 점

한국 사회에서 소위 '기독교 정당'을 지지하는 이들은 다양한 견해를 내세우면서도 공통적으로 몇 가지의 약점을 노출한다. 첫째, 기독교인의 사회적·정치적 책임과 기독교 정당 지지자들의 정당 창당 및 운영 사이에는 넘어서는 안 될 비약을 보여 준다는 점이다. 모든 권력의 근원은 하나님이라는 신앙고백과 기독교 정당 설립의 당위성을 주장하는 논리 사이에는 심각한 비약이 있다. 어떤 사람은 리차드 니버의 《그리스도와 문화》에 열거된 다섯 가지 모델들 중 다섯 번째 모델인 '문화를 변혁시키는 그리스도'를 근거로 제시하면서, 기독교 정당이 사회와 문화를 변혁시키는 그리스도의 모습을 따른다고 주장한다. 즉 사회를 변혁하기 위해서는 목회자들이 적극적으로 나서서 기독교 정당을 창당해야 한다는 것이다. 그러나 이 이론에 근거하여 기독교 정당을 창당해야 한다는 주장은 니버를 잘못 이해한 데서 비롯되었다. 니버는 개혁교회 전통이 대부분 그런 것처럼, 정치를 포함하는 문화의 영역과 그리스도의 몸 된 교회의 관계를 설정함에 있어서 그 영역상의 구분을 분명히 하고 있다. 즉 정치는 문화의 한 부분으로서 특수한 영역이 있으며, 신앙과 교회는 혼재될 수 없는 그리스도의 영역에 속하는 특수성이 있다는 것이다. 니버의 '문화를 변혁시키는 그리스도' 모델은 기독교적 가치관과 세계관을 갖고 정치의 영역을 하나님께서 원하는 그리스도의 정의와 사랑에 합당한 원리로 이끌어 가야 한다는 것을 강조한 것이지, 정당 명칭에 기독교적인 용어를 넣고 목회자들이 핵심 구성원들이 되어 정치에 참여해야 한다는 논리와는 분명 다른 것이다.

둘째, 현재의 정치가 권력 지향적임을 비판하면서, 기독교 정당은 섬기는 정치, 봉사의 정치를 추구할 뿐 권력을 지향해서는 안 된다고 주장하는 이들이 있는데 이는 매우 모순된 논리이다. 정치는 그 무엇보다 권력을 바탕으로 한다. 기독교 정당이 권력을 갖기 위해서가 아니라, 단순히 사회봉사를 위해 창당되어 운영될 거라면 차라리 시민단체나 봉사단체를 만들어야지 굳이 현실 정치에 참여할 필요가 없다. 정치는 속성상 힘을 바탕으로 한다. 정치는 고도로 발달된 힘의 역학 관계 속에서 이루어지는 행위인데, 힘을 의식하지 않고 정치에 참여한다는 것은 지극히 낭만적인 생각이며 논리적으로도 모순되는 주장이다.

셋째, 정치의 특징 중에서 현실성과 규범성을 생각해 보아야 한다. 정치가 현실성을 갖는다는 것은 사상과 철학을 바탕으로 삼는다는 말이다. 그렇다면 기독교 정당을 추진하는 경우 신앙은 하나의 정치적 이념이 되어야 하고 이를 바탕으로 권력을 창출해야 한다는 말이 된다. 그러나 주지하듯이 기독교와 정치가 연합하고 야합할 때에는 많은 부정적인 결과들을 산출했다. 기독교가 사회 속에서 존경받고 지도력을 발휘한다 하더라도 정치화되면 타협하고 협상하며 계책을 세워야 한다. 현재와 같이 기독교에 대해 부정적인 평가가 팽배한 상황 속에서 기독교가 정치 세력화되는 경우 자칫 사회로부터의 고립을 자초하게 될 수도 있다.

넷째, 현대 사회에서는 좀더 전문화된 책략과 정치적 참여가 필요하다. 정치 현장에 열정만 갖고 참여한다면 성과를 이룰 수 없을 뿐 아니라, 기독교의 정체성만 훼손하는 우를 범하기 쉽다. 신앙인들이 지혜롭고 신실하게 정치적 문제에 대해 판단하고 효과적으로 영향력을 행사하기 위해 고려해야 할 점들이 산적해 있다. 이 점에 대해 사이더는 성서 계시에 기초한 규범의 체계화와 사회에 관한 세심한 분석 등에 대해 언급하고 있다. 구체적으로 사이더는 규범적 체계화, 사회와 세계에 대한 폭넓은 연구, 정치철학 정립, 특정 문제에 대한 구체적 사회 분석의 네 단계를 거쳐야 한다고 제안했다.[20] 종교와 사회의 관계를 논할 때 전통적으로 논의하는 문제들과 방식 등을 언급한 것으로 보인다. 아직 정치의 선진화가 요원한 상황이기는 하지만 기독교 공동체는 한국적 상황에 적용할 수 있는 기독교적 정치철학을 정립하여 제시할 필요가 있다. 사이더는 그의 방법론에서 '규범적 체계화'를 언급했는데, 규범이란 도덕적 결정의 기준을 말한다고 할 수 있다. 무엇이 선하고 정당한 것인지에 관한 문제에서, 종교적 혹은 철학적 규범의 체계화에 기초하지 않는 정치는 무의미하다고 할 수 있다. 정치적 문제에 관해서 효과적으로 성서적인 전망을 발전시키기 위해서는 성서의 이야기에 사회 현장을 구체적으로 연결지어 가며 다양한 방안을 모색해야 한다.

다섯째, 성서를 근간으로 삼는 노력이 필요하다. 기독교 공동체의 논의에 있어서 신학의 출발과 그 논의의 근저에 하나님의 말씀인 성서가 있음을 부정하는 사람은 없을 것이다. 그런데 종종 신학적 논의에서 하나님의 말씀인 성서가 인간들의 논의를 뒷받침해 주는 보충 자료나 이야기의 단초를 제공하는 선에서 인식되는 경우가 있다. 성서는 정치에 관한 세밀한 청사진을 제공하지는 않지만, 중요한 규범 체계와 원리들을 제공한다. 규범은 하나의 기준점을 제시해 주는 척도로서의 역할을 한다. 우리가 필요로 하는 정치철학은 일종의 규범 체계라고 할 수 있는데, 정치철학은 성서적 지침과 사회에 관한 연구를 관련시켜 주는 일종의 로드맵이 되기도 한다. 결국 정치 참여에 대한 적절한 평가가 가능하기 위해서는 정치에 대한 신학적·철학적 이해가 우선되어야 한다는 점을 간과해서는 안 된다. 즉 누구를 위한, 그리고 어떤 규범에 의존하는 정치인가 하는 근원적인 질문을 던져야 하는 것이다.[21]

여섯째, 대다수의 기독교인들이 원하지 않는 상황 속에서, 특히 기독교에 대한 부정적인 시선들이 팽배해 있고, 실제적인 교회 성장도 멈춘 한국 교회의 상황을 놓고 볼 때 기독교 정당의 출현은 지극히 부정적으로 평가될 수 있다. 즉 이론적·신학적 가능성을

논하기 이전에 현실적인 면에서 보더라도 기독교 정당 창립은
선교적으로도 바람직하지 않다. 설사 기독교 정당을 창당해서
소수의 비례 대표 의석을 확보한다 하더라도, 도대체 그들을
통해서 무엇을 얻겠다는 것인가? 기독교 정당이 창당되어서
선거에 임할 때 기독교인 입후보자들이 당하게 되는 불이익에
대해서는 어떤 대안을 내놓을 수 있을 것인가? 미래목회포럼의
성명서에 보면, "이 시대에 하나님께서는 한국 교회와 목회자들이
스스로 갱신되고, 교회를 교회되게 개혁하기를 원하고 계신다"[22]
는 고백을 담고 있다. 이런 성명서가 발표된 데에는 현재 한국
기독교에 대한 기독교 사회의 자성과 우려가 자리 잡고 있다고 할
수 있다. 교회가 교회답게 되고, 목사가 목사답게 되는 일, 즉 교회
됨과 목사 됨의 의미를 근본적으로 돌아보는 일이 한국 기독교의
우선적 과제라고 해야 할 것이다. 스탠리 하우어워스는 '정치'를
사회의 변혁 문제에만 연관 지어서는 안 되며 교회를 향해 던져야
할 결정적인 '정치적 질문'이 있음을 강조한 바 있다. 달리 말해
교회는 과연 기독교적 확신이라는 핵심 내러티브에 충실하기 위해
어떤 공동체가 되어야 하는지를 질문해야 한다는 것이다.[23]
일곱째, 기독교의 정교분리의 원칙이 이미 선진화된 모습으로
정착된 형태로서 유교, 불교 등과 더불어 한국 사회에서 꼭
지켜져야 할 가치 있는 관점이라는 점이다. 만약 이런 다종교 상황
가운데서 제 종교가 저마다의 종교 관련 명칭을 가진 정당명을

표기하면서 정치 일선에 등장한다면 얼마나 혼란스러우며, 종교 전체에 대한 반감과 혼란을 야기할 것인지 쉽게 상상할 수 있다. 이렇게 되는 경우에는 가장 적극적으로 종교 정당을 추구한 기독교가 갈등 유발의 책임에서 결코 벗어날 수 없을 것이다.

여덟째, 목회 직무와 정치가로서의 직무를 겸직할 수 있느냐의 문제이다. 목회자가 정치에 입문하여 두 직무를 겸한다면 이는 전형적으로 정교일치가 되고 만다. 그러나 평신도로서 '모이는 교회'에서 가르침을 받아 정치가로서의 직무를 훌륭하게 감당한다면 '흩어진 교회'로서의 소임을 수행하는 것이지 결코 정교일치로 간주할 수는 없다. 이는 예수께서 가르치신 대로 세상의 소금과 빛으로서의 사명을 감당하는, 지극히 정례에 해당되는 일이다. 일부 목사들이 기존의 지명도 등을 믿고 국회의원 등에 출마하게 되는 경우 일정 부분의 득표와 당선도 가능할 수 있을 것이다. 만일 목사로 임직을 받았다고 하더라도 정치인이 되어야 할 필요성이 있고 상황이 된다면 국회의원 등의 정치인이 되거나 정계에 진출할 수 있을 것이다. 그러나 한국 교회 대부분의 교단 헌법은 정치인과 현직 목사의 이중직을 용인하지 않는다. 그럴 만한 한국 교회의 전통이 있는 것이므로, 그런 경우에 목사직은 내려놓고 한 사람의 신앙인으로 돌아가서 일하는 것이 한국 교회와 사회를 진정으로 위하는 길일 것이다.

5. 사회 활동과 관련하여 목회자가 갖추어야 할 소양

(1) 목회자의 사회 활동에서의 질과 적정성

결국 목회자의 사회 활동은 질적 문제, 그 적정성 문제에 봉착해 있다. 세 부류의 활동이 있을 수 있다. 우선, 바람직하지 않은 지양되어야 할 활동이 있다. 단순한 정치적 세력 형성을 위한 지역별 연고지 모임, 명백한 경제적 이권과 이익에 관계되는 모임, 정치적으로 편향된 색깔의 모임, 정치·정당 관련 모임 등이다. 기독교 정당의 가능성에 대해 논란이 많은 것은 사실이나, 우리 사회가 특정 종교 국가가 아니라 다종교 사회임을 놓고 볼 때 금지하는 것이 바람직하다는 것이 일반적 견해이다. 둘째, 별로 도움이 되지 않는 (중성적 가치의) 모임도 있다. 개인의 관심, 가치관, 세계관 등에 기인하나 목회적 업무 시간을 할애한다는 점에서 지양할 필요가 있다.

그렇다면 바람직한 활동, 모임은 어떤 것일까? 지역사회를 위해 전문적 도움을 줄 수 있는 활동 영역이 있다. 예를 들면, 지방자치단체, 군인, 경찰에서의 지원 요청 모임 등이다. 우리나라의 경우 경찰에는 공식적인 선교 기구가 허술하다. 물론 경목실을 중심으로 활동하고 있지만 인력과 재정이 턱없이 부족하다. 군대 또한 선교적 차원에서 지원을 기다리는 영역이다. 기회가 있을 때마다 이들을 격려하고 지원하는 것이 중요하다.

아울러 공신력을 확보한 시민단체 등에 협력하는 사역도 필요하다.
기독교 관련 단체면 더욱 좋겠으나 종교와 무관한 단체의
경우에도 참여가 필요할 때가 많다. 일정한 목회적 전문성을
가지고 학교나 인근 병원의 윤리위원회 등에 참여하는 것은
바람직하다. 일정 규모 이상의 병원에 설치된 병원윤리위원회는
의료인, 법조인, 사회복지사, 종교인 등으로 구성되어 뇌사판정
등과 관련된 문제 등을 다루면서 환자의 권리를 보호하고
불필요한 갈등을 예방하는 기능을 도모하고 있다. 교단의 학교
등에 법인이사, 개방형 이사 등으로 참여할 수 있는 기회가 온다면
성실히 참여할 필요가 있다. 경제적 후원을 기대하며 소수의 대형
교회 목회자들에게 우선적인 기회가 돌아가는 경우가 많지만,
법인이사가 아니더라도 지역사회를 위해 운영위원 또는 특강 강사
등으로 참여하는 가운데 전문성을 활용할 필요가 있다.
아울러 병원윤리위원회[24] 등에서 나름대로의 목소리를 내기
위해선 해당 분야에 대한 어느 정도의 지식과 훈련이 필요하다.
일부 기독교대학, 중고등학교 등에서는 지역사회의 목회자들에게
채플, 기독교 교과목 수업 등의 강사가 되어 주길 요청하는
경우가 있는 것을 보았다. 결국 명예나 경제적 이익 등 대가를
위해 하는 일이 아니라고 보일 때, 교회에서 문제 될 것이 없으며
오히려 목회적 전문성을 인정받는 계기가 될 것이다. 예를 들어
기독교생명윤리와 관련된 분야인 경우 의사 등 평신도 전문가들이

주축이 되어 활동하고 있는데, 신학적인 도움을 준다거나 소통을
할 수 있는 목회자들은 매우 제한적이다. 학자들의 경우에도
일부 소위 보수 교단에 속한 목회자, 학자들이 대부분이다 보니
개인적인 신앙과 신학이 교단 전체를 대표하는 것으로 비추어질
수 있다는 점이다. 어느 단체든 인적 구조면에서 일정한 관계를
가진 이들이 함께 만나는 경우가 있으므로, 인간관계로부터
완전히 자유로운 집단은 없다. 그러나 전통과 상황에 대해
신중하게 고려하면서 판단할 일이다.

(2) 사회 활동을 위해 목회자가 갖추어야 할 소양

첫째, 긍정적 이미지 창출이다. 과학 문명과 물질주의가
팽배할수록 종교 본연의 기능과 역할은 그만큼 더욱 가치를
발해야 한다. 그러나 현 교회가 받는 비판을 고려해 볼 때 교회를
교회 되게 하는 것, 목사를 목사 되게 하는 것은 무엇인가라는
근본적인 질문을 던지지 않을 수 없다. 목사는 가장 '종교적'인
기능을 수행하게 될 때, 하나님 나라의 확장과 기독교의 사회적
인정, 그리고 영향력 증가라는 결과를 가져올 수 있다. 기독교는
제 종교 가운데 그저 그런 종교로 자리를 차지하기보다는, 그것을
넘어서는 영향력을 갖기를 원한다. 이를 위해서는 무엇보다도
종교로서의 위상과 성직자의 이미지가 확보되어야 한다. 특별히
개신교는 다양한 교파성을 갖고, 주거 지역에 밀접하게 자리하고

있고, 사회적 연대감을 강조하기 때문에 특유의 종교성을 유지하고 보전하는 데 어려움이 있을 수 있다. 기독교가 우리 사회에서 영향력 있는 종교가 되고, 많은 사람들이 교회를 찾도록 하기 위해서는 목사의 긍정적 이미지 창출이 필연적이다. 우리 사회에서 기독교는 어떤 이미지를 갖고 있는가? 양적 규모나 구체적인 데이터보다 더 큰 영향을 주는 것은 기독교의 이미지이다. 전문가들은 선거에서도 후보의 개별적인 능력보다도 '당의 이미지'가 큰 영향을 준다고 지적한다. 그동안 타종교나 천주교에 비해서 개신교는 "오른손이 하는 일을 왼손이 모르게 하라"는 성경 말씀에 너무 문자적으로 충실하려고 했는지도 모른다. 예를 들어 가장 많은 복지기관과 학교를 운영하면서도 그 공로를 인정받지 못한다면 참으로 억울한 일이 아니겠는가!

둘째, 성속 이원론적 태도를 극복하는 일이다. 한국 교회는 전체적으로 이원론적 분위기가 지배적이다. 교회와 사회를 이분법적으로 도식화하는 사고가 팽배해 있다. 어떤 면에서 목회자들의 사회의식과 신앙심이 평신도들보다 못한 경우도 흔하다. 영적이라는 말처럼 귀하면서도 위험한 말도 없을 것이다. 흔하게 남용되고 있는 용어이기도 하며, 기독교인들의 삶의 현장에서는 여전히 이런 이분법적인 태도가 응축되어 있다. 루터는 성속의 이원론을 극복하는 원형을 제시했다. "교황, 사제, 수도사들을 영적 계층이라고 부르고 영주들, 직공들, 농부들을

세속적 계층이라고 부르는 것은 날조된 것"이라고 직언했다.[25]
모든 진실된 삶을 사는 기독교인들은 진실로 영적 계층에 속하며 어떤 차이도 없다는 것이 개혁주의의 고백이자 신앙이다. 생각해 보면, 1517년 루터의 95개조 논제로 점화된 종교개혁은 사실 '개혁'(Reformation) 운동이었다. 즉 개혁은 종교의 영역에만 국한되지 않고, 사회 전체를 향해 요원의 불길처럼 퍼져 나갔다. 종교는 종교 자체를 위해 있는 것이 아니라는 점을 항상 상기해야 한다.

셋째, 사회봉사 정신의 진정성이다. 예수께서는 "새 계명을 너희에게 주노니 서로 사랑하라 내가 너희를 사랑한 것같이 너희도 서로 사랑하라"(요 13:34)라고 하셨다. 이 성경구절이 시사하는 것처럼 진정한 기독교인이 되기 위해서는 자선을 행하고 사랑을 실천해야 한다. 가난한 사람들을 위한 기부나 봉헌의 관례가 초기 교회 때부터 놓여졌다. 초기 기독교인들은 종종 단식을 통해 절약하여 구제금과 십일조를 바침으로써 어려운 이웃들을 섬겼다. 이러한 전통은 계속 이어져 대역병과 기근의 시기에 구호를 위한 단체를 조직하는 데 일익을 감당했다. 교회는 초기부터 과부들과 고아 보호소를 설립하기도 했고, 병든 사람들을 치료해 주었다. 이런 전통은 4세기가 되어서 교회가 서양의 주요 도시에 병원 설립을 후원하는 디딤돌이 되었다.[26] 한국 교회 또한 그 첫 걸음을 자선, 그리고 복지사업에 내딛었다. 초기 선교사들을 중심으로 한국 교회는 장애인과 여성에 대한 배려를 아끼지 않았으며 특히 장애인 복지사업과 구호 사역에 지대한 공헌을 하였다. 대표적인 사례로, 한국 최초의 맹인복지사업은 1890년 미국감리교 여선교사로 입국한 셔우드(Losetta Sherwood)가 시작했다. 그녀는 의사인 홀(William J. Hall)과 결혼하여 그와 함께 헌신적으로 평양을 중심으로 의료, 교육, 교회 개척 등 선교 사업을 실시하였다.[27]
1997년 말 외환위기(IMF 구제금융 요청) 이후 한국 사회는 실업 문제, 노숙자들의 생계가 사회의 큰 이슈로 대두되었다. 가난한 사람들, 밥 한 끼 먹기 어려운 이웃을 보호하고 돌보는 일에 많은 교회와 기독교 NGO(Non-Governmental Organization)들이 국가의 복지 사각지대에서 봉사하고 있다. 삼풍백화점 사고 이후 한국 교회는 재해구호단체 '한국기독교연합봉사단'을 조직하여 국내외 각종 재해에 따른 구호 활동을 적극적으로 펼쳤으며, 지난 2007년 말 서해안 일대에서 기름 유출 피해가 발생했을 때도 방재와 구호를 위해 가장 많은 인적 물적 지원을 제공했다.

넷째, 타종교인들과 바람직한 관계를 설정해야 한다. 한국 사회는 매우 특이하게도 평화적으로 공존하는 전통이 있다. 대부분의 교단에서 종교다원주의적 신학이나 입장을 받아들이고 있지는 않다. 그러나 중요한 것은 종교다원주의를 수용하지 않는다 하더라도 우리 공동체가 종교적으로 다원화된 사회라는 사실을 부정할 수만은 없다는 점이다. 교리적으로 대화를 나누고 수용하는 데에는 명백하게 신앙적 규제가 있어야 하지만 기본적으로 타종교나 타종교인을 대하는 태도에서는 (명백한 이단이나 사이비 교주인 경우 등을 제외하고) 항상 기본적인 예의를 잃어서는 안 된다. 타종교의 성직자에게 걸맞은 직분 명칭(예를 들어 '스님')을 붙여 그들을 호칭한다고 해서 문제 될 것은 없다. 특히 기독교는 유일신 사상과 구원론으로 인해 배타적으로 비쳐질 가능성이 있으므로 더욱 지혜롭게 예의를 갖추는 모습이 필요하다. 물론 종교성 색채가 짙은 행사(예를 들어 삼보일배나 공동 종교 집회)에 참여해서는 안 된다. 간혹 타종교 사찰 등에서 일회성 전도 행사를 행하여 언론에 크게 보도되는 등 선교적 장애를 자초하는 경우가 있었다.
하지만 교리 논쟁이 아니라 지역사회를 위한 일이나 공동의 과제에 대해서는 상호 협력하는 태도를 취해야 한다. 가령, 일제 강점기에 기독교(대표 16인), 천도교(대표 15인), 불교(대표 2인)의 지도자들이 민족 대표자로 서명하여 거국적 삼일운동에 뜻을 모아 동참했던 사적은 귀한 귀감으로 추앙받고 있지 않은가!
다섯째, 교회 사역자로서의 사회 활동 가이드라인을 설정해야 한다. 목회자는 사회 활동에서도 공적 활동과 사적 활동을 구분해야 한다. 전적 헌신에도 엄연히 공과 사의 구분이 있다. 이 문제는 교회의 재정 사용과도 연관이 된다. 목사로서 교회 혹은 기관의 공직 수행자로서 참여할 때는 공적인 경비를 사용할 수 있을 것이며 그 외에는 개인적으로 경비를 부담하는 것이 바람직하다. 목사도 사적으로는 동네 주민, 축구회 멤버, 동창회 회원 친교 모임의 회원이 될 수 있다. 교회와 기관은 목사들의 사적 활동이 방해받지 않도록 배려해 줄 필요가 있다. 목사는 어느 정도 이런 활동에 참여할 필요가 있다. 아울러 교회의 대표자 혹은 목사의 위치에서 참여하는 경우라면 교회에 그 활동을 광고하고 공적으로 지원을 받아 활동할 수도 있을 것이다. 공과 사가 불분명하거나 대외적인 사회 활동에 대한 이해 부족으로 인해 목사가 불신을 받을 수도 있고 목사 자신에게도 부담스러운 짐이 될 수 있다.

목회자는 사회 활동을 할 때 무엇을 위한, 누구를 위한 조직 혹은 활동인가를 성찰해야 한다. 한국 교회 대다수의 목회자들은 매우 분주하다. 피곤하다는 표현에 파묻혀 산다. 무엇 때문일까? 단순한 자기 관리 차원의 문제라기보다는 목회자의 자리매김, 목회자의 역할 분담 등과 밀접한 관련이 있다. 지나치게 정치화되는 노회 및 총회 활동, 과도한 담임목사 중심의 목회 방식을 개혁하여 정립할 필요가 있다.

목회자의 활동은 교회적 합의를 필요로 한다. 예를 들어, 어떤 교회의 목사는 대학에서 정규 강의를 맡기도 하고, 부흥집회에 강사로 초빙받기도 한다. 그러나 교회 안에서 잠정적 합의가 이루어지지 않을 때 문제로 불거질 수 있다.

여섯째, 대중매체를 효율적으로 활용하는 일에 익숙해야 한다. 요즘은 보수와 진보를 막론하고 대다수의 교회가 사회봉사를 실천하고 있다. 기독교의 사회봉사는 결코 부차적인 것이 아니라 교회의 의무이며 본질이다. 즉 교회의 사회봉사는 하나의 부수적인 기능이 아니라 본질적인 기능이다. 사회봉사 활동의 영역을 다양하게 개발하여 실천해야 한다. 그런데 한국 교회는 사회봉사를 실천함에 있어 대중매체를 통한 홍보가 필요하다는 점을 깊이 인식하지 못하는 것 같다. 얼마 되지 않은 재정을 투입하면서도 시민단체의 구제와 봉사는 사회적인 반향을 일으키는 반면, 한국 교회는 많은 것을 베풀면서도 인정받지 못하는 경우가 많았다. 여러 이유들이 있겠으나 대중매체의 활용에 소극적이었던 것도 중요한 원인으로 꼽을 수 있다. 기독교를 통해서 행해지고 있는 다양한 노인복지, 장애우 대상 프로그램, 외국인 노동자를 위한 봉사, 소외 계층의 교육과 물질적 후원, 인권 운동 등 지역 사회를 위한 봉사가 그리스도의 사랑을 실천하는 봉사요 섬김이라는 메시지를 어떻게 체감하게 해줄 수 있을 것인가? 이제는 좀더 효과적인 방법을 찾아야 한다. 교단 및 교회의 홍보는 기독교 언론이나 교단지만을 활용하는 것으로는 그다지 큰 의미를 기대할 수가 없다. 정보화 시대라는 현실을 감안하여 다수의 사람들에게 큰 영향력을 미칠 수 있는 대중매체를 적극 활용해야 한다.

6. 나가는 말

본 장에서는 목회자의 사회 활동의 범주가 일반은총과 문화명령의 차원에서 그 영역이 상당히 넓다는 점을 지적했다. 구체적 사례로는 현대 사회에서도 여전히 상당한 영향력을 미치는 정치 참여, 기독교 정당 논의를 중심으로 살펴보았으며, 효과적인 사회 활동을 위해 목회자가 갖추어야 할 소양 등에 대해 고찰하였다. 현대 사회에서 목회는 사회적 존재인 인간들의 구체적인 생활에 다양하게 영향을 끼치는 행위이고, 목회자 자신도 사회인이기에 다양한 사회적 문제에 직면할 수밖에 없다. 목회자들이 사회 현장에 진출하여 성직자로서의 직무를 수행할 때 반드시 갖추어야 할 소양이 있다. 신학적이며 목회적인 문제라기보다는 인간의 품성, 예절 등과 관련된 이런 문제들이 실제적으로 중요한 문제로 다가오는 경우가 많다. 적극적으로는 목회자의 긍정적인 이미지를 창출하는 일, 성·속 이원론적 태도를 극복하는 일, 사회봉사에 대한 진정성 있는 접근, 타종교인들과의 바람직한 관계를 설정하는 일, 교회 사역자로서의 사회 활동 가이드라인을 설정하는 일 등이 필요하다. 이러한 소양을 바르게 갖추지 못함으로써 늘 비판의 대상이 되었고, 기독교의 이미지를 퇴색시키는 결과를 초래했기 때문이다.

이 땅에 발을 붙이고 호흡하며 살아가는 모든 사람에게는 사회·

정치적 책임이 있고 각자에게 걸맞은 다양한 사명이 있다. 이런 면에서 교회와 기독교의 사회 활동은 좁은 의미의 정치적 책임뿐 아니라 정치·경제·사회·문화 등 제 영역에 침투해 들어가서 영향을 끼쳐야 한다. 현대 기독교인들의 고뇌와 자책은 기독교가 현재 우리 사회 속에서 제 역량을 바르게 발휘하지 못하고 소외되는 수모를 당한다는 데 있다. 이제 기독교는 한국 사회에서 언론의 먹이사냥의 대상이 되기보다는 스스로 자성하고 참회하며 새로운 비전을 품는 종교로 거듭나야만 한다. 하나님의 나라는 하나님의 거룩하신 뜻과 섭리를 터득한 기독교인들이 세상에 흩어진 교회가 되어 좀더 적극적으로 삶의 현장에서 다양한 수고의 땀을 흘리고 헌신하는 데서 실현될 수 있다. 무엇보다 목사들의 윤리적 각성과 사회적으로 존경받는 지혜로운 사회적 책임을 감당하는 활동이 필요한 때이다. 기독교 사회·윤리학자 라인홀드 니버는 다음과 같은 기도문을 남겼다. "하나님 내가 변화시킬 수 없는 일에 대해서는 그것을 받아들일 수 있는 평정함을 주시고, 내가 변화시킬 수 있는 일에 대해서는 도전할 수 있는 용기를 주옵소서. 그리고 이 두 가지 차이를 알 수 있는 지혜를 주시옵소서."

함께 생각해 보기

1. 목회자의 사회 활동은 어떤 성경적·신학적 근거가 있으며, 어떤 기준 아래 전개되어야 하는가? 목회자는 변화하는 사회에 대해 어떤 태도로 임해야 할 것인지 지식·정보 사회에 대한 이해를 중심으로 논의해 보자.
2. 다양한 현상으로 드러나는 포스트모더니즘은 인간의 본성에 대한 단일성을 부정하고 윤리적 판단조차 상대화하여 붕괴시키는 위험성 등을 함축하고 있다. 어떠한 기초도 절대적인 규범으로 인정하지 않는 반토대주의(anti-foundationalism)적 위험성과 그에 대한 대비책을 논의해 보자.
3. 한국 교회의 정치적 책임은 우선 교회 공동체의 목적과 역할이 무엇인지부터 확인해야 한다는 점을 강조할 필요가 있다. 국가가 외적 평화와 질서에 관심을 쏟는다면, 교회는 영적 진리와 구원에 관심을 기울여야 한다. 이런 면에서 교회의 정치 참여 한계를 어떻게 설정해야 할 것인지 논의해 보자.
4. 기독교 정당에 대한 부정적인 시선들이 팽배해 있고, 실제적인 교회 성장도 멈춘 한국 교회의 상황을 놓고 볼 때 기독교 정당의 출현은 이론적·신학적 가능성을 논하기 이전에 현실적인 면에서 볼 때 여러 문제들을 야기한다. 어떤 문제점들이 있는가?
5. 목회자의 사회 활동에서의 질과 적정성을 고민해 보자. 즉

바람직하지 않은 지양해야 할 활동과 장려해야 할 활동은 어떤 것들이 있으며, 그 기준점들은 어떻게 논의될 수 있을까?

더 읽을 문헌

1. 이승구, 《기독교세계관이란 무엇인가?》(SFC, 2008)
2. 니버, 리처드, 《그리스도와 문화》, 김재준 옮김(대한기독교서회, 1995)
3. 마우, 리처드, 《무례한 기독교》, 홍병룡 옮김(한국기독학생회출판부, 2004)
4. 스택하우스, 맥스 L., 《글로벌시대의 공공신학 세계화와 은총》, 이상훈 옮김 (북코리아, 2013)

7장
목회자 윤리

강령 28

지금까지 여섯 장의 글을 통하여 목회자는 누구인가, 목회자와 성도의 바른 관계, 목회 윤리와 교회정치, 목회자의 경제생활, 목회자와 성 윤리, 목회자와 사회 활동을 살펴보았다. 문제에 대한 성찰은 긴 시간을 필요로 하나 실천적 행동은 즉각적으로 이루어져야 한다. 따라서 실천적 행동을 위해서는 긴 논문이 아니라 축약된 명제가 필요하다.

하나님은 하나님의 백성이 어떻게 살아야 하는지에 대하여 신·구약성경이라는 긴 글을 통하여 상세하게 말씀하시면서도 그 핵심을 사랑의 대강령, 황금률, 십계명, 산상수훈이라는 극히 축약된 단문 형태의 명제들에 담아 주셨다. 쉽게 기억될 수 있고 마음에 담을 수 있는 이 명제들을 항상 가슴판에 새기고 삶의 현장에서 실천하라는 뜻이다.

목회 윤리도 결국은 실천적 행동으로 나타날 때 완성된다. 촌각을 다투는 행동으로 바로바로 나타나야 할 현장에 요긴하게 필요한 도구는 바로 핵심을 농축한 단문 형태의 명제들이다. 이와 같은 명제들을 현장에서 효율적으로 사용할 수 있도록 각 장에서 말한 목회 윤리 사상을 몇 개의 단문화된 명제로 축약하여 제시했다.

1. <u>목회자의 소명</u> 목회자는 먼저 하나님의 자녀로 부르심을 받은 후에 은밀한 개인적인 부르심을 받아야 하며, 그 후에는 교회의 비준을 받아야 한다.

2. <u>목회자의 직무</u> 목회자는 공적으로 말씀을 가르치되 회심하지 않은 사람에게는 구원의 은혜의 본질을 가르치고, 회심한 사람에게는 말씀을 통한 훈련과 훈계를 해야 한다. 이와 동시에 목회자는 성도들을 개별적으로 돌보아야 한다.

3. <u>목회자의 준비</u> 목회자는 하나님의 말씀을 깊이 있게 연구하는 것을 포함하여 전문적이고 기술적인 준비를 함과 동시에 인간의 영혼과 삶을 다루는 자이므로 영적이고 인격적이며 도덕적인 자질을 갖추어야 한다.

4. <u>목회자가 갖추어야 할 자질들</u> 목회자는 믿음, 겸손, 인내, 모범적인 삶, 세상 권력에 아부하지 않는 태도, 성도들에 대한 자애와 엄격함, 열매를 위한 간절한 바람과 기대를 갖추어야 한다.

5. **목회자가 피해야 할 항목들** 목회자는 다른 사람들보다 더 죄에
   빠지지 않도록 주의하고, 자만·투기·탐욕·분노·음욕·태만
   등을 경계하며, 숫자에 집착하지 않고, 개인주의에 빠지지 말고,
   타인을 배려하며, 공개적이고 투명한 태도로 교회정치에 임해야
   한다.

2장 목회자와 성도의 바른 관계

6. **목회자는 성도를 섬기는 자** 목회자는 목자가 양 무리를 위해
   목숨을 걸고 보호하는 것처럼 성도들을 섬기는 자가 되어야
   한다(마 10:28; 막 10:45; 요 10:11-15).

7. **목회자는 성도를 말씀으로 양육하는 자** 목회자는 성도들을 바른
   말씀과 바른 교리로 가르쳐 건강하고 깊이 있는 성도들로
   양육해야 한다.

8. **목회자는 성도의 영혼을 돌보는 자** 목회자는 하나님이 위탁하신
   성도들의 영혼을 청지기 정신으로 주의 깊게 관찰하면서 돌보고
   보살펴야 한다.

9. <u>목회자와 성도의 건전한 관계</u> 목회자는 자신에게 주어진 영적인 권한을 남용하여 성도들을 성폭력의 대상으로 이용해서는 안 된다.

10. <u>성도는 목회자를 도와야 한다</u> 성도들은 자신들의 영적인 무한한 유익을 위하여 일하는 목회자의 수고를 알아주고, 목회자가 영혼 구원의 사역을 잘 감당할 수 있도록 최선을 다해야 한다.

11. <u>성도의 목회자 후원</u> 성도는 목회자가 경제적 어려움 때문에 세상 일에 뛰어들지 않도록 목회자의 경제생활을 책임져야 한다. 성도는 목회자의 경제생활뿐만 아니라 자신들이 받은 은사를 활용하여 목회자의 사역과 교회 운영의 짐을 나누어 져야 한다.

3장 목회 윤리와 교회정치

12. <u>목회자의 건실한 교회정치</u> 목회자는 교회의 교회 됨과 하나님 나라를 향한 사회적 섬김 역량 강화를 위해 교회와 교단의 건설적인 정치에 힘써야 한다.

13. <u>목회자의 적극성과 협력성</u> 교회정치는 품위 있고 질서 있는 교회를 세운다. 이를 위해 목회자는 '적극성'과 '협력성'이라는 기본 원리에 기초해 자신의 역할과 책임을 규정해야 한다.

14. <u>목회자의 교회 개혁</u> 목회자는 종교개혁자들의 후예로서, 교회정치가 성경적인 원리를 올바르게 적용하고 있는지, 또한 시대적인 요구에 부합한지를 끊임없이 반성하고, 교회의 교회됨을 위한 개혁을 멈추지 않아야 한다.

15. <u>교회정치 체제</u> 교회정치 체제는 서로 다른 회중과 직분자 간에, 또한 당회와 개교회, 노회와 총회 간에 질서와 열정의 조화를 모색해야 한다. 이를 통해 교회는 하나님 나라와 공동의 선을 지향하고 하나의 그리스도의 교회를 이루어 가야 한다.

16. <u>위계질서의 극복</u> 오늘날 장로교회는 종교개혁 정신의 회복과 교회 현장의 힘을 적절하게 활용할 수 있는 목회 윤리와 지도력의 확립, 집사직 회복, 여성 참여와 위계적 권위주의 극복이라는 시급한 과제 앞에서 책임적인 실천을 방기하지 않아야 한다.

4장 목회자와 경제생활

17. <u>목회자의 경제생활</u> 목회자는 성도들이 낸 헌금을 목회와 사역에 책임 있게 사용함으로써 성도들의 경제생활의 모델이 되고, 하나님을 향한 믿음이 실제적으로 작용함을 증거해야 한다.

18. <u>목회자와 교회 재정 집행</u> 목회자는 교회 예산을 결정하는 과정과 결과를 투명하게 진행하고, 하나님이 기뻐하시는 뜻에 맞게 사용함으로써 성도들이 목회자를 신뢰하고 헌금할 수 있도록 해야 한다.

19. <u>목회자의 경제생활에 대한 교회의 감독</u> 목회자는 성도들의 재정적인 간섭이나 감사를 목회에 대한 침해로 여기기보다는 목회를 보호하는 동반자로 여김으로써 목회의 건강성을 확보하고 성도들의 신뢰를 얻어야 한다.

5장 목회자와 성 윤리

20. <u>목회자의 성에 대한 이해</u> 목회자는 자신도 성적 존재로 창조된 것을 인정하고 성을 긍정적으로 누리며 살아가야 한다. 그러나

목회자의 성적 탈선은 하나님의 공동체에 씻을 수 없는 상처를 입히므로 성을 오용하거나 과도하게 집착하지 말아야 한다.

21. <u>목회자의 영적 권력과 성</u> 목회자는 자신에게 주어진 영적 권력을 남용하여 여성도들과 성적 일탈 관계에 들어가서는 안 된다.

22. <u>목회자의 성적 탈선의 후유증</u> 목회자가 성적 탈선에 빠지면 영적으로 권위 있는 목회를 할 수 없게 되고, 상대 여성에게 치유 불가능한 내상을 입히며, 교회에 상처를 줄 뿐만 아니라 이웃과 사회를 대상으로 한 복음 사역에 걸림돌이 되므로 각별히 주의해야 한다.

23. <u>목회자의 성적 탈선 예방</u> 목회자는 정직한 자기 인식과 성직자로서의 자아 정체감을 재확인하고, 가능한 한 신체적 접촉을 자제하고 견실한 결혼생활이나 동료 모임을 유지하는 등 성적 탈선의 위험을 미리 감지하고 예방해야 한다.

24. <u>목회자의 성적 탈선에 대한 대응책</u> 목회자의 성적 탈선이 일어난 경우 교회 안에서 적법한 절차를 통하여 정의롭게 처리하고 회복의 길을 갈 수 있도록 해야 한다.

25. <u>목회자의 정치 참여</u> 목회자가 정치인으로서 활동하고자 하는 경우는 목사직을 내려놓고 한 사람의 신앙인으로서 활동해야 한다.

26. <u>목회자가 지양해야 할 정치 활동 영역</u> 목회자는 지역별 연고 모임, 이권이 있는 모임, 정치적으로 편향된 모임, 정당 관련 모임 등에 참여하는 것을 지양해야 하며, 개인의 관심, 가치관, 세계관 등에 기인하지만 목회 업무 시간의 할애를 요하는 정치 활동을 자제해야 한다.

27. <u>목회자가 참여할 수 있는 정치 활동 영역</u> 지역사회를 위해 전문적인 도움을 줄 수 있는 활동 영역 곧, 지방자치 단체나 군인이나 경찰의 지원 요청에 응하거나 공신력이 있는 시민단체에 목회자가 참여하는 것은 허용될 수 있다.

28. <u>목회자의 사회 활동과 교회</u> 목회자의 사회 활동은 교회의 합의를 얻은 후에 이루어지는 것이 바람직하다.

부록 1

교회 내 분쟁의 바람직한 해결 방안[1]

이상민
법무법인 에셀 대표변호사, 기독법률가회(CLF) 사회위원장

1. 들어가는 말

교회 내 분쟁이 일반 법원에서의 소송으로 비화되거나 형사 고소, 고발로 이어지는 경우가 갈수록 늘고 있다. 교회 분열시 교회 재산의 귀속을 둘러싼 분쟁이 법원에서 다루어진 지는 이미 오래되었지만, 최근에는 교단 임원을 뽑는 선거를 둘러싼 소송이 심심치 않게 법원에 제기되고 있다. 또한 교회 분쟁 과정에서 일단 상대방에 대하여 형사 고소, 고발을 하고 보는 풍조가 만연하고 있다.

필자는 이 글을 통해 먼저 교회 내 분쟁이 법원이나 검찰, 경찰로 갈 경우 법원 등이 어느 정도까지 개입하는지에 관해 살펴보고, 다음으로 교회 내 분쟁이 사회법 절차로 직행하는 현상에 대한 대책과 분쟁의 바람직한 해결 방안을 모색하고자 한다.

2. 교회 내 분쟁에 대한 법원 등의 개입의 범위

(1) 종교 교리의 해석에 관한 분쟁

법원은 종교 교리의 해석이 문제 될 경우에는 적극적인 판단을 하지 않는 입장을 보였다.[2]

1970년대 말에 어떤 개인이 통일교가 기독교의 종교단체가 아님을

확인해 달라는 소송을 제기한 적이 있다. 이에 대하여 대법원은
"통일교가 기독교의 종교단체인 여부에 관하여 사회적으로 논란이
있으나 통일교가 종교단체인 여부는 원고의 권리·의무 등
법률관계와는 아무런 관련이 없는 사실 문제이므로 그 확인을
구하는 청구는 즉시 확정의 이익이 없어 부적법하다"고
판시하였다.[3] 확인 청구 소송에 의한 확인의 대상이 되기 위해서는
그 분쟁이 '권리·법률관계'이어야 하며, 사실관계는 확인의 대상이
되지 못한다. 대법원은 통일교가 종교단체인지 여부는 사실 문제일
뿐이므로 청구가 부적법하다고 판단함으로써 종교 교리에 대한
판단을 유보한 것이다.

또한, 대법원은 어떤 사찰이 대한불교조계종에 속한다는 확인을
구하는 청구에 관해서도 "이 청구는 이 사찰에 속하는 구체적인
재산의 소유권 등에 관한 존부의 확인도 아니며 원·피고 간의
이 사찰의 권리에 관한 구체적인 계약 또는 법률관계의 존부
확인을 구하는 것도 아니어서 이는 단순한 사실관계의 문제일
뿐 구체적인 권리 내지 법률관계의 문제가 아니라 할 것이므로
확인의 소의 대상이 되지 않는다"고 판시하였다.[4]

(2) 권징재판
① 원칙적 유보
교회 구성원에 대한 내부 징계, 즉 권징재판에 관하여 징계

대상자가 승복하지 않아 법원에 구제를 청구하는 경우, 법원은 교회의 권징재판은 원칙적으로 사법 심사의 대상이 아니라는 입장을 보이고 있다.

대법원은 "권징은 종교단체가 그 교리를 확립하고 단체 및 신앙상의 질서를 유지하기 위하여 교인으로서 비위가 있는 자에게 종교적인 방법으로 징계 제재하는 종교단체 내부의 규제에 지나지 아니하고 그것이 교인 개인의 특정한 권리·의무에 관계되는 법률관계를 규율하는 것이 아님이 명백하며 본 건에서의 무효를 구하는 결의(재판) 역시 직접으로 원고들에게 법률상의 권리침해가 있다 할 수 없으니 이런 결의(재판)의 무효 확인을 구하는 것은 소위 법률상의 쟁송사항에 관한 것이라 할 수 없다"고 판시하였다.[5] 대법원이 권징재판이 사법심사의 대상이 아니라고 보는 것은 헌법에 보장된 종교의 자유에 포함되는 종교단체의 자율권을 존중하려는 취지로 보인다.[6]

② **예외적 사법심사**

그렇지만, 대법원은 일정한 경우에는 예외적으로 권징재판도 사법심사의 대상이 된다고 판시하고 있다. 즉 "교회의 권징재판은 종교단체가 교리를 확립하고 단체 및 신앙상의 질서를 유지하기 위하여 목사 등 교역자나 교인에게 종교상의 방법에 따라 징계 제재하는 종교단체의 내부적인 제재에 지나지 아니하므로 원칙적으로 사법심사의 대상이 되지 아니하고, 그 효력과 집행은 교회 내부의 자율에 맡겨져 있는 것이므로 그 권징재판으로 말미암은 목사, 장로의 자격에 관한 시비는 직접적으로 법원의 심판의 대상이 된다고 할 수 없고, 다만 그 효력의 유무와 관련하여 구체적인 권리 또는 법률관계를 둘러싼 분쟁이 존재하고 또한 그 청구의 당부를 판단하기에 앞서 그 징계의 당부를 판단할 필요가 있는 경우에는7 그 판단의 내용이 종교 교리의 해석에 미치지 아니하는 한 법원으로서는 위 징계의 당부를 판단하여야 한다"는 것이다.8

법원은 권징재판의 경우에도 권징재판의 효력과 관련한 구체적인 권리 또는 법률관계를 둘러싼 분쟁이 존재하고 또한 그 청구의 당부를 판단하기에 앞서 징계(권징재판)의 당부를 판단할 필요가 있는 예외적인 경우에는 권징재판의 당부를 판단하고 있는 것이다.

③ 하자가 중대해야 무효

법원은 권징재판을 예외적으로 사법심사의 대상으로 삼을 경우에도 그 하자가 중대해야만 효력을 부인할 수 있다고 보고 있다.

대법원은 권징재판이 사법심사의 대상이 될 경우에도 "면직·출교 처분이 교회헌법에 정한 적법한 재판기관에서 내려진 것이 아니라는 등 특별한 사정이 없는 한 교회헌법 규정에 따라 다툴 수 없는 이른바 확정된 권징재판을 무효라고 단정할 수 없다"
고 판시하면서, 면직·출교 처분에 절차상 하자가 있는 경우에도
그것이 중대하여 이를 그대로 둘 경우 현저히 정의 관념에 반하는
경우에 해당해야 면직·출교 처분이 위법하다고 보았다.[9]

(3) 교회의 분열, 교단의 변경 및 재산의 귀속

법원은 교회의 분열, 교단의 변경 및 이로 인한 재산의 귀속에
관해서는 권징재판과는 달리 적극적으로 사법적 판단을 하고
있는데, 이는 교회 분열 등으로 인하여 재산권의 귀속 문제가
필연적으로 야기되기 때문일 것이다.[10]
개교회의 법적 성격은 '법인 아닌 사단'이다.[11] 대법원 판례는
오랫동안 법인 아닌 사단 중 오직 교회에 대해서만 법인 아닌
사단에 원칙적으로 적용되는 법리와는 달리 분열을 허용하고,
분열시의 재산관계는 분열 당시 교인들의 총유라고 판시했다.[12]
또한 교회의 소속 교단 변경은 교인 전원의 의사에 따라서만
가능하다는 입장을 보였다.[13] 대법원의 종전 태도는 법원의 분쟁
해결 기능을 상실하게 할 뿐만 아니라 종전 교회를 박차고 나온
사람들에게 재산적 권리를 인정함으로써 교단 상호간 및 교인
상호간의 분쟁을 더욱 조장하는 결과를 초래한다는 비판을
받았다. 이와 같은 비판을 수용하여 대법원은 2006년 전원합의체
판결로 기존 판례를 변경하였다. 즉 대법원은 "일부 교인들이

교회를 탈퇴하여 그 교회 교인으로서의 지위를 상실하게 되면 탈퇴가 개별적인 것이든 집단적인 것이든 이와 더불어 종전 교회의 총유 재산의 관리처분에 관한 의결에 참가할 수 있는 지위나 그 재산에 대한 사용·수익권을 상실하고, 종전 교회는 잔존 교인들을 구성원으로 하여 실체의 동일성을 유지하면서 존속하며 종전 교회의 재산은 그 교회에 소속된 잔존 교인들의 총유로 귀속됨이 원칙"이고, "소속 교단에서의 탈퇴 내지 소속 교단의 변경은 사단법인 정관변경에 준하여 의결권을 가진 교인 2/3 이상의 찬성에 의한 결의를 필요로 하고, 그 결의요건을 갖추어 소속 교단을 탈퇴하거나 다른 교단으로 변경한 경우에 종전 교회의 실체는 이와 같이 교단을 탈퇴한 교회로서 존속하고 종전 교회 재산은 위 탈퇴한 교회 소속 교인들의 총유로 귀속한다"고 판시하였다.[14]

2006년 전원합의체 판결은, "교회는 비법인 사단으로서, 일반 비법인 사단과 같이 분열은 인정되지 않고 다수결로서 재산귀속을 결정하고, 교회가 소속 교단을 변경하거나 교단을 탈퇴하려면 교인 전체의 2/3 이상의 동의를 요하며, 2/3 다수결을 충족한 경우에는 종전교회 재산은 변경된 교단 소속 교회로 귀속한다"는 내용으로 요약할 수 있다.[15]

2006년 전원합의체 판결은 2/3 다수결이라는 객관적 기준을 제시함으로써 교회 분쟁의 신속한 해결과 예방책이 될 것으로

기대되었다. 그러나 위 판결은 한국 교회, 특히 대형 교회의
교인 관리 부실이라는 현실에 부딪치면서 지극히 비현실적인
기준이었음이 드러나게 되었다는 비판을 받고 있다.[16]

(4) 교단 임원 선거 등 관련 분쟁

최근에는 교단 임원 선거와 관련한 분쟁이 사회재판으로 연결되는
경우가 자주 일어나고 있다.[17] 감리교 감독회장 선거와 관련한
분쟁에서 보듯이 교단 임원 선거와 관련해서 직무정지가처분,
선거무효확인청구소송 등이 제기된 경우에는 법원은 그러한
사건을 다른 사건과 별다른 차이 없이 심리하고 있다. 교리 해석이
요구되는 것도 아니고, 심판의 대상이 권징재판인 것도 아니기
때문인 것으로 생각된다.

(5) 형사 사건

또한 교회 내 분쟁이 형사 문제로 비화되는 경우가 과거에 비해
훨씬 더 많아진 것으로 보인다. 관련자들이 성범죄 등 중대한
범죄를 저지르는 경우가 많아서일 수도 있고, 분쟁이 더욱
격화되고 있기 때문일 수도 있다. 교회 내 분쟁과 관련하여 형사
고소·고발이 접수되면 검찰과 경찰은 일반적인 사건 처리 절차에
따라 처리하고 있다. 법원도 교회 내 분쟁과 관련된 형사 사건에
대해 일반 형사 사건과 다르게 처리하지는 않고 있는 것으로

파악된다.

(6) 소결

따라서 교회 내 분쟁이 일반 법원으로 이어질 경우 교리 해석과 권징재판을 제외하고는 일반 법원이 적극적으로 개입하고 있다고 할 수 있다.

3. 교회 내 분쟁의 바람직한 해결 방안

교회 내 분쟁에 관하여 법원 등이 적극적으로 개입하고 있는 현실과 교회 내 분쟁을 법원 등을 통해 해결하는 것이 적절한지 여부는 별개의 문제이다. 교회 내 분쟁은 어떤 방식으로 해결하는 것이 바람직한지 논의되어야 한다.

(1) 당사자들의 태도 변화가 필요

여러 가지 해결책과 제도가 제시될 수 있지만, 무엇보다 먼저 당사자들의 태도 변화가 필요하다. 교회 내 분쟁은 당사자들의 신앙적 확신과 관련되기 때문에 다른 분쟁보다 더 해결하기 어려운 경우가 많다.[18] 일반적인 금전적 분쟁의 경우에도 그 다툼이 단체의 주도권 싸움 등 다른 요인과 연결되면 해결하기가 더

어려워진다. 교회 내 분쟁은 관련자들이 신앙적 확신에 입각하여
문제에 접근하고 상대방을 대하기 때문에 해결이 더 어려워지기도
한다. 자신들과 상대방은 근본적인 면에서 다르고 서로 조화될 수
없다고 여기는 것이다. 이와 같은 태도가 바꾸어져야만 교회 내
분쟁이 해결될 수 있다.

따라서 교회 내 분쟁을 해결하기 위해서는 첫째, 당사자들이 나
또는 우리만 옳다는 생각을 버리고 상대방을 포용해야만 한다.
반대 세력을 적으로 보아서는 안 되며, 자기중심적인 태도를
극복하고 오히려 상대방을 자신보다 더 낫게 여기는 겸손한
태도를 보여야 한다.[19] 그리스도인은 하나님의 포용을 받은
사람으로서 자신 안에 다른 이들을 위한 공간을 마련하고 그들을
초대해 들여야 한다.[20] 둘째, 상대방과 대화해야 한다. 대화만으로
모든 갈등이나 분쟁이 일거에 해소되지는 않겠지만, 대화는
갈등 해소의 출발점이 될 수 있다.[21] 셋째, 상대방을 이해하려고
노력해야 한다.[22] 서로 간의 차이보다는 공통점, 공유하는 것에
주목하여야 한다.[23]

(2) 교회재판의 우선적 활용

교회 내 분쟁을 당사자들 간의 대화와 태도 변화로 완전히
해결하지 못해 교회재판, 일반 법원 등 분쟁 해결 기구를 활용할
수밖에 없다면 어떤 방식을 택하는 것이 적절할까. 교회재판을

활용할 것인가, 아니면 곧바로 법원을 찾아갈 것인가. 또는 대안적 교회 분쟁 해결 제도[24]를 택할 것인가.

① 성경의 태도

바울은 고린도전서 6장 1~7절에서 교회 내 분쟁을 일반 법정에서 해결하는 것에 대하여 명확하게 부정적인 입장을 표시하고 있다. 바울은 심지어 "너희가 피차 고발함으로 너희 가운데 이미 뚜렷한 허물이 있나니 차라리 불의를 당하는 것이 낫지 아니하며 차라리 속는 것이 낫지 아니하냐"라고까지 말한다. 바울이 위 구절을 통해 일반 법정에서의 소송을 절대적으로 금지한 것인지 여부에 대해서는 논란이 있을 수 있지만, 바울이 교회 내 분쟁을 곧바로 법정으로 가져가는 태도를 경계하는 것은 분명해 보인다.[25] 또한 마태복음 18장 15-17절에 따르면, 예수께서도 "네 형제가 죄를 범하거든 가서 너와 그 사람과만 상대하여 권고하라 만일 들으면 네가 네 형제를 얻은 것이요 만일 듣지 않거든 한두 사람을 데리고 가서 두세 증인의 입으로 말마다 확증하게 하라 만일 그들의 말도 듣지 않거든 교회에 말하고 교회의 말도 듣지 않거든 이방인과 세리와 같이 여기라"고 말씀하셨다.

위와 같은 성경 구절은 교회 내 분쟁을 우선적으로 교회재판을 통해 해결하는 방식을 지지하는 것으로 해석할 수 있다.

② 교회재판의 문제점

그런데 각 교단마다 사정이 다를 수 있지만 교회재판은 문제점이 많다. 대한예수교장로회(통합) 교단을 예로 들면 다음과 같은 문제점이 지적되고 있다. 첫째, 교회법 체계의 혼란과 미비이다.[26] 재판의 기준이 될 규범, 즉 교회법이 체계 및 내용상 일관되어 있지 않고, 교회 분쟁의 중요한 원인이 되는 교회 재산의 관리와 처분에 관한 규정이 미비하다는 것이다.[27] 또한 권징의 사유가 되는 죄과가 너무나 포괄적으로 규정되어 있어 죄형법정주의에 반할 우려가 있고, 책벌의 상한선이나 하한선이 전혀 규정되어 있지 않은 점도 문제로 지적된다.[28] 둘째, 재판 기관의 비전문성이다. 최고법원에 해당하는 총회 재판국은 15인의 재판국원(목사 8인, 장로 7인)으로 구성되는데, 재판국원 중에는 교회법이나 국가법에 대한 전문적 소양이 부족한 경우가 많다는 것이다.[29] 셋째, 재판 기관의 독립성과 공정성이 문제된다. 총회 재판국은 총회의 산하 기관으로서 총회로부터 완전히 독립된 지위를 보장받지 못하고 있으므로 재판의 공정성에 대해 의문이 제기될 수 있고, 일반 평신도들에게는 교단 재판 기관은 목회자들의 편이라는 의구심이 강하다는 것이다.[30]

위와 같은 교회재판의 문제점은 주로 교단 헌법상의 문제점인데, 교회재판의 현실은 더욱더 큰 문제를 갖고 있다. 교회재판은 통상 개교회 당회 재판국, 노회 재판국, 총회 재판국의 3심 구조를

갖는다. 당회 재판국과 노회 재판국이 제대로 운영되지 않더라도
최고법원인 총회 재판국이 제대로 운영된다면 교회재판에 희망을
걸어볼 수 있는데, 현실은 그렇지 못하다. 교단 정치는 정치적인
목사에 의해 좌우되며, 교단 총회는 정치적 이해관계에 의해
정상적인 목회자를 제거하려 하고, 오히려 문제 있는 교회와
목회자는 제대로 치리하지도 않는다는 비판이 제기되고 있다.[31]
교단정치에서 정치적인 장로의 폐해를 지적하는 소리도 있다.
교단정치가 이른바 정치목사와 정치장로들에 의해 장악되어 있는
실정이라면, 노회 재판국, 총회 재판국 등의 공정성, 객관성을
기대하기 어렵다. 또한 교회재판이 관련자들의 고향, 출신 신학교
등에 따라 편파적으로 진행된다는 지적도 있다.

③ 교회재판이냐 일반 법원이냐

교회재판이 많은 문제를 갖고 있는 데 반해 일반 법원에는
우수하고 경험 많은 법관들이 포진하고 있으며, 이 법관들은
적어도 교단정치의 영향은 전혀 받지 않을 것으로 기대할 수
있다. 일반 법원에서 재판받을 권리는 우리나라 헌법상 보장되어
있는 기본권이기도 하다. 따라서 신뢰할 수 없는 교회재판
절차에 기대기보다 객관성과 공정성이 기대되는 사회재판 절차를
이용하는 것이 합리적인 선택일 수 있다. 교회의 징계가 힘이
없고, 교회법의 최종 단계까지 가도 판결에 승복하지 않는 경우가

다반사라는 점 등을 이유로 오히려 교회 분쟁을 적극적으로
법정으로 가져가야 한다는 주장도 제기된다.[32]

④ 교회재판의 우선적 활용

그러나 최근 한국 교회에서는 너무 쉽게 사회 법정으로 달려가는 경향이 자리 잡고 있으며, 이와 같은 경향이 날이 갈수록 더 심해지고 있다. 소송이 소송을 부르며, 분쟁이 격화되면 일단 형사고소부터 하고 보는 풍조가 팽배해 있다. 교회재판이 공정하고 합리적으로 이루어지지 않는 현실을 고려하면 이와 같은 태도도 이해가 된다. 그러나 교회재판이 문제가 많으면 그 문제를 고치려고 시도해야 하며, 교회재판의 문제 때문에 교회재판을 뛰어 넘어 일반 법원으로 바로 달려가서는 안 된다. 교회재판을 개혁하고, 그 교회재판을 통해 교회 분쟁을 우선적으로 해결하려는 태도가 바람직하다. 성경이 그렇게 가르치고 있으며, 이와 같은 노력이 없으면 나중에는 일반 법원이 모든 형태의 교회 갈등과 분쟁을 심판하는 지경에 이르게 될 수도 있다. 또한 일반 법원의 판결이 해당 재판의 대상이 된 문제에 대한 해답을 제시하더라도 교회의 회복에는 전혀 도움이 되지 않을 수도 있다. 따라서 교회재판 제도의 개혁 등을 전제로 하되, 교회재판의 많은 문제점에도 불구하고 교회 분쟁은 우선적으로 교회재판을 통해 해결하는 것을 원칙으로 삼아야 한다. 다만 교회나 교인이

관련되어 있으나 실질적으로 교회 내 갈등이나 분쟁이라고 보기 어려운 사건(예컨대 심각한 형사범죄)은 일반 법원을 통해 해결할 수밖에 없을 것이다.

(3) 교회재판의 우선적 활용을 위한 필수적 해결 과제

우선적으로 교회재판을 통해 교회 내 분쟁을 해결하는 것을 원칙으로 삼기 위해서는 교회재판 제도의 개혁 등 필수적 과제의 해결이 전제되어야 한다. 특히 교회재판 제도가 개혁되지 않은 상태에서는 오히려 분쟁이 해결되지 않고 지연되거나 때로는 더 악화될 것이다. 따라서 우선적으로 교회재판을 통해 교회 내 분쟁을 해결한다는 원칙은 세워 두되, 다음과 같은 필수적 과제를 최대한 신속하게 해결해야 한다. 다만 모든 교단에서 이와 같은 개선책을 동시에 도입하는 것은 기대하기 어려울 것이다. 그러므로 한두 교단이라도 교회 내 갈등은 교회재판을 통해 우선적으로 해결한다는 원칙을 구현하기 위해 선도적으로 교회재판 제도의 개혁 등에 착수하는 결단이 필요하다.

① 권징조례의 정비

각 교단의 권징조례를 명확하게 정비할 필요가 있다.[33] 권징조례는 권징의 대상, 권징재판의 절차, 재판국의 구성 등을 정하고 있으므로 교회 내 분쟁을 교회 및 교단 내에서 해결하는 데 매우 중요한 규범이다. 그런데 권징조례의 내용이 불명확한 경우가 적지 않다.[34] 권징의 대상이 되는 범죄뿐만 아니라 전체적으로 권징조례의 내용을 논란의 여지가 없도록 분명하게 정하는 것이 필요하다. 권징조례가 정비되어야만 권징재판에 대한 진정한 승복을 이끌어 낼 수 있을 것이다.

② 교회재판 심판 대상의 확대

교회 내 분쟁을 교회 내에서 우선적으로 해결하기 위해서는 각 교단 재판국의 심판 대상을 적극적으로 확대하는 것이 필요하다. 각 교단의 권징조례는 권징 사건만 재판국의 심판 대상으로 삼거나 또는 권징 사건 및 행정 사건을 재판국의 심판 대상으로 삼고 있다. 그러나 현재 교회 안에서 발생하고 있는 다양한 유형의 분쟁으로서 교회재판을 통해 해결 가능한 것을 최대한 적극적으로 재판국의 심판 대상으로 삼을 필요가 있다. 교회 내 분쟁을 최대한 교회 내에서 해결하려는 제도적 노력이 요구되는 것이다. 물론 현재 교단 재판국의 심판 대상으로 되어 있는 사건도 공정하고 객관적으로 해결하지 못하고 있는 실정을 감안할 때 심판 대상의 확대는 요원한 꿈일 수도 있다. 그러나 교회 내 분쟁이 교회 밖으로 나가지 않도록 하기 위해서는 재판국 심판 대상의 확대가 반드시 필요하다.

③ 재판국원 구성의 다양화, 전문화 및 교단정치의 영향 배제

각 교단 재판국의 구성원을 다양화하는 것도 필요하다. 적어도 일반 법원의 대법원에 해당하는 총회 재판국의 구성원이라도 다양하게 구성하는 것이 바람직하다.[35] 총회 재판국원을 총회에서 선임된 목사와 장로만으로 구성하도록 하는 경우가 있는데, 이와 같이 구성할 경우에는 총회의 재판이 교단정치의 영향을 받을 가능성이 대단히 높다. 따라서 총회 재판국원의 자격을 완화할 필요가 있다. 이와 같은 제안은 한국 교회의 현실에 맞지 않는다는 비판이 제기될 수 있으나, 교회재판에서 최대한 교단정치의 영향을 배제하지 않고서는 교회재판을 통해 교회분쟁을 제대로 해결하는 것을 기대할 수 없다.

또한 총회 재판국이 최종심이라는 점을 감안할 때, 교회 내 분쟁에 관한 교회재판에 대하여 당사자들이 수긍하도록 하기 위해서는 총회 재판국원에 법률 전문가를 상당수 포함시키는 것이 바람직하다. 재판국원 15인 가운데 2인 이상은 법학을 전공한 법학사 학위를 가진 자 중에서 선임하도록 정함으로써 어느 정도 전문성을 확보하려는 시도도 보이지만,[36] 앞에서 본 것처럼 이것만으로는 양적으로나 질적으로나 충분하지 않다. 총회 재판국원 중 적어도 1/3은 변호사, 법학교수 등 법률 전문직에 일정 기간 이상 종사한 사람으로 선임하는 방안도 적극적으로 검토할 필요가 있다.[37]

나아가 교단정치가 교회 내 재판에 영향을 미치는 것을 방지하기 위해서는 아예 일정수의 교단 외부 인사를 총회 재판국원으로 참여시키는 방안도 생각해 볼 수 있을 것이다. 교단 외부 인사들이므로 교단 내의 정치적 이해관계에 휘둘리지 않고 엄정한 판단을 하는 것을 기대해 볼 수 있다. 교회 내 분쟁 해결 기구가 전문성을 구비하고 권위를 회복하기 위해서는 교회 재판국의 구성원을 다양화하고 전문화하는 것이 반드시 필요하다고 본다.

④ 교회재판의 공정성 확보 및 신속한 처리

각 교단이 권징재판 등 교회재판을 공정하게 진행하는 것이 무엇보다 중요하다. 정치적 이해관계, 학연, 지연 등에 따른 재판이나 봐주기 식의 재판이 있어서는 안 된다. 교회재판이 권위를 갖기 위해서는 공정하고 엄정한 법집행이 강력하게 요망된다. 교회재판이 면죄부를 주기 위한 요식 절차로 전락한다면 교회재판을 통한 교회 분쟁의 해결은 전혀 기대할 수 없다.
또한 교회재판 절차의 신속성이 요구된다. "지연된 정의는 정의가 아니다"(Justice delayed is justice denied)라는 법언이 있다. 교회재판이 실효를 거두려면 권징 등에 관한 신속한 판단이 필요하다. 정당한 이유 없이 권징 등에 관한 판단을 미루는 것은 관련자를 봐주는 것과 다르지 않다.
따라서 위에서 언급한 교단 외부 인사의 총회 재판국원 참여를

비롯하여, 교회재판의 공정성과 신속성을 확보하기 위한 다양한
제도를 도입하고, 이를 강력하게 시행해야 한다.

⑤ 조정 등의 적극적 활용

교회재판은 분쟁의 해결뿐만 아니라 관련된 교회의 회복을 늘
염두에 두어야 한다. 교회의 회복을 위해서는 당사자의 상호
양보를 전제로 하는 조정, 화해 등이 바람직하므로, 교회재판
과정에서 조정, 화해 등을 적극적으로 활용할 수 있는 구체적인
제도적 개선책이 필요하다.

⑥ 개교회 정관 작성

교회 내 분쟁을 교회재판을 통해 제대로 해결하기 위해서는
개교회별로 정관을 제정하는 것이 필요하다. 개교회는 그 법적
성격이 비법인사단이므로 교회 정관은 교회의 자치 법규이다.[38]
정관만으로 모든 문제가 해결될 수는 없겠지만, 개교회 정관에
의사결정 구조, 분쟁 해결 방안 등에 대하여 상세하고 합리적으로
규정한다면 분쟁의 소지가 크게 줄어들 것이고, 분쟁의 소지가
줄어든다면 일반 법정에 호소할 여지도 당연히 줄어들 것이다.
개교회의 정관은 교회 내 분쟁이 어쩔 수 없이 교회재판이나
일반재판으로 가게 된 경우에는 그 분쟁을 해결하는 일차적인
규범의 역할도 하게 된다. 체계적이고 합리적인 정관이 있을 경우

교회 재판국이나 일반 법원은 이를 기준으로 하여 교회 내 분쟁을
좀더 명확하게 해결할 수 있으며, 당사자들이 그와 같은 판단에
승복할 여지도 많게 된다. 따라서 교회 내 분쟁을 교회재판을
통해 우선적으로 해결하는 방안이 실효를 거두기 위해서는
개교회가 정관을 제정하는 것이 급선무다.

그런데 대다수의 교회들이 정관을 갖고 있지 않거나 또는 정관이
있다고 하더라도 내용을 구체적으로 규정하지 않아 유명무실한
경우가 허다하다.[39] 교회 정관에는 교회의 조직과 활동의 기본적인
사항, 즉 교회의 대표, 교인의 자격과 권리, 의무, 교인 지위의
취득과 상실, 자산과 재정 등이 규정되어야 할 것이다.[40] 특히 교회
재산과 관련된 분쟁의 예방과 적절한 해결을 위해서는 교회정관에
교회 재산에 관한 규정을 반드시 둘 필요가 있다.[41] 또한 교회
분쟁에서 교인의 자격과 이를 입증하는 방법에 대한 어려움이
생길 수 있으므로 정관에 교인의 자격, 입증 방법 등에 대한
상세하고 명백한 규정을 둘 필요도 있다.[42]

(4) 대안적 교회 분쟁 해결 제도의 적극적 활용

교회 내 분쟁을 교회 내에서 제대로 해결하기 위한 제도적 개선이
이루어지기까지는 현실적으로 적지 않은 시간이 걸릴 것이다.
따라서 교회재판 제도의 개혁 등을 전제로 교회 내 분쟁은
교회재판을 통해 해결한다는 원칙을 세워 두되, 교회재판 제도의

문제점이 해결되지 않아 공정한 교회재판을 기대하기 어려운 경우에도 바로 사회 법정으로 가기보다는 대안적 교회분쟁해결 제도를 적극적으로 이용하는 것이 현실적인 대안이 될 수 있다. 또한 교회재판 제도의 개혁이 이루어진 다음에도 사안의 성격에 따라서는 대안적 교회 분쟁 해결 기구를 통해 해결하는 것이 바람직한 경우도 있을 수 있다.

그런데 대안적 교회 분쟁 해결 기구인 한국기독교화해중재원은 현재 그다지 많이 활용되지 않고 있다.[43] 그 이유로는 화해중재원의 성격과 기능에 대한 이해 부족, 화해중재원에 대한 신뢰 부족, 화해중재원의 존재와 기능에 대한 홍보 부족 등이 지적되고 있다.[44] 교회 분쟁의 당사자들이 화해중재원을 활발하게 이용하도록 하기 위해서는 홍보도 필요하지만, 무엇보다 화해중재원이 당사자들로부터 공정성과 객관성에 대한 신뢰를 얻는 것이 중요하다. 교회 분쟁의 당사자들은 교회재판을 목회자 또는 특정 교회정치 세력이 장악하고 있는 것으로 이해하는 경우가 많다. 공정성, 객관성에 대한 의구심 때문에 교회재판 기구를 통해 교회 분쟁을 해결하기를 꺼리는 것이다. 당사자들이 화해중재원에 대해서도 이와 같은 의구심을 가질 수 있다. 따라서 화해중재원은 특정 교회정치 세력이나 목회자, 장로, 또는 그 밖의 일방 당사자의 편이 아니라는 점을 분명하게 보여 주어야 한다. 화해중재원의 인적 구성, 조직, 운영 등에 있어서 이 점을 특히 염두에 둘 필요가 있다. 만일 화해중재원의 공정성, 객관성에 대한 충분한 신뢰를 확보하기 위하여 대대적인 제도적 개선이 요구된다면 시급하게 개선에 나서야 할 것이다.

4. 일반 법정으로 갈 경우 명심할 사항

그렇지만 많은 교회 내 분쟁이 여러 가지 이유로 법정으로 가는 것이 작금의 현실이다. 어떠한 사유에 의해서든지 교회 내 분쟁을 법원으로 가져갈 경우에도 다음과 같은 점은 반드시 명심해야 한다.

(1) 형사 고소·고발의 자제

형사 고소·고발은 가급적 최후 수단으로 사용하는 것이 필요하다. 민사소송은 금전적 해결, 재산적 해결 등을 주로 목표로 하지만, 형사 고소·고발은 상대방에 대한 형사처벌이나 인신 구속을 목표로 한다. 따라서 일반적으로는 일단 형사 고소·고발이 이루어지면 관련자들의 감정이 민사소송보다 훨씬 더 격화될 수밖에 없다. 그런데 언젠가부터 한국 교회에서 교회 내 분쟁이 발생하면 일단 상대방에 대한 고소장, 고발장부터 접수하고 보는 것이 유행처럼 번지게 되었다.

일반 사회 분쟁에서는 민사소송의 증거를 확보하거나
상대방으로부터 쉽게 합의를 이끌어 내기 위해 고소·고발을 하는
경우도 많다. 그러나 형사 고소·고발의 감정적 영향을 감안할 때
교회 내 분쟁에서는 우선 위와 같은 목적을 위한 고소·고발이라도
자제하는 것이 필요하다. 다만 최근 한국 교회에서 큰 문제로
등장하고 있는 목회자의 성범죄, 중대한 재산범죄(거액의 횡령, 배임 등)
등은 교회 내 분쟁이라기보다 심각한 형사범죄이므로 형사 고소·
고발에 의해서 해결할 수밖에 없다고 본다. 이에 준하는 중대한
형사범죄의 경우도 마찬가지일 것이다.

(2) 법원 판단의 존중
일반 법정에 호소하여 법원의 판결이 내려질 경우 그 판결에
불복하여 항소, 상고를 하는 것은 헌법상 보장된 권리이므로 이를
막을 수는 없다. 그렇지만 전혀 항소, 상고의 실익이 없음에도
감정싸움 때문에 항소, 상고하는 것은 자제해야 한다.
또한 사회법에 의한 최종 판단이 내려진 이후에도 교회에서는
교회법이 우선한다는 논리를 내세우며 사회법에 따른 판단에
승복하지 않는 경우도 있다. 이런 경우에는 분쟁이 끝날 조짐을
보이지 않게 된다. 따라서 당사자 입장에서는 아쉬운 점이
있더라도 사회법에 따른 최종 판단이 내려지면 이를 받아들이는
성숙한 태도가 필요하다.

(3) 일반 법정의 한계에 대한 인식

일반 법정에서 항상 사건의 실체적 진실이 밝혀지는 것은 아니라는 점을 인식할 필요가 있다. 이는 증거가 없어서일 수도 있고, 당사자나 변호사가 적절하게 대응하지 못했기 때문일 수도 있으며, 판사가 잘못 판단했기 때문일 수도 있다. 어떠한 이유에서이든지, 민사 사건이든 형사 사건이든, 법정에서 언제나 진실이 명확하게 드러나는 것은 아니다. 따라서 사회법으로 가더라도 법정의 이와 같은 한계를 인식해야 한다. 이러한 한계를 인식하면 오히려 사회법에 따른 최종 판단에 승복하기가 쉬울 수 있다.

(4) 재판상 화해, 조정의 적극적 수용

재판이 진행되는 과정에서 법원에서 화해, 조정을 권유할 경우 이를 적극적으로 받아들이는 것이 바람직하다. 화해, 조정은 일방 당사자의 완승이 아니라 양 당사자의 양보를 전제로 하므로 양 당사자가 화해안, 조정안에 대하여 모두 불만을 가질 수 있다. 그러나 일도양단적인 결론의 판결보다는 화해, 조정을 통해 문제를 해결하는 것이 교회의 상처를 싸매는 데 더 바람직한 경우가 많다. 따라서 다소 억울하고 불만스러운 점이 있더라도 당사자들이 적극적으로 화해, 조정을 받아들이는 것이 필요하다.

(5) 교회 공금으로 재판 비용을 사용할 경우의 문제점

목회자가 개인의 비리나 부정과 관련된 민사, 형사 절차에서 교회 공금으로 변호사 보수나 소송 비용을 지급해서는 안 된다. 이 경우 배임죄로 처벌된다. 대법원은 이와 관련하여 이렇게 보았다.[45] "피고인의 횡령 행위, 재산 문제, 감독회장 부정선거, 여자 문제 등 피고인의 개인 비리나 부정을 무마하거나 처리하기 위하여 교회 공금을 사용하는 것은 배임 행위에 해당하고, 목사가 교회 내부의 규정에 따라 장로들로 구성된 기획위원회, 실행위원회 등의 결의를 거쳐 위와 같이 교회 공금을 사용한 경우, 기획위원, 실행위원 등이 목사의 개인 비리나 부정을 무마하거나 처리하기 위하여 교회 공금을 사용하기로 한 결의에 찬성한 행위도 교인들에 대한 배임 행위에 해당한다." 따라서 목회자가 개인 비리 등과 관련된 사건의 변호사 보수 및 소송 비용으로 교회 공금을 사용해서는 안 될 뿐만 아니라, 당회가 이를 승인해서도 안 될 것이다.

(6) 법원의 판결 이후 후속 작업의 중요성

일반 법원의 최종 판결이 내려진다고 하더라도 이로써 모든 교회 갈등이 해결되는 것은 아니라는 점을 명심할 필요가 있다. 그 판결이 또 다른 분쟁의 소지를 낳는 경우는 물론이지만, 그 판결이 관련된 모든 문제에 대해 충분한 해답을 주는 경우에도 마찬가지다. 승소가 교회 분쟁을 최종적으로 해결하는 것은 아니다. 최선의 경우에도 법원의 판결은 분쟁 해결의 1단계에 불과하다. 재판상 화해, 조정 등도 마찬가지이다. 교회 분쟁 과정에서 주고받은 서로간의 공격은 소송 과정에서 서면 공방, 증인 신문 등을 통해 증폭되어 당사자들의 마음에 굵은 못으로 깊이 박히게 된다. 승소판결문을 받고 교회건물을 넘겨받더라도, 당사자들이 때로는 인생의 대부분의 시간을 바친 그리스도의 몸 된 교회가 저절로 회복되는 것은 아니다. 오히려 소송과 판결이 교회 내 분쟁을 해결할 수 없는 지경으로 만들 수도 있다. 따라서 우선 신중하게 일반 법정에 접근해야 할 것이며, 또한 최종 판결 등을 받은 이후에는 그리스도의 몸 된 교회를 회복하기 위한 후속 작업이 반드시 필요하다.

5. 나가는 말

교회도 인간의 조직이므로 갈등과 분쟁이 없을 수는 없다. 경우에 따라서는 이를 극복하는 과정에서 교회가 더 성숙해지고 견고해질 수도 있다. 교회 내 갈등이나 분쟁이 교회 성장의 계기가 될 수도 있다. 그러나 교회 내 갈등과 분쟁이 지속되어서는 안 된다.
교회 내 분쟁을 제대로 해결하기 위해서는 먼저 당사자들의 태도 변화가 필요하다. 교회 내 분쟁이 일차적으로 일반 법원을 통해서 해결되는 것은 결코 바람직하지 않다. 교회재판 제도가 현실상 문제점이 많기에 교회재판 제도의 개혁이 반드시 전제 되어야 하지만, 교회 내 분쟁을 분쟁 해결 기구를 통해 해결할 경우에는 우선적으로 교회재판을 통해 해결한다는 원칙을 세워야 한다. 대안적 교회 분쟁 해결 기구를 이용하는 것도 한 방법이다. 부득이하게 일반 법정으로 가더라도, 승소판결문이 소송 과정을 통해 더욱더 병들고 찢기게 되는 그리스도의 몸 된 교회에 대한 완치증명서가 될 수는 없다는 점을 명심해야 한다.

부록 2
교회 재정,[1] 어떻게 사용할 것인가

최호윤
삼화회계법인 회계사, 교회재정건강성운동 실행위원장

1. 들어가는 말

수입과 지출로 구성되는 교회 재정에서 수입 측면 즉, 드리는 헌금에 대해서는 많은 얘기들이 있지만 지출 측면, 즉 드려진 헌금이 어떻게 사용되어야 하는지에 대해서는 그다지 많이 언급되지 않는다. 우리가 드린 헌금을 하나님이 모두 받아 가셔서 하나님이 직접 사용하시면 드리는 것만 고민하겠지만, 하나님은 드려진 헌금을 잘 관리할 청지기적 관리 책임을 다시 우리에게 부여 하시면서, 우리를 통하여 사용하신다.

드리는 헌금이 개인 차원의 신앙고백이라면 드려진 헌금의 사용은 공동체적 신앙고백이라 할 수 있다. 이러한 점에서 재물을 위탁 관리하는 청지기 입장에서 교회가 가져야 할 관점을 돌아보는 것은 재물에 대한 교회의 균형감 회복이라는 면에서 중요하다.

2. 헌금의 성격과 사용

구약 시대에 번제, 소제, 화목제, 속죄제, 속건제의 제물로 드리는 헌물이 제사의 종류에 따라 다양했으나 그 목적은 이스라엘 백성이 죄의 용서를 받고 백성과 하나님 사이의 화목, 백성들간의 화목을 위한 것이었다. 신약 시대에는 이스라엘 백성이 하나님

나라 백성을 의미한다는 점에서 오늘날의 교회에서 헌금과 재정의
역할은 하나님과 하나님 나라 백성(공동체)의 화목, 공동체 구성원들
간의 화목을 위하여 사용되어야 한다는 점에서 재정 사용의
방향성을 찾아야 하겠다.

구약의 헌물은 화폐 경제의 발달에 따라 시간적 공간적 차이를
해결하기 위해 필요한 물품을 구매할 수 있는 화폐로서의
헌금으로 변천되었으며, 정치 구조의 변화에 따라 왕정 시대부터는
종교 활동으로서의 헌금과 국가 운영을 위한 세금이 구분되기
시작했다. 정치와 종교가 분리된 현대에 적용할 기준을 찾으려면
신정일치 시대에서는 헌금의 정신을, 신정 분리 구조의 시대에서는
헌금의 사용에 대해 검토할 필요가 있다.

3. 재정 사용의 주체

구약의 제사장 시대에는 제사를 주관하는 제사장이 헌금을
집행하였으며 이를 잘 관리하지 못한 책임은 전적으로
제사장에게 있었다. 예수님 부활 이후 처음에는 사도들이 재물을
관리하였으나 말씀을 제쳐 놓고 재정 출납을 담당하는 것이
마땅하지 아니하다 하여 일곱 집사를 택하고 이들에게 재정
출납을 맡겼다(행 6장).

우리는 여기서 구약 시대의 제사장과 신약 시대의 사도의 역할을 구분해야 한다. 구약의 제사장 시대에는 제사를 위한 제물을 드리고, 제사를 주관하는 제사장이 이를 관리하였으나 사도 시대에는 복음과 사도들의 말씀에 은혜 받고 변화 받은 믿는 무리가 (하나님 말씀으로) 한 마음 한 뜻이 되어 모든 물건을 서로 통용하고… 사도들의 발 앞에 둔 재물을 사도들이 '한 마음 한 뜻'을 기초로 각 사람의 필요를 따라 나누어 준 것이다(행 5:32-35). 구약 시대에는 5대 제사의 제물이 있었고, 신약 시대부터는 5대 제사의 제물이 없으나 우리 모두가 제사장이 되어 우리 스스로를 산 제물로 드린다는 점에서 신약 시대부터의 헌금은 구약 시대의 제물과 의미가 다르다. 또한 신약 시대에는 제사가 아니라 말씀 앞에 한 마음 한 뜻으로 변화된 제자들이 내어놓은 재물이 그 '한 마음 한 뜻'으로 사용되도록 사도들이 대행하는 역할을 한 것이지 사도들이 재정 관리의 주체라고 할 수는 없다.

사도들은 변화된 제자들이 바친 재정을 관리하는 자 중 일부였기에 구체적인 집행을 위해 일곱 집사를 세워 그들에게 집행 책임을 부여할 수 있었던 것이고, 현대에는 당회, 재정부 등이 교회에서 재정 집행을 대행하는 기구가 되는 것이다. 현대 교회에서 재정 사용의 주체는 말씀 앞에 '한 마음 한 뜻'으로 변화된 교회 공동체이며, 재정 사용의 책임자 또한 교회 공동체다.

4. 재정 사용의 방향

제물과 헌금, 연보 등의 사용에 관한 성경 구절과 내용은 다음과 같다.

> 레위인에게 주어 각기 직임대로 회막 봉사에 쓰게 할지니라(민 7:5).
> 네 하나님 여호와 앞에서 너와 네 권속이 함께 먹고 즐거워 할 것이며(신 14:26)
> 레위인은 너희 중에 분깃이나 기업이 없는 자이니 또한 저버리지 말지니라(신 14:27)
> 매 삼 년 끝에 그 해 소산의 십분의 일을…(신 14:28).
> 분깃이나 기업이 없는 레위인과 네 성중에 거류하는 객과 및 고아와 과부들이 와서 먹고 배부르게 하라(신 14:29)
> 사도들의 발 앞에 두매 그들이 각 사람의 필요를 따라 나누어 줌이라(행 4:35)
> 헬라파 유대인들이 자기의 과부들이 매일의 구제에…(행 6:1).
> 마게도냐와 아가야 사람들이 예루살렘 성도 중 가난한 자들을 위하여 기쁘게 얼마를 연보하였음이라(롬 15:26)
> 힘에 지나도록 자원하여 이 은혜와 성도 섬기는 일에 참여함(고후 8:3-4)
> 너희가 모든 일에 넉넉하여 너그럽게 연보를 함은 그들아 우리로 말미암아 하나님께 감사하게 하는 것이라(고후 9:11)
> 모든 사람을 섬기는 너희의 후한 연보(고후 9:13)
> 다른 사람은 평안하게 하고 너희는 곤고하게 하려는 것이 아니요 균등하게 하려

함이니 이제 너희의 넉넉한 것으로 그들의 부족한 것을 보충함은 후에 그들의 넉넉한 것으로 너희의 부족한 것을 보충하여 균등하게 하려함(고후 8:13-14)

제물과 재정의 사용 방향은 넓은 의미에서 하나님 나라를 위하여 사용되어야 하며, 하나님 나라 백성인 공동체성을 근거로 약한 지체들을 영적으로, 육적으로 섬기고 분담하는 방향이라는 공통점이 있다.

5. 재정 관리 문제 발생 원인[2]

교회 재정 관리에 문제가 발생하는 원인을 예로 들면 다음과 같다.

(1) 개인 영성에 의존

오류나 부정을 방지할 수 있는 시스템을 준비하기보다는 개인의 영성(믿음)에 전적으로 의지하여 재정을 관리함으로써 사고가 발생하는 것을 사전에 방지하지 못한다. "선 줄로 생각하는 자는 넘어질까 조심하라"(고전 10:12)는 말씀에 비추어 볼 때 담당자의 믿음 자세로만 재정을 관리하려는 것은 담당자를 넘어지게 할 잠재적인 유혹의 한가운데 던져 놓는 것이 될 수 있다.

(2) 재정 처리 과정에 대한 교인들의 무관심

교회의 재정 관리는 하나님이 교회에 맡겨 주신 책무이고 교회의 책임이므로 교회 구성원인 교인들 모두가 재정 관리의 주체다. 근대화 이전에는 지역에 기반을 둔 지역교회 중심이었으므로 교인들 간의 공동체성이 유지되었으나 도시화 과정에서 신흥도시 개발과 더불어 지역 기반이 무너지고, 교인들 사이의 끈끈한 공동체성이 약화되면서 교인들은 교회 구성원으로서의 주체가 아니라 관객으로 바뀌어 가기 시작했다. 제자라기보다는 마치 예수님 시대에 떡과 병 고침을 따라다녔던 무리들처럼 되고 있다. 오늘날 한국의 많은 교회는 새로운 영혼을 구원하기보다 교인들의 수평이동을 통하여 더 많은 교인을 모으려 하고 선교라는 명분으로 대형화를 도모하고 있다. 이 과정에서 경제력은 중요한 기반이 되었다. 공동체 구성원 한 사람 한 사람의 합의에 기반하여 공동체적 사안을 결정하기보다는 급변하는 상황의 변화에 따라 의사 결정의 신속성이 더 필요하게 되면서 교회의 공동체성도 사라지기 시작했다

이러한 과정에서 공동체 구성원으로서의 교인들은 교회의 재정 관리의 주체로서, 청지기로서, 책임자로서의 본분을 망각하고 무관심하게 되었다. 따라서 교회의 재정 관리는 당회 또는 재정부만의 담당 업무가 되었고, 교인들은 공동의회 구성원으로서 예·결산을 명목적으로 승인하는 역할만 하게 되었다. 30분도

되지 않는 짧은 시간에 통과시킨 예산으로는 대부분의 교인들은 교회가 어떤 활동에 우선순위를 두는지 공유하기도 어렵고 무엇을 구해야 할지도 모르는 방관자가 되어 버린다. 상황이 이러하니 교회 재정 관리의 주체는 모호해지고, 담임 교역자 또는 당회 중심의 폐쇄적인 의사 결정과 보고 구조로 재정 관리가 진행되고 이러한 현상은 교회가 대형화할수록 더 심화되고 있다.

(3) 관리 주체의 혼동

목회자는 말씀을 가르치는 자이기 때문에 목회자의 재정 집행은 말씀에 기초하여 집행한 것이라는 생각으로 자신의 재정 관리 결정이 정당하다고 생각하는 목회자가 있다. 그런 목회자의 경우 자신이 선한 동기에서 집행하는 재정에 대해 누군가 반문하거나 반대하는 것은 하나님 나라를 대적하는 것이라고 몰아붙이게 된다. 자신이 집행하는 재정이 선한 동기에서 시작한 것이므로 성스럽고 문제없다고 생각하는 순간부터 그는 청지기가 아니라 주인이 된다.

교회의 재정 관리는 이차적 구조이다. 재정 집행자는 일차적으로 하나님으로부터 위임받았고, 이차적으론 교회 공동체로부터 위임받았다. 일차적으로 하나님 앞에서 순결하면서도, 이차적으로 교회 공동체가 수긍하도록 관리해야 한다.

대표적인 부정적 사례가 정액 경비 집행 관행이다. 목회도서비,

심방비, 목회활동비, 판공비 등 지출 증빙을 관리하기가 귀찮거나 증빙 처리가 쉽지 않기 때문에 정액으로 지급하는 경우이다. 교회는 목회자들이 직접 영수증 챙기는 일을 덜어 준다는 차원으로 지급하고, 목회자 본인은 비용이 부족한 경우 사비로 충당하면서 집행한다고 호소한다.
정액 지급은 특정인의 재량권을 인정하는 것이며, 지급액이 남는 경우 교회 재정을 개인이 임의로 사용한다는 문제점이 발생하며, 지급액이 부족한 경우 경제적 제약 요건으로 적은 사례비로 생활하는 목회자들의 활동을 위축시키는 요인이 된다. 이에 반해 실비 정산 경비 지급은 공동체를 위하여 발생한 비용은 공동체가 부담한다는 관점이다. 단순한 비용 보전의 성격이 아니라 교회가 비용 집행의 주체적 관리자가 되겠다는 선언이며, 지출 행위가 공동체의 행동임을 드러내는 것이다.

(4) 구체적 관리 지침의 부재

교회 재정 관리의 방향성에 대한 원칙과 구체적 관리 지침이 정립되어 있지 않으므로, 교회의 결정이 아니라 담당자 또는 특정한 개인의 생각과 주장으로 재정이 관리되고 있는 현실은 몇몇 교회가 아니라 한국 교회 대부분의 현실이다. 교회가 재정을 집행하는 원칙을 사전에 가지고 있지 않으면 재정 집행의 우선순위를 상실하며, 특정인의 의사 결정에 따라 집행되기 쉽다.

예를 들어 선교헌금, 장학헌금, 구제헌금 등의 사용처를 선정하는
기준을 교회가 미리 결정했으면 선정된 수혜처는 교회가 결정하여
집행하게 되나, 특정인이 결정권을 가지면 원칙이 없이 즉흥적으로
집행되면서 수혜처는 특정인의 영향력을 의식하게 되며 그의
눈치를 보게 될 위험이 있다. 수혜자가 혜택을 받으면서 그것이
교회 전체적 입장에서의 결정이라면 교회 공동체에 대하여
고마움을 가지게 되지만 특정인의 의사 결정에 따른 것이라면
특정인의 의사 결정 방향에 촉각을 세우고, 고마움도 교회가
아니라 특정인에게 표시하게 된다. 이러한 상황에 익숙하게 되면
특정인은 교회의 재정으로 수혜자를 다스리려는 유혹을 받을
위험이 크다.

(5) 합력과 용서에 대한 오해

교회 내에는 은혜롭게, 덕스럽게 잘못을 덮어 주는 것을 미덕으로
여겨 교회의 재정 관리 또한 당연히 그렇게 덮어 주어야 하는
것으로 인식하는 좋지 못한 관행이 있다. 잘못을 정확히 파악하지
않고 용서하는 것은 진정한 용서가 아니라 잘못을 방조하는
것이므로 잘못을 정확히 파악하는 것과 잘못을 용서하는 것을
별개 사안으로 구별해야 한다. 정확히 파악하지 않고 적당히 덮어
버리는 것은 관리자가 앞으로도 발생할 수 있는 유사한 잘못을
방지할 책임을 무시한 직무 유기이다.

⑹ 담당자의 준비 부족 및 교육의 부재

회계에 대한 전문적인 지식을 가진 사람은 다른 도구의 도움 없이도 스스로 재정 처리를 할 수 있지만 현실적으로 회계에 대한 전문적인 지식이 없는 사람이 재정을 담당하는 경우가 대부분이다. 전문성이 부족한 담당자가 재정 처리를 잘하기 위해서는 담당자를 대상으로 정기적인 재정 관리 교육을 실시하고, 재정 관리에서 발생하는 애로사항을 상담할 수 있는 상담센터가 운영되고, 비전문가도 손쉽게 이용할 수 있는 도구(재정 관리 프로그램)가 있어야 하나 지금까지 이러한 교육에 대한 투자나 관리 프로그램 개발이 미흡했다.

⑺ 수지 결산서의 한계

교회가 작성하는 결산서는 대부분 수지 결산서에 국한되며, 자금(현금+요구불 예금)의 증감 내역만 관리하는 수지 결산서로는 특정한 기간 동안 교회의 자금 흐름만 파악할 수 있을 뿐이며, 재산과 부채 현황 및 변동 내역을 파악할 수가 없다는 근본적인 한계가 있다.

⑻ 형식적인 감사

감사는 숫자로 표현된 결산서를 기준으로 1년간 '재정 관리가 성경적 원리로 운영되었는가?', '재정이 기도하며 준비한 계획에 따라 적합하게 사용되었는가?' 하는 것을 검토하는 기능이다.
그러나 재정 관리와 감사에 대한 구체적 지침이 없는 상황에서
재정 관리에 대한 전문적인 지식과 경험을 갖추지 못한 감사인이
실시하는 감사는 형식적으로 이루어질 수밖에 없다.

(9) 정보의 폐쇄성

재정 관리 정보가 특정인 또는 특정 그룹에게만 공개되면 교회
구성원 각자는 재정 관리의 주요 의사 결정에 참여할 수 없는
수동적 방관자가 되어 버리고, 정보의 폐쇄성과 집중성은 그
정보를 독점하는 자에게 유혹의 손길을 내밀기 시작한다. 또한
교회를 외부에서 바라보는 제3자 입장에서 재정 집행 결과를 통한
교회의 정체성을 파악하기가 어렵다.

(10) 구체적인 대안 제시의 부재

교회 재정 관리의 포괄적 개념 원칙 또는 실천적 대안 제시 없이
단순히 문제가 있다는 지적만으로는 재정 관리가 개선될 수 없다.
그동안 지속적으로 교회의 재정 관리에 대하여 문제가 제기되어
왔으나 개선되지 않는 것은 실천적인 대안 제시가 부족했기
때문이다.

6. 재정 관리 개선

이러한 문제들을 해결하고 교회 재정 처리가 바르게 진행되려면 재정 관리 원칙 정립, 재정 관리 과정의 매뉴얼화, 재정 관리 교육 등과 같은 운용적인 측면과 비전문가도 손쉽게 이용하여 결산서를 만들어 낼 수 있는 재정 관리 프로그램 준비라는 도구적인 측면이 동시에 충족되어야만 실효성을 거둘 수 있다. 교회 재정 관리 현장에 다음과 같은 체계와 운용적 절차가 도입 된다면 투명한 재정 관리에 도움이 되겠다.

(1) 재정 관리 지침의 설정

재정을 바르게 관리하려면 재정을 사용하는 용도(어디에)와 절차적인 과정(어떻게)을 성경적인 원리에 따라 지침으로 먼저 정하는 것이 필요하며, 지침에는 성경적 원리의 선언적 측면과 원리가 구체적 절차로 표현되는 측면 모두 규정으로 정리되어야 한다. 지침의 형식은 다양할 수 있으나 원리적 측면에서 최소한 다음의 사항들이 표현되어야 하겠다.

① 교회의 공동체성
구원받은 백성들의 공동체가 교회이므로 교회가 행하는 관리 활동과 의사 결정의 주체적 책임은 특정인이 아니라 공동체

구성원 각자에게 있으므로 구성원 모두가 책임감을 갖고 재정을
관리해야 한다.

② 청지기 관점에서의 관리
담임 목회자를 포함한 교회의 모든 성도들은 주인이 아닌 청지기
관점에서 착하고 충성된 종으로서 재정을 관리해야 한다.

③ 지혜로운 관리
청지기는 열심히만 하면 되는 것이 아니라 지혜롭게 관리할
책임도 같이 부담한다. 따라서 담당자는 지혜로운 관리를 위하여
지속적으로 배우고 고민할 것을 명시화하는 것이 필요하다.

④ 세상을 품는 교회
교회의 재정(부동산과 같은 재산 포함)은 교회 내부 교인들만을 위하여
사용하라고 주신 것이 아니라 복음을 증거하고 이웃을 우리 몸과
같이 사랑하는 도구로 사용하라고 맡겨 주신 것이다. 따라서 교회
재정은 내부 성도들만을 위한 관점 차원이 아니라 하나님 나라
확장 차원에서 활용되어야 하며, 이에는 교회가 재정을 집행한
내역을 공개한다든지 교회 시설을 사회에 공개하여 불신자들이
교회에 쉽게 접근할 수 있도록 하고, 교회가 사랑을 실천하는 본이
되도록 규정을 두는 것이 필요하다.

재정 관리 내용을 포괄하여 정하는 지침과는 별도로 특정 목적별 관리가 필요한 구제비 지원, 선교비 지원, 장학기금 운영, 건축헌금 관리 등에 관한 규정을, 교회가 집행하는 사안의 중요성에 따라 별도의 항목별로 집행 대상, 집행 시기, 집행 규모, 여유자금 운용 원칙 등을 구체적으로 정하여야 한다.

규정 결정은 교회 공동체 구성원이 모두 참여하여 고민하는 과정으로 이루어져야 한다. 교회는 그리스도를 주로 고백한 성도들의 공동체로 구성되었으므로 의사 결정 또한 교회 공동체 차원에서 결정해야 하며, 구성원 각자가 관리 주체로서의 책임을 인식하고 관리 책임자 역할을 수행하도록 같이 고민하면서 결정하는 데 그 의의가 있다. 결정된 지침은 재정 집행시 사용 기준이 되고, 재정 집행 결과를 감사(監査)할 때 판단 기준이 된다.

(2) 기능의 분리

사용할 것을 결정하는 기능(승인), 이를 집행하는 기능(집행), 집행 결과를 기록하는 기능(기록)이 동일인에게 집중될 때 오류 또는 부정이 발생하기 쉬운 환경이 된다.
이를 방지하기 위하여서는 재정 집행자, 기록하는 사람(회계장부 작성자) 및 이를 감독·승인하는 자가 분리 되어야 한다. 규모가 작거나 인력이 부족한 경우에도 최소한 집행 기능과 기록 기능은 반드시 구분되는 것이 필요하며, 전담 사무원을 둘 수 있으면 좋지만 그럴

수 없는 환경이라면 두 명 이상의 재정 담당자를 임명하여 헌금을
같이 계수한 후, 한 명은 현금과 예금의 입출금을 관리하고 또
다른 사람이 이를 기록하도록 기능을 구분하는 것이 필요하다.

(3) 예산 수립 및 승인 절차

목회 계획에 따라 예산을 설정하는 것은 재정 관리의 우선순위를
정하는 것이 되며, 헌금이 많이 들어오거나 헌금이 모자라는 경우
과부족분을 어떻게 사용할 것인가의 결정 기준이 된다.
예산 설정(또는 승인)시 특정인 또는 특정 부서가 많은 예산 배정을
요구하거나 특정 행사를 반대해서 서로 의견이 충돌하기도 한다.
이런 경우 특정인의 의견을 상대방에게 강요하여 결정하는 것이
아니라 시간적 여유를 가지고 서로 다른 생각들을 교회 공동체
내에서 하나님 나라와 교회의 비전에 비추어 충분히 의견을
나누고 구성원들이 서로 이해하고 조정하는 시간을 가져야 한다.
예산 조정 절차는 교회의 방향에 대한 의견 조정과 통합의 과정이
되며 구성원인 성도들을 하나로 묶어 준다는 점에서, 재정을
통하여 교회 공동체가 한 몸으로 견고히 세워진다는 점에서
중요한 의미를 갖는다.
또한 설정한 예산이 교회의 비전 및 목회 방침에 따라
작성되었는지를 검토하고 교회공동체 구성원 교인 각자가
참여하여 예산을 승인함으로 승인 절차가 공동체 차원에서

앞으로의 헌신에 대한 다짐의 시간으로 진행되어야 한다.

(4) 문서화

재정이 사용된 모든 과정과 내역들은 증빙이 첨부된 문서로 남겨 두어야 한다. 문서로 남기는 것은 사후에 누구라도, 언제든지 그 집행 내역을 열람하여 참고 자료로 활용할 수 있기 때문이다.

(5) 복식 부기의 도입

대부분의 교회는 현금 기준에 근거한 수지 결산서 중심의 단식 부기로 결산서를 작성한다. 현금주의로 작성하기 때문에 현금의 입·출이 없는 현물로 헌금을 하거나 교회가 부담하는 부채라 할지라도 현금의 지출이 없으면 결산서에 표시되지 않는다. 현금과 예금의 증가 또는 감소 결과만 관리하는 단식 부기로는 한계가 있음에도 쉽게 작성할 수 있다는 장점으로 많은 교회가 계속 사용하는 실정이다.

복식 부기는 거래의 원인과 결과를 두 가지 이상의 속성으로 구분하여 동시에 관리하므로 재정 관리에서 발생하는 오류를 사전에 방지하고, 교회의 재산과 부채 현황을 입체적으로 파악할 수 있지만, 기초 개념을 배워야 하는 수고가 필요하다.

(6) 목적 적합한 계정과목 체계

결산은 '드려진 헌금이 목적에 맞게 잘 사용되었는가?' 교회가
행한 사역을 숫자로 표시하는 기능과 '현재 교회의 재산(부채 포함)
현황은 어떻게 되는가?' 하는 것을 파악하여 교회가 할 일들을
계획하는 데 필요한 정보를 제공하는 것이 그 기능이다.
그렇다면 개교회마다 교회의 비전과 목회 방향에 따른 계정과목
체계를 구성하고 교회가 정한 방향으로 재정을 사용했는지 검토할
수 있고, 목적을 정한 헌금 또는 적립금은 미리 정한 목적으로
사용되었는지 평가할 수 있는 계정과목 체계를 가져야 하며,
결산서 계정과목은 다음 해에 교회가 행할 사역의 계획에 도움이
되도록 정해야 한다.

(7) 실질적 감사 기능

교회의 구성원인 성도들이 헌금 사용 과정에 대하여 모두
직접적으로 관여하지 않고 재정 관리자를 별도로 세워서 이를
관리하고 집행하는 역할을 위임하고 있으므로 재정 관리자가
바르게 관리하고 있는지 형식적인 감사 절차가 아니라 실질적인
감사 기능을 수행하는 것이 필요하다. 감사는 반드시 재정
담당자와 이해관계가 없다는 독립성을 확보해야 하며, 대형
교회의 경우 외부 감사가 바람직하나 중소형 교회의 경우 교단 내
교회별로 교차 감사를 하는 방식으로 독립성을 확보할 수도 있다.

⑻ 주기적인 검토

감사는 사후에 오류를 파악하여 지적하는 기능도 있지만 부정이나 오류를 사전에 방지하는 기능과 교정하는 기능에 더 큰 의미가 있으므로 회계기간을 종료 한 후 회계기간 전체를 대상으로 하는 감사뿐만 아니라 분기별로도 감사를 실시하여 문제가 있다고 파악한 사항을 미리미리 수정하는 절차가 필요하다.

⑼ 공시절차

재정이 사용된 결과(결산서)를 원하는 사람들이 쉽게 열람할 수 있도록 게시판에 부착하거나 인터넷 홈페이지에 공시하는 절차를 구비하여야 한다.

교회는 하나님의 인도하심으로 사역한 결과들을 책자 또는 인터넷으로 홍보하고 선교의 도구로 활용하기도 한다. 결산서는 일 년간 하나님이 인도하심으로 사역한 과정과 결과들을 숫자라는 언어의 형태로 표현한 서류이므로 결산서는 교회 내부에만 의미가 있는 것이 아니라 외부의 불신자들에게도 공개하면서 교회에 일어나는 역사들을 알려야 한다. 즉 결산서 공개를 통해 내부 지체들 간에 의사소통도 하고, 결산서를 선교의 도구로 사용해야 한다.

(10) **실무자 교육 기구**

교회학교 교사, 성가대, 기타 제직들에 대하여서는 선발에서부터 자격 요건을 정하거나 매주 연습 또는 교육 과정을 통해 준비를 충실히 하는 것과 비교할 때, 사람이 없다는 이유로 준비 안 된 사람을 재정 담당자로 세우거나 세운 후에도 이들을 위한 별도의 교육이 전혀 없다면 이는 교회가 재정 관리의 중요성을 인식하지 못한 큰 실수가 된다.

청지기는 '열심히'라는 충성의 관점뿐만 아니라 지혜로운 관리를 할 책임도 있으므로 지혜로운 관리를 위해 준비하고 배우는 과정의 노력이 반드시 필요하다. 재정 담당자들이 실무적으로 도움 받을 수 있는 교육 기관을 개설하여 개교회 담당자들을 지속적으로 교육시키고 실무자 상담센터를 운영하는 것도 필요하다.

(11) **비전문가가 쉽게 사용할 수 있는 재정 관리 도구**

모든 교회가 내부에서 재정 관리 전문가를 발굴한다는 것을 기대하기 힘든 상황에서 비전문가도 쉽게 사용할 수 있는 재정 관리 프로그램이 있다면 손쉽게 한층 더 투명한 관리가 가능하겠다.

상기 절차 중 교회가 적용하는 항목들이 많으면 많을수록 지혜롭고 투명한 재정 관리에 도움이 되나 적용에 어려움이

있다면 최소한 재정 관리 지침의 설정, 문서화 및 공시
절차만이라도 확보해야 한다. 그러면 당해년도에는 일부
미흡하더라도 교회가 점진적으로 개선해 나갈 수 있는 기초
자료를 제공하는 역할을 할 것이다.

7. 결산 방향성[2]

"결산서를 왜 작성하는가?"
회계 감사를 하거나 회계 교육 과정에서 실무자들에게 물어보는
질문이다. 머뭇거리는 실무자들 입에서 솔직한 답이 나오기도
한다.
"작년에도 했으니 올해도 동일하게…."
"다른 교회가 하는 방식으로 우리도…."
"전임자가 보고한 방식으로…."
결산서는 숫자라는 형식으로 한 해의 결과를 표시하여 정리하는
과정이기에 결과를 정리하는 과정에서 '왜?' '누구에게?' '무엇을?'
정리할 것인가를 고민하지 않으면 결산서는 무의미한 숫자의
나열에 불과해진다.
이론적으로 회계는 과거의 경영 성과와 현재의 재무 상태를
파악하여 미래 의사 결정에 도움 되는 정보를 제공하기 위해

결산서를 작성하는 일련의 과정을 의미하며, 정보를 이용하는 의사 결정자는 지역교회 구성원인 교인, 직접 재정을 집행하는 실무자를 포함한 다양한 층이 포함된다.

드리는 헌금이 개인 차원의 신앙고백이라면 드려진 헌금의 사용은 공동체적 신앙고백이라 할 수 있다. 이러한 점에서 하나님이 교회에 맡겨 주신 재물을 위탁 관리하는 청지기 입장에서 교회가 작성하고 보고하는 결산서는 공동체적 신앙고백이다.

① 효율성

하나님이 맡겨 주신 재정을 관리하는 교회는 지혜 있고 진실한 청지기(눅 12:42)로서 재정을 효율적으로 관리할 책임을 일차적으로 부담한다. 교회는 재정을 낭비함 없이 교회가 감당해야 할 우선적 기능에 재정이 사용되도록 계획·관리하고, 실수로 잘못된 부분이 있었다면 동일한 실수가 반복되지 않도록 지혜롭게 파악하고 개선해 나가야 한다.

② 책무성과 투명성

타인의 재정을 위임받아 관리하는 차원에서는 효율성뿐만 아니라 책무성(Accountability)과 투명성(Transparency) 또한 확보되어야 한다. 책무성과 투명성은 관리를 위임받은 대리인(Agency), 청지기(Steward) 관점에서 반드시 충족해야 할 필수 조건이다.

주식회사의 재정 보고는 위임받은 경영진이 회사의 소유주인 주주 (株主)에게 보고하는 과정이며, 비영리단체는 위임받은 이사진이 집합적 구성원인 총회에 보고하는 형식을 취하지만, 교회 재정 관리는 공동체적 구성원인 교회가 하나님으로부터 위임받았으며, 재정 실무자는 공동체적 교회 구성원으로부터 관리를 위임받았다. 따라서 교회의 재정 보고는 일차적으로 교회가 하나님으로부터 위임받은 범위 내에서 사용했는지 여부를 보고할 방향성을 가지며, 이차적으로 재정 집행자들이 지역교회 구성원인 교인들이 함께 결정한 사용 방향에 일치되게 사용하였는지 여부를 교인들에게 보고할 책임을 가진다.

③ 교회 재정의 공공성
한걸음 더 나아가 교회가 행하는 사역을 일반인들에게 알려서 하나님께 영광돌리도록 해야 한다(마 5:16). 아담의 타락 이후 구약 시대 세상의 공동체는 '신앙 공동체'와 '일반 공동체'로 구분되며 신앙 공동체인 이스라엘은 택함 받은 선민으로서 일반 공동체인 이방 족속에 대한 영적 부담감을 가져야만 했었다. 이후 신약 시대에 들어와서 부름 받은 '교회 공동체'는 일반 세상과 사회에 대한 영적 부담감을 가져야만 한다.
신앙 공동체가 하나님과의 사랑, 하나님 나라 백성들 간의 사랑이 구현되는 공동체적 모습을 보임으로 일반 공동체 구성원들이 신앙 공동체로 나아오도록 한다는 점에서 성육신의 공동체적 연장이며, 완성될 하나님 나라의 예비적 구원4이기 때문에 교회 재정의 공공성이 의미를 가진다.

재정 보고는 교회의 사역 결과를 숫자라는 언어로 표현하는 수단이다. 교회 재정이 공동체 이상 구현이라는 맥락에서 신앙 공동체뿐만 아니라 일반 공동체의 필요를 위해서도 사용되어야 하며, 재정 관리 결과 또한 일반 공동체에 공개됨으로 일반 공동체가 신앙 공동체의 모습을 보며 신앙 공동체로 나아오도록 한다는 점에서 재정 공개의 구속사적 의미는 중요하다.

(1) 보고 원칙

보고는 상대방에게 정보를 전달하는 과정이므로 상대방이 보고 내용을 이해할 수 있을 때 보고로서의 의미가 있다. 규모가 큰 상장사인 S사의 현금출납부를 투명하게 공개하고 이를 근거로 S사의 재정 사용 내역을 일목요연하게 파악하는 것은 자료의 방대함 때문에 거의 불가능하다. 회계란 나무를 보는 것이 아니라 숲을 보도록 일정한 기준으로 집계한 결과물이기 때문에 회계 작업의 최종 결과인 결산서는 보는 사람이 사실에 기초한 전체적인 그림을 그릴 수 있도록 요약 정리되어야 하며, 이를 위해서는 다음의 요소들이 충족되어야 한다.

① 사실과의 합치성

결산서는 일정한 기준(계정과목)으로 집계한 결과물이며, 집계하는 과정에서 선택한 계정과목은 사실과 일치하여야 한다. 신학생에게 지급하는 장학금이 교회 사역에 참여하기 때문에 지급하는 것인지 신학 공부를 지원하기 위한 목적인지 판단의 우선순위에 따라 계정 명칭을 선택해야 한다. 사역자이기 때문에 지급하는 것이라면 사례비/인건비로 분류해야 하고, 학업을 지원할 목적이라면 장학금으로 분류해야 한다. 목회자 자녀에게 지급하는 장학금이 '목회자 자녀'이기 때문에 지급하는 것이라면 이는 장학금이 아니라 사례비/인건비에 해당한다. 장학금은 학업을 장려할 목적으로 동일한 조건의 다른 학생들에게도 동일한 혜택이 부여될 때 사용할 수 있다. 교회 재정 사용 내역을 성(聖)스럽게 보이고 싶은 유혹은 상장회사들이 좋은 실적으로 포장하고픈 분식회계 유혹과 동일한 성질이다.

② 기능적 정보와 속성적 정보

결산서를 작성하면서 부서별 단위를 계정과목으로 사용하는 경우가 있다. 성가대, 청년부 등 특정한 부서에서 사용하였음은 알 수 있으나 사용한 내역이 어떤 성격인지를 알 수 없다는 한계점이 있다. 결산서 정보는 '예배', '선교', '구제', '교육'과 같은 교회가 수행하는 기능을 구분한 기능적 분류와 '인건비', '교통비',

'서적비' 등 속성적 분류 두 가지를 모두 표시해야 한다. 기능적 분류가 좀더 넓은 관점에서의 교회가 수행하는 역할의 방향성을 표시한다면 속성적 분류는 세분화된 구체적 사용 용도를 표시한다. 교회가 수행하는 기능별로 집계한 요약 정보는 교회의 역할에 대한 이해에 도움이 되며, 속성별 정보는 효율적 관리에 도움이 된다.

재정 사용 결과에 대한 정보 전달이라는 결산서의 본질적 기능을 충족하기 위해서는 결산서로부터 교회가 어떤 역할을 수행했는지 쉽게 파악할 수 있어야 하며, 세부적인 정보가 필요한 경우 부속 명세서로 첨부하는 방법이 유용하다.

③ 가독성/이해 가능성

공동의회(또는 당회)에 보고되는 결산서를 회의 시간에 받아서 한눈에 전체적인 흐름을 파악하기는 쉽지 않다. 더군다나 시간적 제약으로 충분히 검토할 시간이 부족한 상황에서 숫자에 익숙하지 않은 교인들이 결산 내역을 보고 받고 정확히 이해하기도 어려운 상황에서 애매모호한 계정과목 명칭으로 결산서를 작성한 경우 결산 내용을 파악하라고 보고하는 것이 아니라 무엇인가를 숨기기 위한 보고라는 오해를 사기 쉽다. 그러기에 결산서에서 사용하는 용어는 최대한 교인들이 이해하기 쉬운 용어로 표현하고, 결산서 내용으로 전달하기 힘든 내용이라면 별도의 주석이나 메모로 교인들의 이해를 돕는 것이 필요하고, 더불어 도표화된 정보들이 첨부된다면 결산서의 작성 목적이 충분히 충족될 수 있다.

(2) **보고 내용**

결산 보고는 교회가 재정을 어느 방향으로, 어떻게 잘
사용하였는지 검토하고 평가할 수 있는 정보를 제공해야 한다.

① 예산과의 일치성: 방향성 일치 여부, 위임 범위 일치 여부
예산은 교회가 한 해가 시작하기 전 앞으로 어떤 사역을
감당하겠다는 공동체적 헌신의 약속을 숫자로 미리 표현한
것이다. 따라서 결산 정보는 예산 수립 시 결정했던 방향과
일치하게 사용했는지 여부를 검토할 비교 정보를 제공해야 한다.
모든 교인들이 직접 모든 교회 재정을 집행할 수 없기에 부서별
담당자가 전체 교인으로부터 위임받은 범위 내에서 예산을
집행한다. 따라서 부서별 담당자가 위임받은 범위 내에서 재정을
사용했는지 여부를 검토할 수 있는 정보를 제공해야 한다.
예산에 없는 재정을 집행하거나 예산을 초과한 집행은 청지기/
대리인의 월권 행위로 횡령에 해당한다. 설정된 예산으로 사역을
수행하기에 부족한 차이 금액이 사소한 금액이라면 예비비 범위
내에서 집행하고, 차이가 크다면 별도의 예산 추가경정 절차를

취해서 위임 범위를 확대해야 한다. 예산이 없어 교회가 사역을 못한다는 불평은 교회 공동체적 의사 결정으로 사역하는 것이 아니라 특정인 중심으로 사역을 진행할 때 나타나기 쉬운 오류다.

② 비율 정보
반드시 재정이 있어야 일을 하는 것은 아니지만 우선순위가 높은 곳에 많은 재정을 투입하게 된다. 따라서 전체 총액 대비 항목별 비율을 표시하면 교회가 우선적으로 수행하는 내용을 쉽게 파악할 수 있다.

③ 추세 정보
과거 연도 집행 실적과 비교하면 교회 재정의 흐름(추세)을 파악할 수 있다. 다만, 복합적인 원인으로 발생하는 수입(또는 비용)의 변화 원인을 모집단 규모의 증감으로 인한 것인지 개인별 해당액의 증감으로 인한 것인지 구별함 없이 단순 금액으로 비교하는 오류를 피해야 한다.

④ 분석적 보충 정보: 주석
헌금 수입을 등록 교인당 평균 헌금액, 세례 교인당 평균 헌금액, 등록 가정당 평균 헌금액 등으로 제공하면 교회 수입 증감이 교인 수 변화에 따른 것인지 아니면 개인별 헌금 규모 변화에 따른

것인지를 파악할 수 있다.
지출 항목도 '선교비 ****원'이라고 한 줄로 결산 정보를 제공하는
것보다는 국내선교, 해외선교를 구분하고 선교비 지급 인원,
선교사 1인당 평균 지급액 같은 분석적 정보를 제공하는 것이
좋다. 이렇게 주요 항목별 세부 정보에 대한 분석적 정보를
제공하면 재정 사용 내역에 대한 이해도를 높일 수 있다.

⑤ 통합결산: 일반회계와 특별회계
교회가 용도를 특정하고 다른 용도 사용을 통제하는 특별
회계를 운영하는 경우 일반 회계와 혼용되지 않도록 구분할
목적으로 분리회계 처리하는 경우가 있다. 사용 용도가 구분된
재원별로 구분하여 관리하는 절차는 반드시 필요하지만 최종
결산 보고서는 일반 회계와 특별 회계 간 내부 전입, 전출 금액을
제거한 통합 결산이어야 한다.
교회 전체 통합 결산서를 작성하지 않는 경우 전체적 관점에서의
재정 수입과 사용 현황을 파악할 수 없으며, 일반 회계와 특별
회계 간 전출입 차이로 발생하는 오류를 방지할 수 없다. 일반
회계와 특별 회계 담당자가 다르기 때문에 상호 검증 절차가
누락되는 경우 재정 사고 발생의 원인이 되기도 한다.

⑥ 예비비

예산 수립 시 예상치 못한 경우를 대비해서 일정액을 예비비로 책정하고 돌발 상황을 대처한다. 예비비란 계정과목으로는 어느 용도로 사용하였는지 파악할 수 없기 때문에 결산 작업 시 예비비란 계정을 사용하는 경우 반드시 예비비 사용 내역을 결산서 부속 정보로 별도로 표시해야 한다.

(3) 보고 방식

재정 보고는 기록하는 방식에 따라 단식부기와 복식부기로 구분된다. 단식부기는 한 가지 속성(대부분 현금 및 예금)의 증감을 기록하는 방식으로 수입지출결산서를 보고서로 작성하고, 복식부기는 두 가지 이상 속성(자산, 부채, 수익, 비용, 순자산)의 증감 내역을 기록하는 방식으로 재무상태표, 운영성과표를 결산서로 작성한다. 한글과 덧셈, 뺄셈을 알면 결산서를 작성할 수 있다는 용이함으로 교회들이 단식부기 방식의 수지결산서를 많이 작성하지만 교회 재산 관계의 입체적 변동 내역을 표시할 수 없다는 단점이 있다. 따라서 교회 재정 내역에 관해서는 복식부기 방식으로 작성하는 것이 결산서 이용자들에게 도움이 되는 정보를 제공한다. 그러나 복식부기가 단식부기보다는 교회의 재정 내역을 파악하기 유용한 정보를 제공한다는 장점이 있지만 교인이 50명, 100명인 소규모 교회에서 복식부기로 결산서를 작성하기엔 현실적인 어려움이 있다. 단식부기로 수지결산서를 작성하는 경우 연초와 연말의 교회 재산 및 부채 현황 정보를 결산서 하단에 보충적 정보로 추가한다면 단식부기의 단점이 보완될 수 있다.

(4) 보고 지향점

결산서 작성을 어떻게 하라는 법 규정은 없지만 미래 의사 결정에 도움이 되는 관점에서 경제 활동 내역을 기록하는 방법을 계속 개선해 온 결과가 현재의 회계 기록 절차다. 경제 활동이 복잡해지고 있지만 결산 정보 이용자들의 의사 결정에 도움이 되는 정보를 제공해야 한다는 점에서는 예나 지금이나 변함이 없다.

교회가 작성하는 결산서는 획일화된 양식으로 고정되는 것이 아니라 결산서를 보는 교인들과 일반인들이 교회의 사역에 대해 파악하고 교회가 교회로서의 역할을 제대로 감당하도록 미래 의사 결정에 도움이 되는 정보를 제공하도록 계속 고민하고 개선하는 과정이어야 결산 절차가 율법적인 형식이 아니라 하나님 나라를 마음에 품는 사랑으로 표현될 수 있다.

8. 나가는 말

하나님 나라에서 재정 관리는 권리가 아니라 우리에게 맡겨 주신 의무로서의 속성이 앞선다. 그럼에도 역사의 흐름 속에서 재정권과 인사권을 장악하면 표면적으론 조직을 장악할 수 있었기에, 교회의 지도자들조차 그것이 선한 동기이든 개인적인 동기이든 재정 관리권은 포기하기에 쉽지 않은 유혹이었다.
맡은 자들이 재물을 관리할 청지기로서의 책임질 본분을 잊어버리고 사람과 조직을 다스리는 방편으로 재물을 활용하려는 사이에 맘몬은 도리어 이들을 도구로 사용하여 하나님 나라 백성들을 분열시킨다. 적은 투입으로 높은 기대 결과치를 바라며 더 빨리 이루려는 자본주의적 효율성지표는 공동체적 교회 재정 관리가 아니라 특출한 특정인 중심의 (독재적) 운영 방식으로 관리하도록 우리를 유혹한다.
효율성을 앞세운 특정인의 독재 형식의 운영을 원하셨다면 예수 그리스도가 십자가에 죽으시면서까지 낮추시면서 이 땅으로 내려오실 필요가 없었다. 천사를 명하셔서 세상을 평정하시면 될 일을 십자가에 죽기까지 낮추시며 우리와 소통하시고자 사랑의 본을 실천하신 예수님은 "내가 너희를 사랑한 것같이 너희도 서로 사랑하라"는 새 계명으로 우리의 방향성을 지도하셨다.
하나님 나라는 결과를 위한 과정의 희생을 요구하지는 않는다.

하나님은 도리어 과정의 순전함을 확보하기 위해 더딘 결과조차 길이 참으시며 회복하기 원하신다. 이 땅에서 하나님 나라 백성들이 더불어 함께 만들어가는 공동체로서의 결단과 화목을 원하신다. 기술적인 방식에서의 관점 이전에 교회가 공동체적 관점에서 재정 관리자로서의 의무를 인식할 때 교회의 재정 관리는 바른 출발점에 서게 된다.

주

1장 목회자는 누구인가

1. 기독교윤리실천운동, "2013년 한국 교회의 사회적 신뢰도 여론조사 결과 발표 세미나" (2014, 미출판프린트물), 7~27.
2. 고린도전서 12장 4-6절이 은사의 원천을 말하면서 "성령은 같고… 주는 같으며… 하나님은 같으니"라고 표현한 것은 삼위일체 하나님이 은사의 원천임을 나타낸다.
3. 고린도전서 12장 4, 7, 8, 9, 11절. "은사는 여러 가지나 성령은 같고… 각 사람에게 성령을 나타내심은… 어떤 사람에게는 성령으로 말미암아… 같은 성령을 따라… 다른 사람에게는 같은 성령으로… 어떤 사람에게는 한 성령으로… 이 모든 일은 같은 한 성령이 행하사…."
4. "은혜대로"(롬 12:6), "은혜를 주셨나니"(엡 4:7), "은혜를 맡은 선한 청지기같이"(벧전 4:10).
5. "각 사람에게"(롬 12:3; 고전 12:11; 엡 4:7), "각각 은사를 받은 대로"(벧전 4:10)라는 표현들은 은사들이 모든 신자들에게 주어진다는 점을 보여 준다.
6. 바울은 고린도전서 12장에서 은사의 목록을 말한 다음, 13장에서 이 모든 은사들이 사랑의 동기로써 행해져야 함을 말한다. 로마서 12장 6-8절에서도 은사를 열거한 후에 바로 12장 9절에서 사랑을 강조한다. 에베소서 4장 11절에서도 은사를 말한 다음, 15절에서 사랑을 강조한다.
7. 사도들은 12사도들(눅 6:12-16), 바울(갈 1:1), 주의 형제 야고보(갈 1:19), 기타 소수의 무리를 가리킨다.

8. 에드문드 클로네이, 《목회 소명》, 유재갑 옮김(서울: 생명의 말씀사, 1982), 26~27, 80.
9. 리차드 백스터, 《참된 목자》, 지상우 옮김(서울: 크리스챤 다이제스트, 1988), 112, 114, 120, 130.
10. 윌리엄 스틸, 《목사의 길》, 장호준 옮김(서울: 복 있는 사람, 2011), 59, 105, 115~117, 214~216, 239.
11. 클로네이, 《목회 소명》, 96~97.
12. 백스터, 《참된 목자》, 77~79, 81, 175, 245.
13. 스틸, 《목사의 길》, 90~91.
14. 위의 책, 150.
15. 야고보서에서 말하는 믿음은 일관성 있게 이와 같은 하나님에 대한 인격적인 신뢰를 의미한다. 이상원, 《행하는 삶》(서울: 총신대학교 출판부, 2010), 49~50, 118~39.
16. Anthony C. Thiselton, *The First Epistle to the Corinthians* (Grand Rapids: Eerdmans, 2000), 945.
17. 위의 책, 138.
18. 위의 책, 69~70.
19. 위의 책, 67~68, 97~99, 178.
20. 위의 책, 138.
21. 위의 책, 141~42.
22. 위의 책, 87.
23. 위의 책, 85, 88~89.
24. 이 명제에 대한 아래의 설명은 로버트 슈네이즈, 《목회와 야망》, 황성철 옮김(서울: 기독교문서선교회, 1995), 56~76을 요약 한 것이다.
25. 이 항목에 대한 설명은 슈네이즈, 《목회와 야망》, 83~91을 요약한 것이다.
26. 이 항목에 대한 설명은 슈네이즈, 《목회와 야망》, 35~48을 요약한 것이다.
27. 이 항목에 대한 아래의 설명은 슈네이즈, 《목회와 야망》, 139~40; Frank G. Kirkpatrick, *Community: A Trinity of Models* (Washington D.C.: Georgetown University Press, 1986), 187을 요약한 것이다.
28. 이 항목에 대한 아래의 설명은 슈네이즈, 《목회와 야망》, 107, 129~30을 요약한 것이다.

2장 목회자와 성도의 바른 관계

1. 이양호(2013), "칼빈의 목회관"을 참고했다. cafe.daum.net/reformedvillage/D3Hs/94.
2. 조갑제(2010), "자주국방의 나라 이스라엘을 가다" www.chogabje.com/board/view.asp?C_IDX=36196&C_CC=AH(검색일: 2016. 4. 28)
3. Derek J. Prime & Alistair Begg, *On Being a Pastor* (Chicago: Moody Publishers, 2004), 143을 보면, 양 떼를 먹이는 것과 목회적 돌봄을 동일시하고 있다.
4. 조나단 에드워즈,《목사, 성도들의 영혼지킴이》, 이용중 옮김(서울: 부흥과개혁사, 2012), 19~48을 보면, 목사는 성도의 영혼을 지키는 보초라고 한다.
5. 위의 책, 21.
6. 위의 책, 35.
7. 송준인,《개혁주의 생태신학》(서울: 선학사, 2010), 44~45. Chun-In Song, 1999. "A Theological-ethical Study of the Relationship between Eco-Justice and Economic Growth in the Context of the Social Transformation of Modern Korea", Th. D. dissertation at the University of Stellenbosch in South Africa. 5장 4절 참고.
8. 데살로니가전서 2장 19-20절을 보라. "우리의 소망이나 기쁨이나 자랑의 면류관이 무엇이냐 그가 강림하실 때 우리 주 예수 앞에 너희가 아니냐 너희는 우리의 영광이요 기쁨이니라."
9. John R. Bisagno, *Pastor's Handbook* (Nashville: B & H Publishing Group, 2011), 39~41.
10. 사도행전 20장을 참고하라.
11. 기독교여성상담소,《기독교인을 위한 성폭력 예방지침서》(2005. 11), 13~14.
12. Bisagno, 108~109.
13. 글렌 와그너·글렌 마틴,《목사의 심장》, 진웅희 옮김(서울: 규장출판사, 2001), 108~109.
14. 이 책은 목회자의 목회 지침을 위한 책이라기보다는 평신도들이 목회자의 목회를 어떻게 도와야 하는가에 대한 지침서라고 할 수 있다. 목회자의 정체성, 목회자의 갈망, 목회자의 아픔, 목회자를 돕는 방법 등에 대한 구체적인 내용을 기술함으로써 성도들이 목회자에게서 기대하는 것도 중요하지만, 성도들이 목회자의 어려움을 알고 동역하는

것이 교회를 세우는 일에 마찬가지로 중요하다는 사실을 가르쳐 준다.
15. 위의 책, 121.
16. 위의 책, 185.
17. 송준인,《개혁주의 생태신학》(서울: 선학사, 2010), 24~28.
18. 고훈,《그날 같은 하루를 날마다 살고 싶다》(서울: 베드로서원, 2002), 152~155.

3장 목회 윤리와 교회정치

1. 이 글은 '목회 윤리와 교회정치'라는 주제 아래 기획된 것으로 교회정치를 논할 때 다양한 한국 교회의 정치 제도와 상황을 다루어야 할 것이다. 그러나 여기에서는 필자가 몸담고 있는 장로교회를 중심으로 교회정치를 논한다는 한계를 가진다. 이러한 한계에도 불구하고 한국 교회에서 장로교회가 차지하는 현실적 비중과 또한 장로교회 이외의 교단들에서도 영향력을 발휘하는 장로 제도의 현실을 고려할 때 한국 교회의 현실을 반영함에 나름대로의 의미가 있다고 볼 수 있을 것이다.
2. 한국세계선교협의회(KWMA: 대표회장 박종순 목사)의 조사에 따르면 전체 선교사는 14,102명이며 그중 장기 선교사는 12,594명, 단기선교사는 1,418명이다. 또한 목사는 12,295명, 평신도는 2,963명이다. (2005년 12월.)
3. 통계청이 2006년 5월 25일 발표한 조사 결과에 따르면 2005년 11월 1일을 기준으로 기독교 인구는 876만 6천 명으로 10년 전에 비해 14만 4천 명 줄었다. 불교는 1072만 6천 명으로 3.9퍼센트 늘었고, 천주교는 514만 6천 명으로 10년 전 295만 1천 명보다 219만 명이나 증가했다.
4. 물론 이것은 장로교 정치 제도만이 성경적이라는 뜻은 아니다. 이후 전개될 역사적 고찰에서 확인할 수 있듯이 성경적 원리는 역사 안에서 매우 다양한 형태의 교회정치 제도들의 출현을 가능하게 할 수 있었다. 교회정치 제도의 다양성은 인간의 유한성과 국가·사회문화적 특성 등이 주요한 변수로 작용한 것임을 확인할 수 있을 것이다.
5. E. S. Johnson Jr.,《선택받은 봉사자》(Louisville, KY: 미국장로교총회 한국어자료개발실, 2003), 55.
6. 최윤배, "칼뱅의 장로교회 정치", 임성빈 외,《교회를 섬기는 청지기의 길 II》(성안당, 2008),

110~13.
7. 위의 책, 114~5.
8. 위의 책, 127~28.
9. 위의 책, 102~04.
10. C. A. Clark, *The Korean Church and the Nevius Methods* (Seoul: The Christian Literature Society, 1937), 248~52.
11. 현재 미국 연합장로교회(PCUSA)는 목사직과 장로직을 분명히 구별한다. 이른바 '한 장로설'이 현실적으로 작동하고 있다는 말이다.
12. 장로 정치에 대한 내용은 필자의 글, "장로교회 정치 해설",《교회를 섬기는 청지기의 길 II》(성안당, 2008), 192~202에서 주요한 내용을 인용한 것임.

4장 목회자의 경제생활

1. 로버트 하일브로너, 윌리엄 밀버그,《자본주의》, 홍기빈 옮김(서울: 미지북스, 2010), 23.
2. 워렌 베니스, 버트 나누스,《리더와 리더십》, 김원석 옮김(서울: 황금 부엉이, 2005), 30.
3. 베니스, 69.
4. 레너드 스윗,《귀 없는 리더? 귀 있는 리더!》, 강봉재 옮김(서울: IVP, 2005), 119. 스윗은 로버트 뮤슬을 인용하는데, "휴지가 비를 맞으면 견딜 수 없는 것처럼 인간은 의심을 받으면 견딜 수 없는 존재이다."
5. Dale E. Zand, *The Leadership Triad: Knowledge, Trust, and Power* (Oxford: Oxford University Press, 1997).
6. Zand, 91.
7. Zand, 3.
8. 베니스, 69~70.
9. 그레고리 맨큐,《맨큐의 경제학》, 김경환·김종석 옮김(서울: 교보문고, 2010), 771~772.
10. 기회비용이란 원하는 것을 얻기 위해 포기한 어떤 것을 말한다. 즉 좋은 직장에 다니고 있던 사람이 목회의 길을 가기 위해 그 직장을 포기한다면 그 직장은 목회의

기회비용이다. 어떤 이에게는 그 정도로 가치 있게 느껴지지 않지만 다른 이에게는 목숨을 포기할 것같이 느껴지기에 기회비용은 주관적이라고 말할 수 있다.

11. 토마 피케티, 《21세기 자본》, 장경덕 외 옮김(서울: 글항아리, 2014). 피케티는 선진국에서 불평등이 심화되는 이유를 자본 수익률이 노동 수익률보다 높은 데 있다고 말한다. 현재 구조는 자본을 가진 자에게 더욱 부를 축적하기 쉽게 하는데, 이를 그는 과거가 미래를 잡아먹는 현상이라고 표현한다. 예를 들어 빌 게이츠의 재산은 1990년에 40억 달러였는데 2010년에는 500억 달러가 되었다. 이는 노동을 해서 번 것이 아니라 이미 있는 자본이 더 돈을 벌게 한 것이다.

12. 조이스 애플비, 《가차없는 자본주의》, 주경철·안민석 옮김(서울: 까치, 2012), 477~480.

13. 아담 스미스, 《도덕 감정론》, 박세일·민경국 옮김(서울: 비봉출판사, 2012), 109.

14. 김찬호, 《모멸감》(서울: 문학과 지성사, 2014), 113.

15. 인간의 가장 기본적인 필요는 넷이다. 육체적 필요, 정서적·심리적 필요, 관계적·사회적 필요, 영적·창조적 필요다. 육체적 필요를 위해서 음식과 집과 의복이 있고, 정서적 필요를 위해 예술과 문화가 있으며, 관계적 필요를 위해서 가족과 친구가 있고, 영적인 필요를 위해서는 종교가 있다. 이 네 가지 필요를 채우는 데 사용되는 것들을 우리는 선(good)이라고 부른다. Kevin O'Rouke, ed. *A Primer for Health Care Ethics* (Washington, D.C.: Georgetown University Press, 2000), 4.

16. 사도행전 20장 4절에 나오는 베뢰아 사람 부로의 아들 소바더, 데살로니가 사람 아리스다고와 세군도, 더베 사람 가이오와 디모데, 아시아 사람 두기고와 드로비모는 헌금을 전달하기 위해 사도 바울과 동행하던 사람들이다. 사도 바울은 고린도후서 8장 1절에서 고린도교회에 환란과 시련 가운데서도 연보를 넘치도록 한 마게도냐 교회를 본받으라고 한다.

17. 잠언 14:22; 22:4; 전도서 5:19.

18. 학개 1:9-11; 2:19. "그러나 오늘부터는 내가 너희에게 복을 주리라."

19. 잠언 17:1; 19:1, 22.

20. 디모데전서 6:6-10, 17-19.

21. 마태복음 6:24.

22. 누가복음 12:15; 사도행전 20:35.
23. 존 파이퍼, 《묵상》, 차성구 옮김 (서울: 좋은 씨앗, 2000), 320.
24. 로버트 쉴러, 《새로운 금융시대》, 노지양 외 옮김 (서울: RHK, 2013), 384~5.
25. 누가복음 12:15; 마태복음 6:19-21; 마가복음 4:19.
26. 데살로니가후서 3:10; 에베소서 4:28.
27. 행동 경제학은 사회과학 분야에서 최근 가장 새롭게 각광 받고 있는 경제학 분야이다. 최근 심리학의 연구 성과를 경제 현상에 적용하는 학문인데, 종전의 경제학이 인간의 이성과 합리성에 기초해서 이론을 구성했다면, 행동 경제학은 인간의 심리적·정서적 본성을 중심으로 인간의 경제 선택을 설명하고 있다. 행동 경제학적 관점에서 인간의 경제 선택을 연구한 책은 다음과 같다. 리처드 탈러·캐스 선스타인, 《넛지》, 안진환 옮김 (서울: 러더북스, 2009), 하노 벡, 《부자들의 생각법》, 배명자 옮김 (서울: 갤리온, 2013).
28. 토마스 칼라일, 《영웅 숭배론/의상 철학》, 박지은 옮김 (서울: 동서문화사, 2009), 88~91.
29. 사이먼 사이넥, 《리더는 마지막에 먹는다》, 이지연 옮김 (서울: 36.5, 2014), 119~20.
30. 아인 로버트슨, 《승자의 뇌》, 이경식 옮김 (서울: RHK, 2013), 363.
31. 게리 하멜, 《지금 중요한 것은 무엇인가》, 방영호 옮김 (서울: 알키, 2012), 54.
32. 잠언 27:23.
33. 리처드 백스터, 《참 목자상》, 최치남 옮김 (서울: 생명의 말씀사, 2003), 70.
34. 찰스 스펄전, 《목회자 후보생들에게》, 원광연 옮김 (서울: 크리스챤다이제스트, 2009), 21.

5장 목회자와 성 윤리

1. 강호숙, "개혁교회 성 윤리에 대한 여성 신학적 고찰: 목회자에 의해 발생하는 성 문제를 중심으로", 〈복음과 실천신학〉 제26권 (2012 가을), 186.
2. 미국의 경우를 통해 한국의 건수도 대충 유추해 볼 수도 있는데, 2009년 미국 베일러 대학 가랜드(Diana Garland) 교수는 성인 교인 400명이 넘는 교회에는 평균 7명의 여신도가 목사로부터 성적 피해를 당한다는 통계를 내놓았다. 그는 목회자의 성적 탈선은 이제 모든 교단에 걸쳐 편만하게 나타나는 현상이라고 분석했다. Pamela

Cooper-White, *The Cry of Tamar: Violence Against Women And the Church's Response* (Minneapolis: Fortress Pr, 2012), 151.
3. Ronald H. Bainton, *What Christianity Says About Sex, Love and Marriage* (New York: Association Press, 1957), 25.
4. Dennis Hollinger, *The Meaning of Sex* (Grand Rapids: Baker Academic, 2009), 45.
5. Stanley Grenz, *Sexual Ethics: A Biblical Perspective* (Dallas: Word Publishing (Dallas, TX: Word Publishing, 1990), xiv.
6. Tertullian, "To His Wife" in *Ante-Nicent Fathers* Vol. IV, eds Alexander Roberts and James Donaldson (Grand Rapids, Mich.: Eerdmans Publishing Company, 1994), 41.
7. Wayne A. Meeks, *The Origin of Christian Morality: The First Two Centuries* (New Haven: Yale University Press, 1993), 54.
8. Augustine, *The City of God* (New York: Penquin Books, 1972), Bk XIV, chs. 16~26.
9. Grenz, *Sexual Ethics*, xvi.
10. Lisa Cahill, *Sex, Gender, and Christian Ethics* (Cambridge: Cambridge University Press, 1996), 178.
11. Helmut Thielicke, *The Ethics of Sex*, trans. John Dobertstein (Grand Rapids: Baker Book, 1975), 133.
12. E. Clinton Gardner, *Biblical Faith and Social Ethics* (New York: Harper & Row, Publishers, 1960), 216.
13. Bainton, *What Christianity Says About Sex, Love and Marriage*, 78~79. 결혼을 일종의 영적 소명으로 본 루터도 타락의 영향이 성욕에 미치고 있기 때문에 성욕이 왜곡되게 돌출되지 않게 다스리기 위해 결혼이 필요한 측면을 강조하기도 했다.
14. Mark Dever, "Christian Hedonists or Religious Prudes?: The Puritan on Sex," in *Sex and the Supremacy of Christ*, ed. John Piper and Justin Taylor (Wheaton, Ill: Crossway Books, 2005), 252~3.
15. Bainton, *What Christianity Says About Sex, Love and Marriage*, 95.
16. John A. T. Robinson, *Christian Morals Today* (Philadelphia: The Westminster Press,

1964), 45.
17. 김승호, "왜곡된 영성으로서의 목회자의 성적 탈선," 〈신학과 목회〉 제33집(2010), 40.
18. Cahill, *Sex Gender and Christian Ethics*, 178~9.
19. Richard J. Foster, *Money, Sex & Power*, 《돈, 섹스, 권력》, 김영호 옮김(서울: 두란노, 1989), 106.
20. James B. Nelson, *Body Theology* (Louisville. Kent.: Westminste/John Knox Press, 1992), 23.
21. 차정식, 《성서의 에로티시즘》(서울: 꽃자리, 2013), 168.
22. Karen Lebacqz and Ronald G. Barton, *Sex in the Parish* (Louisville, Kent: Westminster/John Know Press, 1991), 32.
23. Marva J. Dawn, *Sexual Character: Beyond Technique to Intimacy* (Grand Rapids, Mich.: Eerdmans Pub. Co., 1993), xi.
24. 교부 오리겐은 육체의 성관계를 삼가는 것이 영혼의 자유를 가져온다고 생각했고 터툴리안은 성을 죽이는 것이 영적으로 활성화되는 것으로 주장했다. Cahill, Sex Gender and Christian Ethics, 172.
25. Jack O. Balswick and Judith Balswick, *Authentic Human Sexuality: An Integrated Approach*, 《진정한 성》, 홍병룡 옮김(서울: 한국기독학생회 출판부, 1999), 58.
26. Lebacqz and Barton, *Sex in the Parish*, 33.
27. David Gushee, "Clergy Sexual Misconduct: A Crisis in Ministerial Ethics," in *Preparing for Christian Ministry: An Evangelical Approach*, ed. David P. Gushee and Walter C. Jackson (Grand Rapids: Baker Books, 2000), 155.
28. Stanley Grenz and Roy Bell, *Betrayal of Trust: Confronting and Preventing Clergy Sexual Misconduct* (Downers Grove, Ill: IVP, 1995), 40.
29. 위의 책, 41~2.
30. 위의 책, 43.
31. 여자 목사 비율이 현저히 높은 미국에서도 성적 탈선은 90퍼센트 이상이 남자 목사와 여자 신자 사이에서 일어나는 것으로 조사된 바 있다.
32. David P. Gushee, "Clergy Sexual Misconduct: A Crisis in Ministerial Ethics,"

Preparing For Christian Ministry: An Evangelical Approach, eds. David P. Gushee, and Jackson C. Walter (Wheaton, Ill: Victor Bks, 1996), 159.

33. Richard J. Mouw, *Uncommon Decency*, Rev. and Exp., 《무례한 기독교》, 확대개정판, 홍병룡 옮김(서울: IVP, 2014), 129.
34. Len Hedges-Goettl, *Sexual Abuse: Pastoral Responses* (Nashville, Tenn.: Abingdon Press, 2004), 13.
35. Karen Lebacqz, *Professional Ethics: Power and Paradox* (Nashville, Tenn.: Abindon Press, 1985), 92.
36. Stanley Grenz and Roy Bell, *Betrayal of Trust*, 63.
37. Geoffrey Robinson, *Confronting Power and Sex in the Catholic Church*, 《성, 권력, 교회》, 최문희 옮김(서울: 분도 출판사, 2011), 10.
38. Ken Camp, "Study Finds Clergy Sexual Misconduct Widespread", 〈Christian Century〉 Vol. 126. No. 21 (Oct. 20, 2009): 14.
39. Karen Lebacqz, *Professional Ethics: Power and Paradox*, 121.
40. Geoffrey Robinson, 《성, 권력, 교회》, 16.
41. Cooper-White, *The Cry Of Tamar*, 152.
42. 하재성, "목회자의 성적 탈선을 예방하기 위한 신학교육의 자원", 〈복음과 상담〉 제19권 (2012), 279.
43. Joe E. Trull and James E. Carter, *Ministerial Ethics: Moral Formation for Church Leaders*, 2nd ed. (Grand Rapids: Baker Academic, 2004), 172.
44. Trull and Carter, *Ministerial Ethics*, 164.
45. 하재성, "목회자의 성적 탈선은 예방하기 위한 신학교육의 자원", 282.
46. 조용훈, "목회자의 성적탈선과 목회 윤리적 과제", 〈신학사상〉 제124집(2004 봄), 205.
47. 팀 라헤이는 실제로 목사가 탈선한 후 치리를 받고 해벌이 되어 목회에 복귀했다고 하더라도 실제로 목회는 회복될 수 없을 정도로 거의 치명적인 장애를 입게 됨을 역설한다. Tim Lahay, *If Ministers Fall, Can They Be Restored?* 《목회자가 타락하면》, 황승균 옮김(서울: 생명의 샘, 1992), 23~26.

48. Lebacqz, *Sex in the Parish*, 51~65.
49. 김승호, "왜곡된 영성으로서의 목회자의 성적 탈선", 〈신학과 목회〉, 제33집 (2010), 48.
50. Robinson, 《성, 권력, 교회》, 10.
51. Trull and Carter, *Ministerial Ethics*, 180.
52. 조용훈, 213.
53. 강호숙, "개혁교회 성 윤리에 대한 여성 신학적 고찰: 목회자에 의해 발생하는 성문제를 중심으로", 173.

6장 목회자와 사회 활동

1. Helmut Thielicke, *The Trouble with the Church*, 《현대교회의 고민과 설교》, 심일섭 옮김(서울: 대한기독교출판사, 1982), 23.
2. Thielicke, 《현대교회의 고민과 설교》, 24.
3. 공공신학에 대한 이런 논의는 2007년 6월 새세대 교회윤리연구소(NICE) 주관으로 장로회신학대학교에서 개최된 심포지엄의 주제 발표에서 직접 정리한 것임. 그의 저서 중 *Globalization and Grace*(세계화와 은총)이 북코리아에서 이상훈 교수의 번역으로 출간되었다.
4. 이와 관련된 논의는 문용식, 《그리스도인을 위한 문화이해》(서울: 예영커뮤니케이션, 2008), 79~80 참조.
5. 2011년 10월 25일 중앙선거관리위원회에 등록된 정당은 모두 22개이며, '기독'이 들어간 정당은 세 곳이다. 기독사랑실천당(기독당, 2004년 3월 26일 등록), 기독자유민주당(기민당, 2011년 9월 26일 등록), 한국기독당(2011년 8월 8일 등록).
6. Ronald J. Sider, *The Scandal of Evangelical Politics* (Baker Books, 2008), 16.
7. Eusubius, *The History of the Church from Christ to Constantine*, 《에우세비오 교회사 제10권》, 편집부 옮김(서울: 성요셉출판사, 1985).
8. 이장식, "종교와 정치", 《한국의 정치신학》, 기독교사상편집부 편집(서울: 대한기독교서회, 1983), 262~263.

9. 이장식, 《종교와 정치》, 267.
10. 김진호, "한국 교회의 '신앙적 식민성'이라는 문법", 〈기독교사상〉 제51권 제11호(2007. 11.), 70.
11. 이와 관련된 논의는 Ronald J. Sider, *The Scandal of Evangelical Politics*, 17~20을 참조하였다.
12. 민경배, 《한국기독교회사》(서울: 연세대학교출판부, 2000), 269~270. 초기 장로교 7인 목사 중 한 사람이었던 길선주가 기독교에 입문한 이후 독립협회의 정치 운동(경성독립협회 평양지회 사법부장직 역임)과 결별하고 복음 사역에만 정진했던 것도 이러한 관점에 입각한 사례로 볼 수 있다. 안수강, 《길선주 목사의 말세론 연구》(서울: 예영커뮤니케이션, 2008), 286.
13. 참고. 민경배, "교회와 국가", 〈신학논단〉, 제25집(1997. 6.), 118.
14. 김진호, "한국 교회의 '신앙적 식민성'이라는 문법", 68.
15. 참고. 조용훈, "정교분리 원칙에서 본 최근 한국 개신교의 정치 참여 문제", 〈한국기독교신학논총〉 제65집(2009), 321~323.
16. 조용훈, "정교분리 원칙에서 본 최근 한국 개신교의 정치 참여 문제", 268.
17. The Westminster Confession of Faith 23:3 in Westminster Assembly. *The Westminster Confession of Faith* (CA: Loki's Publishing, 2013).
18. The Westminster Confession of Faith 20:4 in Westminster Assembly. *The Westminster Confession of Faith*.
19. John Calvin, *Institutes of the Christian Religion*, trans. Ford L. Battles (Philadelphia: The Westminster Press, 1960), 20:30~32.
20. 참고. Ronald J. Sider, *The Scandal of Evangelical Politics*, 41~45.
21. 이와 관련된 논의는 다음 문헌을 참고할 것. 이장형, "기독교의 정치 참여 방법론과 라인홀드 니버의 기독교현실주의", 한국기독교사회 윤리학회, 〈기독교사회 윤리〉 제16집(2008).
22. "미래목회포럼 '개신교 정당 반대'", 〈조선일보〉(2011. 9. 2.).
23. 스탠리 하우어워스, 《교회 됨》, 문시영 옮김(서울: 북코리아, 2010), 17.
24. 일정 규모 이상의 병원에 설치된 병원윤리위원회는 의료인, 법조인, 사회복지사, 종교인

등으로 구성되어 뇌사판정 등과 관련된 문제 등을 다루면서 환자의 권리를 보호하고 불필요한 갈등을 예방하는 기능을 도모하고 있다.
25. 마르틴 루터, 《독일 기독교 귀족에게 고함》, 원광희 옮김(서울: 세창미디어, 2010), 18.
26. F. F. Bruce, *The Spreading Flame*, 《초대 교회 역사》, 서영일 옮김(서울: 기독교문서선교회, 1986), 238~41.
27. 홀 선교사는 청일전쟁 기간 중 전쟁터였던 평양을 떠나지 않고 부인 로제타(Rosetta S. Hall)와 함께 의료 사역을 전개하였다. 그러나 홀은 이 와중에서 전염병에 걸렸고 1894년 11월 24일에 세상을 떠났다. 홀은 이처럼 자신의 생명을 담보로 봉사하여 후세에 귀감이 되었다. 기독교대백과사전편찬위원회 편, "홀9", 《기독교대백과사전(16권)》(서울: 기독교문사, 1993), 599.

부록 1 : 교회 내 분쟁의 바람직한 해결 방안

1. 필자는 이 글의 초안을 2013. 5. 9. 기독교윤리실천운동 부설 기독교윤리연구소 '목회자와 교회정치' 심포지엄에서 발표한 뒤 토론자들의 의견 등을 참고하여 그 초안을 대폭 수정하였다. 그리고 이와 같이 수정한 글을 2015. 10. 19. 제47회 KPI(한반도평화연구원) 평화포럼("평화에 대한 기독교적 성찰 II-교회 안의 평화")에서 "교회 안의 갈등과 해결 방안"이라는 글에 포함시켜 발표하였다(IV장~VI장). 이 글은 "교회 안의 갈등과 해결 방안" 발표문 IV장~VI장을 평화 포럼에서 나온 의견 등을 고려하여 다시 일부 수정한 것이다.
2. 이 점에 관한 좀더 자세한 논의는 이영진, "사법권과 종교단체의 내부 분쟁: '부분사회론'의 소개와 종교 단체 내분에의 사법 심사에 관한 각국 판례의 비교", 〈사법논집 33집〉, 245~247 참조.
3. 대법원 1980. 1. 29. 선고 79다1124 판결.
4. 대법원 1984. 7. 10. 선고 83다325 판결. 대법원은 권징재판에 관한 판례에서 종교 교리의 해석은 법원의 판단 대상이 아니라는 점을 간접적으로 밝혔다. 즉 대법원 2010. 5. 27. 선고 2009다67658 판결은, 종교 단체의 징계 결의는 예외적인 경우에만 법원이 그 당부를 판단할 수 있는데 그 경우에도 그 판단의 내용이 '종교 교리의 해석에 미치지

않는 한' 법원이 징계의 당부를 판단하는 것이라고 판시했다.

5. 대법원 1978. 12. 26. 선고 78다1118 판결.
6. 대법원 1984. 7. 24. 선고 83다카2065 판결 참조.
7. 예컨대 소송 당사자인 교회의 대표자의 대표권을 부인하면서 그 전제로 권징재판의 무효를 다투고 있는 경우가 이러한 경우가 될 것이다.
8. 대법원 2007. 6. 29. 자 2007마224 결정.
9. 대법원 2010. 5. 27. 선고 2009다67658 판결.
10. 이영진, 앞의 글, 250.
11. 민법상 비영리법인은 주무 관청의 허가를 얻어 등기를 함으로써 성립한다(민법 제32조, 33조). 개교회는 사단의 실체를 가지고 있으나 설립 절차를 밟아 권리능력(법인격)을 취득한 것이 아니므로, 법인 아닌 사단(권리능력 없는 사단)이다.
12. 대법원 1993. 1. 19. 선고 91다1226 전원합의체 판결.
13. 대법원 1978. 10. 10. 선고 78다716 판결.
14. 대법원 2006. 4. 20. 선고 2004다37775 전원합의체 판결.
15. 서헌제(2014), "교회 분열에 관한 대법원 판결의 의의", 〈제1회 화해중재원 포럼 자료집〉, 6면.
16. 서헌제, 앞의 글, 4면. 위 전원합의체 판결이 교회 분쟁의 해결책이 될 것으로 기대되었으나 그러한 결과를 가져오지 못하게 된 점에 관한 상세한 논의는 서헌제, 앞의 글, 8면 이하 참조.
17. 감리교 감독회장 선거를 둘러싼 분쟁이 2008년 가처분신청으로 시작되어 6~7년간 계속된 경우가 대표적인 사례이다. 최근에는 대한예수교장로회(합동) 총무가 2014년 5월 서울중앙지방법원에 총회총무선거금지가처분을 신청한 바 있다.
18. 한철(2008), "교회 분쟁의 법률 문제", 〈기독교문화연구〉, 13호, 115~116.
19. 이관직, "교회 내 갈등, 그 부적절한 해결의 결과들", 〈목회와 신학〉(2004. 4), 120.
20. Miroslav Volf(1996), *Exclusion and Embrace*, 《배제와 포용》, 박세혁 옮김(서울: IVP, 2012), 204.
21. 2004년 1월 전국 목회자와 평신도 350명을 대상으로 한 조사에서 응답자 중 가장 많은

사람들(25%)이 갈등 해결을 위한 제안으로 대화를 들었다. 박삼열, "교회 안의 갈등에 대한 그리스도인들의 의식 조사", 〈목회와 신학〉(2004. 3.), 170~171.
22. 위 조사에서 응답자 중 43%가 갈등 해결의 가장 중요한 요소로 '상대를 이해하려는 노력'을 꼽았다.
23. 이성혁(2008), "돌봄 사역을 통한 갈등 회복과 신뢰 공동체 만들기: 둔촌동교회를 중심으로", 박사학위논문(서울: 장로회신학대학교 목회전문대학원), 94.
24. 대안적 분쟁 해결 제도(ADR: Alternative Dispute Resolution)는 전통적인 방법인 소송을 통한 갈등(분쟁) 해결의 대안이 되는 갈등(분쟁) 해결 방법을 통칭하는 말이다. 교회 내 분쟁을 대안적 분쟁 해결 방식으로 해결하기 위한 기관으로는 한국기독교화해중재원이 있다.
25. 한철, 앞의 글, 131.
26. 감리교회의 경우에도 사정은 크게 다르지 않다. 교회재판의 기준이 될 '교리와 장정'(타 교단의 헌법에 해당)의 내용 및 체계가 일관성이 결여되어 있으며, 그 조항이 매우 추상적인 언어로 되어 있어 명확성의 원칙을 위반하는 경우가 많다는 점이 문제로 지적된다. 송인규(2015), "행정재판의 구조와 문제점", 〈제2회 화해중재원 포럼 자료집〉, 59.
27. 서헌제(2015), "교회재판의 현황과 문제점", 〈제2회 화해중재원 포럼 자료집〉, 13~14.
28. 권헌서(2015), "권징재판의 구조와 문제점", 〈제2회 화해중재원 포럼 자료집〉, 21. 대한예수교 장로회(합동) 교단의 헌법에 대해서도 무죄추정의 원칙, 죄형법정주의 등이 없다는 비판이 제기되고 있다. 유장춘(2012), "교회 사건에 대한 국가 법령 적용 범위와 한계에 관한 연구", 박사학위논문. 단국대학교 대학원, 경기, 227~232.
29. 서헌제, 앞의 글, 15면. 대한예수교장로회(통합) 헌법 제3편 권징 제10조 제2항은 재판국원 15인 가운데 2인 이상은 법학을 전공한 법학사 학위를 가진 자 중에서 선임하도록 정하고 있다. 그러나 법률 훈련을 받은 사람이 15인 중 2인 이상에 불과하므로 양적으로 부족하고, 법학사 학위만으로 요건을 충족하므로 질적으로도 충분하지 않다.
30. 서헌제, 앞의 글, 15면. 감리교회의 경우에도 동일한 문제가 존재한다. 감리교회의 각 재판위원회는 그 조직 구성 및 재판 과정을 통해 총회 의장 및 연회의장인 감독회장이나 감독 등 총회나 연회의 유력 인사들의 강한 영향을 받고 있다고 한다.

송인규, 앞의 글, 60면.
31. 김동춘(2015), "왜 교단총회는 성도들에게 멀어졌는가", 〈교회개혁실천연대 교단총회의 현실과 과제 포럼〉, 6면, 8면.
32. 지형은(2013), "한국교회의 정치, 무엇이 문제인가", 〈목회자와 교회정치 자료집〉, 20면.
33. 유장춘, 앞의 글, 261면도 같은 의견이다.
34. 예컨대 대한예수교장로회(합동) 권징조례는 범죄(제3조)에 대하여 "교인, 직원, 치리회를 불문하고 교훈이나 심술과 행위가 성경에 위반되는 것이나 혹 사정이 악하지 아니할지라도 다른 사람으로 범죄하게 한 것이나 덕을 세움에 방해되게 하는 것이 역시 범죄이다"라고 규정하고 있다. 권징의 대상이 되는 범죄에 대하여 매우 애매모호하게 서술하고 있는 것이다.
35. 대한예수교장로회(통합)의 경우 "총회 재판국은 총회에서 선임된 재판국원 15인(목사 8인, 장로 7인)으로 구성한다. 다만, 재판국원은 동일한 노회 파송총대 중 1인에 한하여 선임된다"(권징조례 제10조 제1항)라고 규정하고 있다.
36. 대한예수교장로회(통합) 권징조례 제10조 제2항.
37. 총회 재판국원으로 선임될 수 있는 법률 전문직의 자격 요건은 다음과 같이 정할 수 있을 것이다.
   1. 판사·검사 또는 변호사의 직에 5년 이상 종사한 사람
   2. 공인된 대학의 법률학 조교수 이상의 직에 5년 이상 종사한 사람
   3. 국회, 정부, 법원 또는 헌법재판소 등 국가기관에서 4급 이상의 공무원으로서 10년 이상 법률에 관한 사무에 종사한 사람
   4. 법률학에 관한 박사학위 소지자로서 국회, 정부, 법원 또는 헌법재판소 등 국가기관에서 10년 이상 법률에 관한 사무에 종사한 사람
   5. 법률학에 관한 박사학위 소지자로서 대학 등 공인된 연구기관에서 10년 이상 법률에 관한 사무에 종사한 사람
38. 장우건(2014), "교회 정관과 법원의 재판", 〈제8차 기독교 화해사역 세미나 자료집〉, 10. 대법원 2000. 11. 24. 선고 99다12437 판결은 사단법인의 정관은 이를 작성한 사원뿐만 아니라 그 후에 가입한 사원이나 사단법인의 기관 등도 구속하는 점에 비추어 보면 그

법적 성질은 계약이 아니라 자치법규로 보는 것이 타당하다고 판시하였다.
39. 소재열(2013), "교회정관에 관한 민사법적 연구", 박사학위논문, 조선대학교 대학원, 광주, 172.
40. 장우건, 앞의 글, 15.
41. 장우건, 앞의 글, 23.
42. 장우건, 앞의 글, 32.
43. 한국기독교화해중재원은 2014년의 경우 57건의 교회 분쟁 관련 상담을 진행하고, 조정화해 3건, 중재판정 1건, 법원연계 조기 조정 13건 등의 업무를 처리했다고 한다(CBS노컷뉴스 2015. 1. 20. 기사). 다른 해의 경우에도 비슷한 추세를 보였으며, 화해중재원을 찾는 대부분의 경우는 상담 사건이고, 조정·화해와 중재를 이용하는 경우는 매년 두어 건에 불과하다고 한다. 장우건(2012), "기독교화해중재원의 활성화를 위한 구체적 방안", 〈제6차 기독교 화해사역 세미나 자료집〉, 5면.
44. 오준수(2012), "중재원의 활용이 저조한 원인과 그 대책", 〈제6차 기독교 화해사역 세미나 자료집〉, 16~18.
45. 대법원 2006. 4. 28. 선고 2005도756 판결.

부록 2 : 교회 재정, 어떻게 사용할 것인가

1. 필자가 2012년 7월 바른교회아카데미가 주관 '바른교회아카데미연구위원회세미나'에서 발표한 원고와 〈목회와신학〉에 게재한 원고들을 편집했다.
2. 〈목회와 신학〉 2011년 12월호에 게재한 필자의 원고 "교회 재정을 투명하게 만드는 11가지 원칙"을 편집한 원고이다.
3. 〈목회와신학〉 2015년 10월호에 게재한 필자의 원고를 일부 편집했다.
4. 송인규, 《성경은 공동체에 대해 무엇을 말하는가?》(서울: IVP, 2002), 69.

목회자 윤리 강령 28
Pastoral Ethics with 28 Theses

2016. 6. 1. 초판 1쇄 인쇄
2016. 6. 8. 초판 1쇄 발행

지은이 송준인 신기형 신원하 이상원 이장형 임성빈
엮은이 기독교윤리실천운동 기독교윤리연구소
펴낸이 정애주
국효숙 김기민 김의연 김준표 김진원 박세정 박혜민
송승호 오민택 오형탁 윤진숙 이한별 임승철 임진아
정성혜 조주영 차길환 한미영 허은

펴낸곳 주식회사 홍성사
등록번호 제1-499호 1977. 8. 1.
주소 (04084) 서울시 마포구 양화진4길 3
전화 02) 333-5161
팩스 02) 333-5165
홈페이지 www.hsbooks.com
이메일 hsbooks@hsbooks.com
페이스북 facebook.com/hongsungsa
양화진책방 02) 333-5163

ⓒ (사)기독교윤리실천운동, 2016

- 잘못된 책은 바꿔 드립니다.
- 책값은 뒤표지에 있습니다.
- 이 도서의 국립중앙도서관 출판예정도서목록(CIP)은 서지정보유통지원시스템 홈페이지(http://seoji.nl.go.kr)와 국가자료공동목록시스템(http://www.nl.go.kr/kolisnet)에서 이용하실 수 있습니다.(CIP제어번호: CIP2016012747)

ISBN 978-89-365-1157-9 (03230)